高中数学
核心素养

GAOZHONG SHUXUE HEXINSUYANG

主编　王国江
编委　（排名不分先后）

卜照泽	张倬霖	浦静滢	吴　颖	张海君	张千明
方耀华	李　霞	赵之浩	肖恩利	张建国	姚梭星
张克平	赵心婷	成淑虹	邰昭东	贺秉飞	李　浩

上海社会科学院出版社
SHANGHAI ACADEMY OF SOCIAL SCIENCES PRESS

图书在版编目(CIP)数据

高中数学核心素养 / 王国江主编. — 上海：
上海社会科学院出版社，2020
ISBN 978 - 7 - 5520 - 3383 - 0

Ⅰ. ①高… Ⅱ. ①王… Ⅲ. ①中学数学课—
教学研究—高中 Ⅳ. ①G633.602

中国版本图书馆 CIP 数据核字(2020)第 229847 号

高中数学核心素养

主　　编 / 王国江
责任编辑 / 何红燕
封面设计 / 裘幼华
出版发行 / 上海社会科学院出版社
　　　　　　上海顺昌路 622 号　邮编 200025
　　　　　　电话总机 021-63315947　销售热线 021-53063735
　　　　　　http://www.sassp.cn　E-mail:sassp@sassp.cn
照　　排 / 北京林海泓业文化有限公司
印　　刷 / 常熟市大宏印刷有限公司
开　　本 / 787 毫米×1092 毫米　1/16
印　　张 / 11.5
字　　数 / 278 千字
版　　次 / 2020 年 12 月第 1 版　2020 年 12 月第 1 次印刷

ISBN 978-7-5520-3383-0/G・1032　　　　　　　　定价:69.80 元

版权所有　翻印必究

主编简介

王国江——上海市正高级教师（正教授），上海市数学特级教师，上海市杨浦区教育学院高中数学教研员；杨浦区教育系统第八批优秀专业技术人才；区教科研工作先进个人；学科带头人；数学名师工作室主持人；上海市教委教研教研室重大项目主持人；上海市数学专业委员会理事；中国高等教育学会教育数学专业委员会副秘书长、常务理事、基础教育部负责人；上海市青少年人才培养基地——上海大学数学科学实践工作站学术委员会专家；上海师范大学特聘教授、教育硕士研究生导师；上海市援疆教育集团教师队伍建设"玉兰工程"项目导师；杨浦区学科高地秘书长；区骨干教师、学科带头人工作坊坊主；上海教育评审专家库成员；《上海中学数学》特聘编辑；"上海市教师资格教育能力测试"评审专家；上海高考数学学科专家；任华东师大出版社教材、课程开发专家委员会委员；承担过多项市级课题与项目并获奖；在《数学教学》等12种杂志上发表论文40多篇；主编或编著《中学数学教学基本技能》《高中数学新教材创新教学设计》(必修1～3)等书60多本；学术论文、教研专业发展成果，获国家级、市级、区级奖项；所著的《中学数学教学艺术》《数学开放性问题》等书为上海市教师共享课程；"基于核心素养高中数学命题研究"为华师大开放教育学院网络课程；多次参加全国学术研讨会，去山东、河南、贵州、天津、杭州、厦门、武汉、兰州等地讲学；曾任学校的教导主任、学校校长等职务．

序一

近几年,"核心素养"的呼声在世界上的各个教育领域响起,培养和发展学生的核心素养已然成为目前教育界的核心话题. 随着教育部《关于全面深化课程改革落实立德树人根本任务的意见》的发布,"核心素养"一词更是迅速升温为"热词".

作为数学教育的实践者,我们更关心的是:发展学生的核心素养,数学教材该怎么做? 数学教学该怎么做? 核心素养理念又如何在数学教学改革中得以落实? 显然,以发展核心素养为数学教育的根本任务是一个新理念,蕴含了许多新思想、新概念.

为正确树立"为了每个学生的发展、着眼学生的终身发展"的课程理念,全面提高高中数学教育质量,探索高中数学学科关键能力的内涵与价值,着力转变教师的教学理念和学生的学习方式,让高中数学课堂教学更鲜活,王国江老师主编了"数学核心素养"系列丛书,重在探讨高中数学核心素养的内涵与教学实施策略,希望能够引起广大数学教师的共鸣和思考.

如何把发展学生核心素养的要求落实在数学教学中,这是一个全新的课题,对编者而言是一个巨大的挑战. 本套丛书从数学创新教学设计、学科指南、数学实验等角度探讨数学核心素养,分析和阐述了一些培养和渗透核心素养的"基本之道",还给出了具体的案例与实施建议,发挥出了大智慧.

能够用睿智的数学眼光欣赏数学之美,能够用数学的思维方法分析问题、解决问题,洞察事物间存在的规律,发现事物的本质特征,这才是数学核心素养. 正如柏拉图所说,"数学是一切知识的最高形式". 数学素养对学生学习能力和科学探究水平有着关键影响,在优秀人才培养过程中占据重要的地位. 在核心素养视域下,如何促进学生进行深度学习,培养学生未来发展所需要的必备品格和关键能力是值得每一位数学教师思考的问题,也将一直推动和引领我们走向更深更远的未来.

上海世外教育集团总裁　徐俭

2020 年 8 月 17 日

序二

《普通高中数学课程标准(2017年版)》提出了高中数学学科六大核心素养,即数学抽象、逻辑推理、数学建模、直观想象、数学运算和数据分析.

大家知道,科学的本质是化复杂为简单,采用的工具是分类和表示.分类和表示是抽象过程的具体体现.所谓抽象,粗略地讲就是忽略缤纷复杂的事物或现象的具体特征,把其公共的属性拿出来研究其规律,用这些规律再来指导万事万物.高中数学学科核心素养的第一条当属数学的抽象.数学抽象是在现实世界中总结出共同的规律,这是数学的根本起源,是数学学科的最大优势.核心素养的第二条是逻辑推理,即由已经总结出来的规律推出新的规律,这是数学生长和发展的主要途径——从很少几条公理推出大量的定理(现在大约每年有10万多条数学定理诞生).这两条核心素养表明,数学是从现实世界而生,并且自己成长壮大.核心素养的第三条是数学建模,即对现实问题或理论问题进行数学抽象,用已有的数学工具构建模型从而达到解决的过程,这是数学的去向.其余3条核心素养即直观想象、数学计算和数据分析则是为数学建模提供工具.本质上讲,数学核心素养就是学习和掌握现成的数学知识和方法,以此为工具,解决新问题.六大核心素养是高中数学课程标准的基本要求,将这些核心素养渗透到日常教学中,帮助广大高中数学教师更深入地领会课程标准、在课堂教学中更好地落实教学任务是高中数学教学的一项核心任务.由王国江主编的"数学核心素养"系列丛书《高中数学核心素养》正是指导高中数学教师实现这一关键任务的一部力作.

《高中数学核心素养》以六大核心素养为编撰线索,精心设计了六大单元,每个章节都从如下5个角度进行分析.

(1) 核心素养的内涵与外延解读.在这部分内容中,作者对每一个核心素养从其内涵和外延进行分析,并对其主要表现形式进行总结,从而帮助读者能够对每一个核心素养的具体含义有更加清晰的认识,以便在日常教学中更好地落实和渗透每一个核心素养.

(2) 核心素养的育人价值.六大核心素养在数学学科上具有各自的育人价值,既有联系又有区别.作者从每一个核心素养的数学学科价值、培养人思维方面的价值、认知事物之间关联方面的价值、形成理性精神方面的价值、培养学生创造能力方面的价值进行了分析研究.

(3) 核心素养在课堂教学中的落实策略.如何将六大核心素养渗透到每一堂课中,使之与课堂教学目标有机联系,真正做到"接地气",是一线教师关注的重点内容之一.作者从多个学习内容板块、教学活动过程、数学学习环节以及在各个年级循序渐进等方面进行了落实策略研究,为一线教师提供了很好的参考建议.

(4) 信息技术助力核心素养的提升.合理运用信息技术能够在教学活动中更好地提升六大核心素养的落实效率.作者主要从图形计算器、数学游戏以及动态教学软件等方面进行了分析和研究.

(5) 核心素养怎么考?教学评价是课程标准中关注的一个重要内容,对于每一个核心素养的基本要求,在课程标准中都有明确的描述.作为检验高中数学学习情况以及选拔工具,考试也成为广大一线教师和学生关注的重要内容.作者在这部分内容中,从思维品质角度、学科素养角度、关键能力角度、必备知识角度对核心素养的考查进行分析研究,为读者提供了参考和借鉴的内容.

此外,全书每章都在理论研究的基础上,配以相关的案例进行分析说明,旨在为读者提供具有实际操作价值的案例和方法,从而以课程标准为指导,将六大核心素养的落实真正贯彻到日常教学当中.

《高中数学核心素养》的作者是高中数学教学一线的优秀教师.主编王国江先生是上海市杨浦区高中数学教研员、特级教师、正高级教师、杨浦区拔尖人才.值得一提的是,王国江还是中国高等教育学会教育数学专业委员会的副秘书长,在大学数学与中学数学的衔接贯通及培养学生数学素养方面的研究颇有造诣.

我深信该书的出版发行,将会引领高中一线数学教师以培养学生的数学素养为宗旨进行数学教学与研究,从而有效提升学生的数学素养.

上海大学二级教授、博士生导师、上海领军人才
中国高等教育学会教育数学专业委员会理事长
王卿文
2020 年 9 月 9 日于上海大学

目录

第一章　数学抽象　001

- 第一节　数学抽象核心素养的内涵与外延解读/002
- 第二节　数学抽象核心素养的育人价值/008
- 第三节　数学抽象核心素养在课堂教学中的落实策略/015
- 第四节　信息技术助力数学抽象素养的提升/021
- 第五节　核心素养怎么考？/025

第二章　数学运算　033

- 第一节　数学运算核心素养的内涵与外延解读/034
- 第二节　数学运算核心素养的育人价值/037
- 第三节　数学运算核心素养在课堂教学中的落实策略/043
- 第四节　信息技术助力数学运算素养的提升/052
- 第五节　数学运算素养怎么考？/057

第三章　逻辑推理　061

- 第一节　逻辑推理核心素养的内涵与外延解读/062
- 第二节　逻辑推理核心素养的育人价值/068
- 第三节　逻辑推理核心素养在课堂教学中的落实策略/074
- 第四节　信息技术助力逻辑推理素养的提升/079
- 第五节　逻辑推理素养怎么考？/084

第四章　直观想象　089

- 第一节　直观想象核心素养的内涵与外延解读/090
- 第二节　直观想象核心素养的育人价值/094
- 第三节　直观想象核心素养在课堂教学中的落实策略/101
- 第四节　信息技术助力直观想象核心素养的提升/106
- 第五节　直观想象核心素养怎么考？/112

第五章　数学建模　　117

第一节　数学建模核心素养的内涵与外延解读/118

第二节　数学建模核心素养的育人价值/127

第三节　数学建模核心素养在课堂教学中的落实策略/131

第四节　信息技术助力数学建模素养的提升/136

第五节　数学建模素养怎么考？/144

第六章　数据分析与处理　　149

第一节　数据分析核心素养的内涵与外延解读/150

第二节　数据分析核心素养的育人价值/153

第三节　数据分析核心素养在课堂教学中的落实策略/155

第四节　信息技术助力数据分析素养的提升/165

第五节　数据分析素养怎么考？/167

参考文献/171

第一章
数学抽象

　　数学抽象是指通过对数量关系与空间形式的抽象,得到数学研究对象的素养.主要包括:从数量与数量关系、图形与图形关系中抽象出数学概念及概念之间的关系,从事物的具体背景中抽象出一般规律和结构,并用数学语言予以表征.

　　数学抽象是数学的基本思想,是形成理性思维的重要基础,反映了数学的本质特征,贯穿在数学产生、发展、应用的过程中.数学抽象使得数学成为高度概括、表达准确、结论一般、有序多级的系统.

　　数学抽象主要表现为:获得数学概念和规则,提出数学命题和模型,形成数学方法与思想,认识数学结构与体系.

1 第一节　数学抽象核心素养的内涵与外延解读

数学抽象是舍去了事物的一切物理属性,得到数学研究对象的思维过程.主要包括:从数量与数量关系、图形与图形关系中抽象出数学概念及概念之间的关系,从事物的具体背景中抽象出一般规律和结构,并用数学语言予以表征.数量与数量关系的抽象是最原始的抽象,数是对数量的抽象,从数到字母是抽象的第二个层次,图形与图形关系的抽象始于对三维空间物体的认识.

数学抽象包括数学概念、命题、方法、结构体系等的抽象,而数学概念的抽象是最基本的,华东师范大学鲍建生教授认为,从逻辑上看,数学概念的抽象过程分为两条路径.一条路径是扩大外延,在原来定义的基础上增加一些元素得到一个新的集合,进一步抽象得到一个新的概念,比如,从自然数到整数再到有理数就是属于不断添加元素抽象出新概念;另外一条路径是增加内涵,在原有本质属性的基础上再增加本质属性,使得元素同时满足这些属性,从而抽象出新的概念,比如,从四边形到平行四边形再到矩形等是属加种差(真实定义)的定义方法,也是属于增加内涵的数学抽象.总之,数学概念的抽象是在原有集合的基础上构造新的集合,构造等价类,并定义新集合的运算的过程.数学抽象的过程具有一定的逻辑性,数学抽象的水平具有层次性.

一、数学抽象素养的内涵

(一) 数学抽象的特点

数学抽象具有一些典型的特点.郑毓信认为数学抽象具有理想化、精准化、模式化的特点;李昌官则在《数学抽象及其教学》一文中指出,数学抽象具有纯粹性、精确性、理想化、模式化、形式化 5 个特点.两位学者已表述的很正确,在他们观点的基础上,用更具体的语言来说,数学抽象具有高度概括,结论更具有一般性,表达简约、精确、能用数量化、符号化、公式化和图形化刻画.

(二) 数学抽象的类型

数学抽象的类型很多,根据抽象对象的不同,数学抽象可分为性质抽象、关系抽象、等价抽象等.所谓性质抽象是指关于研究对象某一方向的性质或属性的抽象;所谓关系抽象是指关于研究对象的数量关系或空间位置关系的抽象,如直线与平面平行、平面与平面垂直是关系抽象的结果;所谓等价抽象是按某种等价关系,抽取一类对象共同性质特征的抽象,如自然数概念是等价抽象的结果,其本质是某类等价集合的标记,即集合间可以建立一一对应关系,它们是"对等"的.根据抽象方向的不同,数学抽象可分为同向与逆向思维的数学抽象、悖向思维的数学抽象与审美直觉的数学抽象.所谓同向思维的数学抽象,即延续已有的思维方向思考问题,它主要包括弱抽象和类比联想等方法.其中的弱抽象,也叫做"扩张式抽象",是指对事物某一方面特征(或侧面)加以概括,从而形成比原对象更为一般的概念或理论的一种抽象方式,如

"正方形→长方体→直平行六面体→直棱柱→斜棱柱"顺序进行的抽象就是弱抽象.弱抽象的特点是研究对象的外延不断扩大,内涵不断缩小,把结论推广到更一般的情形.所谓逆向思维的数学抽象,指与原思维方向反向地思考与探究问题,它主要包括强抽象、精确化与完备化的思维方法.其中的强抽象,也叫做"强化结构式抽象",是指通过扩大研究对象的特征,从而形成比原对象更为特殊的概念或理论的一种抽象方式,如按"斜棱柱→直棱柱→直平行六面体→正四棱柱→正方体"顺序进行的抽象就是强抽象.强抽象的特点是研究对象的外延不断缩小,内涵不断扩大,更深刻地认识事物某一方面的特征.所谓悖向思维的数学抽象,即背离原来的认识并在直接对立的层面上探索新的发展可能性,是立体型的抽象.

二、数学抽象素养的外延

(一)抽象

1. 理想化的抽象

理想化的抽象即指抽象层次性的简约阶段,由实际的事物或现象引出抽象概念的方法,其中包括对于真实事物或现象的简约化与完善化,从而得出的数学概念与现实原型未必完全符合,如"没有大小的点""没有宽度的线""没有厚度的面"等几何概念都是简约化的结果.平面几何中已经证明任意三角形三个角的平分线交于一点,但真实世界的经验告诉我们,无论绘图员多么细心、采用多么精确的工具,他所画图形中的三条角分线也只是近似地相交.这种理性化的抽象已从空间经验推进到整个数学世界.亚里士多德曾描述这个过程:"数学家舍去一切感性的东西,如重量、硬度、热,只留下量和空间连续性."

2. 强抽象与弱抽象

弱抽象也可以称作"概念扩张式抽象",即从原型(或已有概念)中选取某一特征(侧面)加以抽象,从而获得比原结构更广的结构,使原结构成为后者的特例.比如,由全等形的概念出发,借助弱抽象就可获得相似形及等积形的概念,它们分别保存了"形状相似"与"面积相等"的特性.相对于后者而言,全等形的概念就可以说是一个原型,而由全等形的概念出发去建立相似形及等积形的概念则就是弱抽象的过程.人们可以将一类或某种结构内容较为丰富的对象作为弱抽象的原型,并通过特征分离和规范化的定义方法去构造出更为一般的模式.

3. 存在性抽象

存在性抽象是人类思维能动性的一种重要表现形式,有时可以假设一个原先认为不存在的"对象"的存在性,也即引进所谓的"理想元素",并由此而发展起一定的数学理论.比如,虚数 i 以及无穷远点的引进就是这样的例子.

(二)抽象思维的分类

抽象思维的具体形式是多种多样的.如果以抽象的内容作为标准加以区分,抽象大致可分为表征性抽象和原理性抽象两大类.表征性抽象的抽象内容是事物所表现的特征,原理性抽象的抽象内容是普遍性的定律.

1. 表征性抽象

所谓表征性抽象是以可观察的事物现象为直接起点的一种初始抽象,它是对物体所表现出来的特征的抽象,如物体的"形状""重量""颜色""温度""波长"等,这些关于物体的物理性质的抽象,所概括的就是物体的一些表面特征.这种抽象就属于表征性的抽象.表征性抽象同生动直观是有区别的.生动直观所把握的是事物的个性,是特定的"这一个",如"部分浸入水中的那支筷子,看起来是弯的",这里的筷子就是特定的"这一个","看起来是弯的"是那支筷子的表面特征.而表征性抽象却不然,它概括的虽是事物的某些表面特征,但是却属于一种抽象概括的认识,因为它撇开了事物的个性,它所把握的是事物的共性.比如古代人认为,"两足直立"是人的一种特性,对这种特性的认识已经是一种抽象,因为它所反映的不是这一个人或那一个人的个性,而是作为所有人的一种共性.但是,"两足直立"对于人来说,毕竟是一种表面的特征.所以,"两足直立"作为一种抽象,可以说是一种典型的表征性抽象.表征性抽象同生动直观又是有联系的.因为表征性抽象所反映的是事物的表面特征;所以,一般来说,表征性抽象总是直接来自一种可观察的现象,是同经验事实比较接近的一种抽象.

2. 原理性抽象

所谓原理性抽象,是在表征性抽象基础上形成的一种深层抽象,它所把握的是事物的因果性和规律性的联系.这种抽象的成果就是定律、原理.比如,杠杆原理、落体定律、牛顿的运动定律和万有引力定律,光的反射和折射定律、化学元素周期律、生物体遗传因子的分离定律、能量的转化和守恒定律、爱因斯坦的相对性运动原理等,都属于这种原理性抽象.

原理性抽象不同于表征性抽象,它所抽取的不是事物的外露的表面特征,而是事物内在的规律性联系,如"静止""运动""直线""等距"等可以说是表征性抽象,它们表征着物体的一种状态,而"每个物体继续保持其静止或沿一直线作等速运动的状态,除非有力加于其上迫使它改变这种状态"就可以说是一种原理性抽象,它抽取的是物体运动的一种规律性.正因为原理性抽象抽取的不是外露的表面特征,所以它同表征性抽象相比,更远离了经验事实,但又是更深刻的认识,它认识到自然界的内部秘密.在科学发展的常规时期,原理性抽象的实现是以已有的理论作为指导;而在科学发展的革命时期,反常的原理性抽象的实现必须突破已有理论的框架范围.

3. 低层抽象和高层抽象

来自然界的事物及其规律是多层次的系统,与此相应,科学抽象也是一个多层次的系统.根据抽象的层次,可以分为低层抽象和高层抽象.相对于解释性的理论原理来说,描述性的经验定律可以说是低层抽象,而解释性的理论原理就可以说是高层抽象.

把科学抽象区分为低层抽象和高层抽象,是相对而言的.理论抽象本身也是多层次的.比如,牛顿的运动定律和万有引力定律相对于开普勒的行星运动三大定律来说是高层抽象,因为我们通过牛顿三大运动定律和万有引力定律的结合,就能从理论上推导出开普勒由观测总结得到的行星运动三大定律.一切普遍性较高的定律和原理,都能演绎出普遍性较低的定律和原理.一切低层的定律和原理都是高层的定律和原理的特例.如果一个研究者从事更高层的抽象,其结果无法演绎出低层抽象,那就意味着他所做的高层抽象是无效的、不合理的,应予纠正.

三、数学抽象素养的主要表现形式

皮亚杰及其同事用"反省抽象"来描述数学抽象的心理过程,认为逻辑数学结构既不是发现,又不是发明,而是凭借反省抽象进行的,是完全意义上的建构.反省抽象指的是将个体动作中的协调抽取出来,并在更高的层面上对这种协调进行重组的过程.

根据皮亚杰的反省抽象理论,数学抽象是从知觉运动经验到数学逻辑结构发展的逐级抽象过程,每级抽象中都是采用"投影—反射"机制进行的,其投射过程是从知觉运动经验或已有的数学模型中分离出基本要素,把若干个不同的典型模型中的要素进行新的数学表征;反射过程则是比较若干模型的要素属性的相似性,从中得到共同属性,并把模型推广到一般,得到一般化的结论,并通过逻辑和运算对得到的结果进行逻辑确定.在反省抽象的投影与反射活动中,最核心的认知操作是分离出下一层次抽象结果的要素,放在工作记忆平台上用新的视角关注属性之间的相似性和共同点,从更高层次上发现其共同属性,并用适当的数学方法进行一致表征,实现信息的协调.从抽象素养的认知机制来看,它与数学学科结合的特征有如下特点.

(一) 数学抽象具有价值性

数学知识是数学抽象的产物,在一定程度上而言,数学抽象体现了数学(及其数学研究方法)的本质特征.因此,相对于数学知识的价值而言,数学抽象具有的价值(这里既指其学科价值,也指其教育价值)更为重要.通过数学抽象这一构造活动,不仅可以让学生经历数学知识产生的过程,还有助于学生体会数学知识本身的量化、形式化、模式化和理想化的特点,逐步形成"数学是关于模式的科学"的数学观和初步的"模型思想".

数学抽象的价值性主要体现在以下两方面.

(1) 数学抽象具有重要的学科价值.在一定程度上而言,数学学科主要是借助数学抽象建立起来并不断发展的.数学抽象"使数学成为高度严谨、高度精确、应用广泛、结构性强的学科".数学抽象的不断发展,也使数学学科与其他学科紧密地联系在一起.

(2) 数学抽象具有重要的教育价值.学生学习数学抽象不仅能培养其数学抽象的能力,而且有助于改善其思维方式,提高其思维效率,同时,数学抽象可以帮助其更好地体会数学的本质等.因此,《普通高中数学课程标准(2017年版)》将数学抽象作为数学"学科核心素养"之一."对教师而言,引导并训练学生逐步从初级的经验水平转向高级的科学水平的抽象,提高他们的思维水平,促进他们的智慧发展,是数学教育的重要任务."

【案例1-1】平方差公式

对于初次学习平方差公式 $a^2-b^2=(a+b)(a-b)$,初中生的抽象思维水平尚未达到完全符号化的程度,因而,直接采取传统的做法,即由 $(a+b)(m+n)=am+an+bm+bn$,直接导出 $a^2-b^2=(a-b)(a+b)$.这种做法的确节省时间,但是,对多数学生来说并没有真正理解平方差公式的内在含义,或者说,学生并不真正认同这个公式;不仅如此,这种学习也使学生丧失了一次思维训练的良机.如果将其改为如下的形式,其效果可能会有质的差异.

教师一上课就出示问题:能否将代数式 a^2-b^2 分解为两个代数式的乘积的形式呢?我们该如何思考这个问题呢?

我们不妨从最简单的情况入手.

令 $b=1$,先讨论 a^2-1 的情形. a^2-1 能否分解为两个代数式乘积的形式呢?我们尝试着借助自然数的分解思想来思考:假设 $a=1$,那么 $a^2-1=1=0,0=0\times0$,结果很不明朗;假设 $a=2$,结果仍不明朗.继续试验,假设 $a=3$,那么 $a^2-1=9-1=8$,而8除1和自身外,有两个因子2,4,而8的确可以拆成 2×4,而 $2=3-1,4=3+1$,至此结论开始明朗起来……继续试验,假设 $a=6$,那么 $a^2-1=36-1=35$,而35的确可以拆成 5×7,而且是唯一的,同时, $5=6-1,7=6+1$.故我们可以做出猜测, $a^2-1=(a-1)(a+1)$,并进一步猜测 $a^2-b^2=(a+b)$

$(a-b)$.但是,当 $b=2,3,4,5,6$ 时,$a^2-b^2=(a+b)(a-b)$ 是否成立呢?

学生可以分组研究 $b=2,b=3,b=4,b=5,b=6$ 的情况,而后进行全班汇报.最终,综合各种情况,得出 $a^2-b^2=(a+b)(a-b)$ 的结论.于是我们便发现了一个新的公式,这个公式恰恰是 $(a+b)(a-b)=a^2-b^2$ 的逆用.

让学生经历这样的过程,并非多余,而是借助自然数的因数分解实现多项式的因式分解,让学生获得归纳的经验,在直观的基础上进行逐步抽象,进而实现理解性掌握,在获得新知的同时,经历一次思维的训练,实现思维层面的提升.

(二)数学抽象具有客观性

数学是以抽象的方式与形式来反映客观世界的数量关系与空间形式的一门科学,具有一定的客观性.数学抽象的客观性常常表现为许多抽象的数学理论具有一定的客观现实背景,或者数学抽象的产物(即数学理论)在社会生活、科学研究中具有广泛的用途.《全日制义务教育数学课程标准(实验稿)》指出:"数学是人们对客观世界定性把握和定量刻画、逐渐抽象概括、形成方法和理论,并进行广泛应用的过程."从本源上来说,很多数学概念或数学理论是从现实世界客观存在的事物中,经过抽象,概括出客观事物之间的数量和数量关系、图形与图形关系,其数学抽象的过程并不是由人们凭空捏造、任意想象的,并不会因为某一个(类)人的某种观念的变化而发生改变.数学抽象的客观性表现在数学抽象的对象与结果是客观的,数学对象并不是没有内容的,也不是与现实世界毫无关系的.从本源上来说,许多数学对象来自于现实世界,在某一数学对象及其理论被数学家创造出来之后,就像现实世界客观存在的事物一样具有一定的客观属性.数学抽象的客观性还表现为数学概念,数学理论等数学抽象的产物,其所蕴含的数学内容是有其数学基础与逻辑保障的,并不断受到数学共同体的检验.

(三)数学抽象具有模型化特征

数学抽象是用数学语言概括地或近似地描述现实世界的事物之间的数量关系与空间形式.数学抽象离不开模型化,模型化的最终结果是构建数学模型.数学模型是"沟通数学与现实世界的桥梁",为了构建适宜的数学模型解决某一现实问题,需要对现实问题进行一定简化,忽略其次要因素,或与解决目标无关的因素,并在此基础上运用一定的数学方法,使之转化成一个数学问题,即从数学的角度,运用数学的手段,不断使一个现实问题理想化与形式化.运用一定的数学方法解决相应的数学问题后,要把所得到的问题的解"回代"到现实问题中进行"检验",以分析其是否达到预设的解决目的.并且很多时候,模型化的数学抽象过程并不是一次性完成的,而是有一个逐步完善、不断精确的过程.如果在构建某一数学模型的过程中,简化(忽略)的因素太多,从而在一定程度上改变了原来现实问题的本质特征与本质结构,那么所得的数学模型对原来现实问题的解答只能是初步的,近似的,可能远远不能满足其预设的目标,这时就需要把此前简化(忽略)的某些因素重新纳入,继续构建新的数学模型,寻找新的解决问题的数学方法.理想的数学模型要求与所需要解决的现实问题完全吻合,可以 100% 解决其现实问题,但由于现实问题的异常复杂性,针对某一现实问题构建其理想的数学模型往往是困难的,有些甚至是不可能的.因此,在构建数学模型的过程中,往往要进行"折中",只要能够达到预设的解决问题的目标要求,就可以认为相应的数学模型是合理的,有效的.

【案例 1-2】数学模型的应用

问题：(1) 已知函数 $f(x)=\dfrac{x^2}{1+x^2}$，则 $\sum\limits_{k=1}^{4}f(k)+\sum\limits_{k=2}^{4}f\left(\dfrac{1}{k}\right)=$ _____；

(2) 已知函数 $f(x)=\dfrac{1}{1+x^2}+\dfrac{2}{1+x^2}$，则 $\sum\limits_{k=1}^{89}f(\tan k°)=$ _____；

(3) 已知函数 $f(x)=\dfrac{25^x}{25^x+5}$，则 $\sum\limits_{k=1}^{2016}f\left(\dfrac{k}{2017}\right)=$ _____；

可将上述问题转化为同一数学模型，即首尾项进行合并，然后类似进行对称配对可以解决这类问题．

（四）数学抽象具有发展性

数学抽象的发展性，一方面表现为数学抽象是具有层次性的，即对数学对象的抽象是逐级抽象，逐步完善，不断发展的．无论是在数学学习过程中，还是在数学发展过程中，数学抽象一直在不断地深入与丰富，具体表现为数学学习与研究过程都是从基础到复杂，从具体的事物到抽象的事物，再从初步抽象的数学结果抽象出更为抽象的数学结果．随着抽象层次的不断提高，数学不断地向更高(高维的、多变量的)的抽象层次发展，使它"包含的内容更深刻、更远离具体现实世界，从而应用与适用的范围也越来越广"．数学抽象的发展性另一方面表现为学生对数学抽象的认识与理解是逐步深入的，其数学抽象能力是逐步提高与发展的．随着学生对数学抽象对象、数学抽象过程以及由此而产生的数学抽象结果的深入理解，其对数学抽象的认识不再固执于它的某一方面，而是综合考虑数学抽象各方面的本质特征，以及它们之间的内在联系和相互作用等．

第二节　数学抽象核心素养的育人价值

学科核心素养是育人价值的集中体现,是学生通过学科学习而逐步形成的正确价值观念、必备品格和关键能力.在形成和落实学科核心素养的过程中,具有数学特征的思维品质、关键能力以及情感、态度与价值观均得以体现.数学抽象反映了数学的本质特征,数学抽象也贯穿数学产生、发展、应用的整个过程,经过日渐积累,对于学生数学抽象核心素养的培育,最终使得学生能够从具体到抽象、从特殊到一般,透过现象把握事物的本质属性.数学抽象对学生来说至少有3个方面的教育价值:①能积累比较多样化的从具体到抽象的活动经验;②能帮助学生更好地理解数学和学会数学式的思维;③通过数学抽象能更好地发展学生解决问题的能力.结合以上对数学抽象内涵的剖析,本节从数学抽象在学科、培养人思维、认知事物关联、理性精神、创造能力和美学等6个方面的价值来做以阐述.

一、数学抽象素养的数学学科价值

对于学科来说,抽象是数学的首要特征,抽象为推理提供了对象,为模型提供了依据,为数学的广泛应用提供了基础.两种事物,如果有相同的量或形,便可用相同的数学方法,因而数学必然、也必须是抽象的.对于育人来讲,"数学虽不研究事物的质,但任一事物必有量和形,所以数学是无处不在、无时不用的".因而学生经历数学的抽象,不仅由此生成了数学的研究内容,更具普遍意义的是抽象的过程,能让学生学习如何从量或形的视角去观察、把握周围的现实事物.这一认识客观世界的独特方式,是每个社会公民无论从事何种职业都不可或缺的基本素养.

且不说数学抽象的概括性、层次性、理想化、形式化、符号化对发展学生抽象思维的作用与贡献,仅当儿童从现实世界形态各异、异彩纷呈的事物中抽取共同的量或形的属性时,就已经得到了从考察对象中分离多种属性,提取本质属性,排除各种非本质属性干扰等一系列的知觉、思维训练.小学数学几乎每一节课都有量或形的抽象活动,都在为进一步学习数学抽象,发展抽象能力奠定基础.整个学校数学的学习中,数学抽象使得数学成为高度概括、表达准确、结论一般、有序多级的系统.

《普通高中数学课程标准(2017年版)解读》中认为数学抽象的数学学科价值集中反映在两个层面:①对数学发生、发展的重要性(决定性)价值的揭示;②对数学抽象在数学学科理论系统中的功能性价值的揭示.

数学在本质上研究的是抽象于现实世界的东西.但数学抽象不仅限于对现有事物的剥茧抽丝,数学的发展使得其早就已经从已有的数学结构出发,抽象出新的概念和运算法则,并通过逻辑推理来建构出新的数学.数作为数学最最基本的研究对象,是来源于数量本质的抽象,数量的本质是多与少,进而数字可以由大到小进行排列,因为有序,进而可以比较大小,有了重要的"不等关系".十进制记数系统经历了漫长的计数抽象阶段和丰富的符号抽象阶段,进而发展出自然数集.这就不得不提及数系的扩充,自然数是来源于对数量的刻画,有理数是来源于对比例的刻画,无理数是来源于对长度的刻画,复数产生是为了更好地刻画方程的解,那么,四元数的产生完全是人为制造的.诸如此类,基于抽象理论不断创建的数学分支也在促进着这门学科以及整个科学的进步和发展.

解题的过程需要一种看清事物本质的能力,这也就是数学核心素养中的"数学抽象",即舍去事物的一切物理属性,从事物的具体背景中抽象出一般结构和规律,并用数学符号来表征.

【案例1-3】数学抽象能力

问题: 如图1-1所示,小明从街道的 E 处出发,先到 F 处与小红会合,再一起到位于 G 处的老年公寓参加志愿者活动,则小明到老年公寓可以选择的最短路径条数为_____.

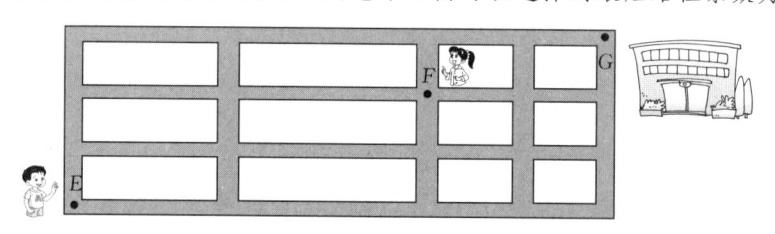

图1-1

分析 对于这道高三的排列组合问题,用最基础的枚举法和乘法原理也能解决,但是若街道更多,枚举便会使人头疼.如果换个角度来思考,考虑完成的最短路径,横向与纵向经过的街道数分别为2,从 $E \to F$ 经过2个横向街道,2个纵向街道,不同的路径选择其实是对"两横两竖"排序,运用排列组合知识可得结果应该是 C_4^2,同理 $F \to G$ 最短路径的选择有 C_3^1 条,依据乘法原理,小明到老年公寓可以选择的最短路径条数为 $C_4^2 C_3^1 = 18$.

可以说,通过学习数学培养学生的抽象能力,对于学习研究其他领域的问题,对于今后面对事物错综复杂的多种因素,主动进行舍去次要因素,提取主要因素的分析活动,具有其他学科难以比拟的基础训练价值.

二、数学抽象素养在培养人的思维方面的价值

对学生来说,数学首先是利用自己的生活经验对数学现象的一种"解读",这需要的是由数学向学生日常生活的"回归".但是到了更高阶段的抽象时,已经没有必要每次的运算或者推导都要回归到具体事物间的关系上去.又或者说,除了"解读"外,我们还需要帮助学生由"日常数学"上升到"学校数学".这其中,蕴含着数学抽象的两个阶段.

在数学的学习中,学生一般通过理解抽象性概念,练习公式以及变式,在数学应用中创建抽象化的产物,历经数学符号的发展和应用,强化数学思维.在数学抽象素养的培育过程中,将使得学生具备看待事物时持有大局观,解决繁杂问题时具有特殊角度思考的能力以及正难则反不拘于模式的思辨能力.数学抽象素养一般表现在对一类事物非本质属性的摒弃和对其共同本质特征的反映.

【案例1-4】抽象思维

问题: 集合 $A = \{1, 2, 3, \cdots, 10\}$.

(1) 设 A 的3元素的子集个数为 n,求 n;

(2) 设 A 的 3 元素的子集中,3 个元素的和分别为 $a_1, a_2, \cdots, a_n$,求 $a_1 + a_2 + \cdots + a_n$ 的值.

分析 本题主要考查学生的排列组合知识,考查学生的数学抽象,逻辑推理和数据分析能力. 尤其是第二问中,如何求出所有 3 元素子集中元素的和是个难点. 面对众多数据求和,学生往往会一筹莫展. 需要找寻子集中元素分布的规律,去除众多数据求和的干扰,抓住主线,确定每个元素出现的次数,这也是"加减"低阶运算发展到"乘除"高阶运算的抽象思维,可以用更加高明和简单的方式来解决问题. 很明显,这个问题的解决在于排除数据干扰、化繁为简,关注关键元素出现的次数,也即是含有确定包含某个元素的子集个数.

解 (1) $C_{10}^3 = 120$;

(2) A 的 3 元素的子集中,含有元素 1 的三元素子集有 C_9^2 个.

依此类推,1～10 每个元素在三元素子集中出现的次数均为 C_9^2,

因此,$a_1 + a_2 + \cdots + a_n = C_9^2 (1 + 2 + \cdots + 10) = 1980$

对以上问题,就有学生提出以下算式来解决:$a_1 + a_2 + \cdots + a_n = (33 \div 2) C_{10}^3 = 1980$,其中 $33 \div 2$ 指的是元素之和最小的三元素子集 $\{1,2,3\}$ 与和最大的三元素子集 $\{8,9,10\}$ 的元素之和的平均数,该生把 $33 \div 2$ 当做是 3 元素子集元素之和的平均数,乘上子集的个数来解决问题. 其中参照的是等差数列求和的方法,这是数学学习中数学思想方法的体现,这是一种弱抽象. 只是与等差数列求和具有相似的形式,但是否有一定的道理,教师应该利用此契机深入引导学生探究.

数学抽象思维与学生的情感和个性特征有密切联系,要培养数学抽象思维能力必须充分调动学生的主动性和创造性. 在教学中,我们采用多种形式,让学生的思想在生动活泼的气氛中得到锻炼和发展,并培养他们的意志品质. 对于有新意、思想深刻的学生则给以鼓励,促使他们积极奋发、更有兴趣学习;对于后进生也要注意保护他们的积极性,肯定他们的一得之见.

三、数学抽象素养在认知事物之间关联方面的价值

表征性抽象,时常由事物的表面现象经验性地得到一些结论,这停留在抽象的第一个阶段. 而原理性抽象把握的是事物的因果性和规律性的联系. 在数学的学习中,往往需要联系事物之间的关系,为数学的高度抽象关系,建构起更加具体形象的认知. 章建跃认为,人类的智慧表现在用简单的概念阐明科学的基本问题,用相似的方法解决不同的问题,而数学的方法就是这样的方法. 在数学中,自然数不仅打开了数学研究的大门,也为数学推理验证由"有限"走向"无限"奠定基础,这就表现在数学归纳法的研究上.

研究一个含有正整数的命题,如果对一些具体的数值,比如 1、2 等,命题是成立的,人们往往会猜想:这个命题是否对所有的正整数都是正确的呢? 对于要验证的命题,我们总会有一个初始值 n_0,比方说从 1 开始,然后由 $k-1$ 到 k,最后逐一验证任意一个大于 1 的正整数,命题都是成立的. 如果这种自然数之间依次有序的性质,对于要验证的命题由 $k-1$ 成立到 k 时也成立,那么命题的为真的性质就可以依此类推进行至无穷. 用数学归纳法验证猜想是否正确,用 $A(n)$ 来表示这个命题,证明的步骤如下:

(1) 首先验证当 $n = n_0$ 时,$A(n_0)$ 为真;

(2) 假设当 $n = k - 1$ 时,$A(k-1)$ 为真,验证 $A(k)$ 为真;

(3) 如果验证成功,则完成证明.

虽然在应用数学归纳法证明命题的过程中,很多时候第一步是很显然的,但是并不是可有可无的.如果建立起了"$A(k-1) \to A(k)$"的关联(其中$k \geq n_0+1$),那么由"$A(n_0)$为真"就可以关联到"$A(n_0+1)$为真",直至抽象出更一般的关联.将n能够取到的正整数经由步骤(2)不断地关联到下一个正整数,有限步达到了无限的逐一验证,因此数学归纳法是"完全归纳".

数学高度抽象的过程联系具体的事物,不失为一种提升认知的方式.在学习二项式定理过程中,以"两个相同的盒子中,分别装有红黄两种大小形状完全相同的小球各一个,分别从两个盒子中各取一个小球,有多少种结果",用此"两红、一红一黄、两黄"类比多项式乘法$(a+b)^2$的展开式中的a^2、ab、b^2."一红一黄"的取法有两种,对应与项ab的系数为2.在课堂教学中,再进行实物演示,推广到4个盒子,即$(a+b)^4$.学生掌握到这种二项式展开式,先要确定项的形式,再确定项的系数,再到n维的情况,自然过渡到r个$(a+b)$中取元素b,剩余的取a,得到通项$C_n^r a^{n-r} b^r$.这个过程先弱化了抽象层次,关联实物,更加具体,而当学生熟悉了了解了两者关联之间的规律,便可以进入到高层次的抽象,顺利掌握新知.因此在课堂教学中,有必要为冰冷严谨无误的数学概念定理关联上可触可感的形象外衣,使得学生数学抽象素养水平更具有层次,更具有发展性.

四、数学抽象素养在形成理性精神方面的价值

M·克莱因把数学看成是"一种精神,一种理性精神".数学是理性精神的典范,所以数学教育应当注重培养理性精神,理性精神的培养需要关注理性的思维意识与习惯、理性的思维方式与能力两大方面.正是这种数学的理性精神,促进人类思维得以运用到最完善的程度,并且影响人类的物质和精神生活.

理性精神突出表现在数学以一般抽象性、形式逻辑性、数量精确性和模型构造性为思考标尺的认识模式与追求上.抽象是数学得以产生和发展的思维基础,在整个知识体系架构中,抽象性关联起知识之间的脉络.以"集合"为例,数学中的很多概念界定都要描述其具备的一般属性,根据目标明确性质,进而辨别研究对象属性、区分和分类,最后达到外延.这个阶段为学生作出正确的判断提供依据,建立起理性的标杆.集合子集、补集是进一步的分类,这是做出理性选择的一步.集合之间的关系,是对特殊对象间的性质做出判别,这是对多元对象间相互作用时进行理性认识.在一个概念不断抽象的数学活动中,理性精神潜移默化地作用开来.在集合知识之后,学生对于"分类讨论""分类加法原理""独立事件""互斥性""完备性"等的认识将更为理性.反过来,数学抽象水平也在这个过程中不断地加深.

在人们日常认识中,很难去形容"无穷",对于"极限"更是缺乏理性认知."芝诺悖论"中有一则古希腊神话英雄阿喀琉斯追乌龟的寓言,乌龟会制造出无穷个起点,它总能在起点与自己之间制造出一个距离,不管这个距离有多小,但只要乌龟不停地奋力向前爬,阿喀琉斯就永远也追不上乌龟!芝诺当然知道阿喀琉斯能够捉住乌龟,跑步者肯定也能跑到终点,但芝诺限定了时间,使得"阿喀琉斯就永远也追不上乌龟".这就是所谓"$1 > 0.999\cdots$"的错误认识.事实上,最终追上乌龟便是使用无数次"无限趋近"完成这次有限运动.在事实与抽象理论博弈中,理性居于上风.数学上,便是利用"无穷等比数列的各项和"这一数学抽象活动塑造理性精神.

数学历来被认为是确定性的科学,但在日常生活中我们却会遇到大量不确定性事件,甚至是在追逐"不确定性"所带来的利益.曾有一则笑话:一名病人需要做手术,主刀医生说这类手

术的死亡率为万分之一,这正好是第一万台手术,吓得病人面色苍白.可医生接着说,放心吧,前面已经死了一个了.笑话中蕴含着人们对待随机事件不确定性的盲目认识.古代中国人比古希腊人更早地认识到理性的预测事件是否会发生以及以怎样的形式发生,远比倒回去追究事件发生的原因,来得更为实际.随着一些实际操作和概率试验的大量开展,人们对数据有了更清晰的认识和分析,古典概型中每次随机试验结果的等可能性,反映出人们对待未知事件的理性认识.从拉普拉斯给出的古典定义,到柯尔莫哥洛夫的公理化体系,这是数学抽象的杰作,更用数据和数学运算塑造起数学地看待未知事件的理性态度.

理性精神是忠实理性认识活动,以寻找事物的本质、规律及内部联系的精神.寻找事物的本质、规律及内部联系,这是理性的思考.目前很多学生忙于埋头做题,做题多,总结少,浮于解决问题的抽象过程表面,不做深入思考.

数学中的许多重要概念,从它最初的原始状态,随着时间的推移,由于种种原因而被一次一次地扩张、推广,结果成为像今天这样广泛而精确的概念."函数"概念就经历了重要的7次扩张.这是数学概念不断抽象化的过程,也必然反映在学生抽象出这些概念的数学活动之中.而其中,公平公正、实事求是、不畏艰难、勇于探索的理性精神也正逐步形成当今人类的必备品格.

五、数学抽象素养在培养学生创造能力方面的价值

在教学中,教师应及时捕捉和诱发学生学习出现的灵感,对学生别出心裁的想法、违反常规的解答、标新立异的构思,哪怕只是一点点的新意,都应及时给予肯定,并用交换角度、类比形式等方法诱导学生的数学直觉和灵感,促使学生能直接基于基础知识再创造新知.

【案例 1-5】利用虚数单位 i

问题: $C_{100}^{0}-C_{100}^{2}+C_{100}^{4}-\cdots-C_{100}^{98}+C_{100}^{100}$ 等于( ).

A. -2^{50} B. 0 C. 1 D. 2^{50}

分析 学生基于"赋值法"了解到二项式系数求和的值为 2^n,也知道奇次项和偶次项二项式系数和为 2^{n-1},作出排除选项 D 的判断.但是 C_{100}^{2},C_{100}^{6},$\cdots$,C_{100}^{98} 的符号又使得学生混乱.而当 r 能被 4 整除时,C_{100}^{r} 前面的符号是正的.这种符号正负的周期性,学生很容易想到数学中"i 的乘方"所具有的周期性.因此,基于复数乘法的认知,构造出二项式 $(1+i)^{100}$.

解 $(1+i)^{100}=C_{100}^{0}+C_{100}^{1}i-C_{100}^{2}+C_{100}^{3}i^3+C_{100}^{4}+\cdots-C_{100}^{98}+C_{100}^{100}$

其中左式 $=(2i)^{50}=-2^{50}$,而 $C_{100}^{0}-C_{100}^{2}+C_{100}^{4}-\cdots-C_{100}^{98}+C_{100}^{100}$ 等于右式所表示复数的实部,根据复数相等的充要条件,也即是等于 -2^{50},故选 A.依据已有数学模型,在新知基础上,大胆构造,先使部分吻合,再进行探索,是对学生直觉上的一大挑战.学生能够跨越多项式乘法中限于字母和常数的障碍,换种角度,大胆创新.

学生对于虚数单位 i 的认知存在较强的心理障碍,本质原因在于 i 本身并不是一个数,却常称作是扩充数系的关键.在课本练习 13.2(1)中要求学生在复平面作出复数 $2-3i$ 和 $3+2i$ 对应的点,发现 $2-3i$ 在复平面对应的点绕原点逆时针旋转 90°可以得到 $3+2i$ 在复平面对应的点.学过复数乘法之后,便知道 $3+2i=(2-3i)\cdot i$.再继续尝试,将点 $(3,2)$ 绕原点逆时针旋转 90°得到点 $(-2,3)$,对应复数 $-2+3i=(3+2i)\cdot i$.再引导学生尝试验证逆(顺)时针旋转 180°等.最后应用一般的复数 $a+bi$ 进行验证,是成立的,如此便形成一个一般性的结论:i 是

绕原点逆时针旋转 90°的旋转量. 这本是涉及到高等数学复分析中的知识,可是在高中阶段也能够有学生由特殊到一般,抽象得到虚数单位 i 的本质. 抽象并不难,敢于给学生创造发挥他们创造能力的平台和机会,才是最难得的.

六、 数学抽象素养在美学方面的价值

法国数学家庞加莱曾说:"数学家不单单因为数学有用而研究数学,他研究它还因为他喜欢它,而他喜欢它则是因为它是美丽的." 数学既具有一般意义下美的特点,又有自身独有的美,即所谓的数学美. 数学美的内容极其丰富,既有具体、形象和感性的一面,又有形式、抽象和理性的一面. 吴军在《数学之美》一文中说,数学之美,首先在于用简单的形式表达复杂而深奥的内容;其次在于数学原理的通用性和普遍性. 数学美是一种独特的、兼具震撼力的美,本质上包含了主观意义上的数学美与客观意义上的数学美两个方面的含义,即数学美既是人的主观感受与思维表达,又是内蕴于客观世界的现实存在.

一种数学理论,一个数学体系的形成,都要经过多级次,多层次,多种形式(理想化、模式化、精确化、自由化、形式化)的从最初的感性认识和初步抽象到理性抽象,从不太完善形式向比较完善形式,从不太完美形式到比较完美形式的过渡. 这个不断走向美的过程正体现出数学的"简洁美""统一美""对称美""符号美"等. 数学中的抽象的方法和结果(数学发现、数学发明、数学创造)的真伪性与价值往往可以通过以上所述的"数学美"的标准来鉴别. 同时此标准也揭示了数学美的表现特征:简洁性(即数学的符号美、抽象美、统一美)、和谐性(即数学的和谐美、对称美、形式美)、奇异性(即数学的奇异美、朦胧美、常数美). 我们说数学中的创造、发明或发现的过程实际也是审美过程,数学中的创造、发明或发现的结果实际上也是抽象美的结果.

在初等数学中就可以找到很多体现数学美的具体例子. 它们都是使用最基本的思维方法——抽象得来的.

【案例 1-6】万能公式

在体积计算中的所谓的"万能公式",它能简洁、统一地应用于棱(圆)柱、棱(圆)锥、棱(圆)台的体积计算,即

$$V = \frac{1}{3}h(S + S' + \sqrt{SS'})$$

其中 h 为相应几何体的高,S 和 S' 则分别为其上下底的面积.

数学家引入抽象的算法符号以避免繁杂的运算. 正是为了避免重复的加法运算,人们才引进了乘法. 如 $4+4+4+4+4+4+4=4\times7$. 类似地,幂的引进则是为了避免重复的乘法,如 $4\times4\times4\times4\times4\times4\times4=4^7$. 类似的还有,数学各种算式公式的发展与简化,数学概念定理的高度概括和凝练. 因此,数学抽象是数学学科美的基本内容.

在数学中人类的本质力量正是借助于抽象得到了最大限度的发挥,现代的数学家们依靠抽象与想象"建造"出了一个宏伟无比而又十分精巧的"数学世界",达到了最大的纯粹性、深刻性、精巧性、严密性、清晰性、能动性. 故此,数学家们以数学抽象为美是十分自然的,并且这在很大程度上就是对于人类自身本质力量的赞美. 如今培育学生的数学抽象素养,在美学方面,更多地是希望学生具备发现和欣赏数学抽象所带来的事物的简洁、统一和纯粹,而非顽固地训练和无感情的追求效率.

若你无法体会到数学理论、公式所诠释的美,那么荷兰画家埃舍尔艺术性的创作,仿佛使人无法拒绝为之着迷.《圆极限》是埃舍尔众多数学化艺术品种的代表作,如图1-2所示.画中的事物不妨看作是鱼,我们会惊奇地发现:圆是有边界的,而里面的鱼却是无限地多.事实上,对于里面忙碌游动的鱼来说,这个圆却又是无限地大,因为它们远离圆中心,越来越小,慢慢在我们眼际消失,我们不能够望其尽处.埃舍尔本人很欣赏"这个无限而有界的平面世界的美".

在数学里,无限是一个重要的概念,有其明确的界定.从古希腊的欧多克斯(Eudoxus of Cnidos)用"穷竭法"平息了数学史上第一次数学危机开始,牛顿(Newton)、莱布尼茨(Leibniz)发明微积分,康托尔(G. Cantor)创立集合论,歌德尔(Godel)发现不完备定理,芒德布罗(B. B. Mandelbrot)创立分形理论等,数学家们乐此不疲地运用"无限"这一主题.可以说,无限成了数学中一道亮丽的风景线.关于无限的数学,是人类智慧的结晶,是数学高度抽象的一种表现.如今,却可以由欣赏衣服美妙的艺术创作来实实在在的感受到,这体现出数学抽象激发出的数学美内蕴于客观世界而现实存在.

图1-2

3 第三节 数学抽象核心素养在课堂教学中的落实策略

课堂教学是落实数学核心素养的主阵地,数学活动是渗透数学核心素养的主渠道,发展思维是指向数学核心素养的主目标.如在概念教学中,把握概念本质,揭示概念的内涵和外延,精心设计怎样解释概念,怎样解释概念所反映的学科思想,怎样理解知识的本质属性,并能从学生的最近发展区出发,运用学生"听得懂"与"动起来"的例子精确地传递给学生,并促使学生深刻理解.

课堂教学从教学引入、教学过程的展开、重难点的突破、练习的巩固,作业的选择等环节都可有效与数学抽象紧密地联系起来,教师可引导学生从中提取问题的本质属性,完善学生的认知结构,提升学生的抽象核心素养.

一、数学抽象素养在各个学习内容板块中的渗透

数学抽象在数学各章节都有充分的体现.这里以立体几何部分为例做一个分析.我们知道,几何学研究现实世界中物体的形状、大小和位置关系.位置是空间的最原始概念,几何学中用点来标记位置,点就是位置的抽象化.连接空间两个位置的通路是空间第二个原始概念,几何学将之抽象为从一个点到另一个点的连线.两点之间的所有连线中,有且只有一条最短,我们将它称为线段."两点之间线段最短"是欧氏空间的基本特性(其他空间都不具有这个特性,如球面上两点间的最短连线是过这两点的大圆的劣弧).光由一点射向另一点而形成的光线可以一直向前无限延伸,射线这个基本概念可以看成是光线的抽象化.给定两点 A、B,射线 AB 和射线 BA 的并集就形成了由空间两点 A、B 所确定的唯一直线 AB.给定空间三点 A、B、C,其中 C 不在直线 AB 上,将直线 AB 分别沿射线 AC 和射线 CA 方向无限平移,它们的并集就形成了由空间不共线三点 A、B、C 所确定的唯一平面 ABC.

以上我们抽象出了空间的基本图形——点、直线、平面,由此得到构成平面多边形、空间多面体的基本要素.以下我们看几何图形的抽象过程.

(一) 对几何图形的定义

抽象一个(类)几何图形的逻辑顺序是:定义—表示—分类.其中,定义给出了几何图形本质特征的确切而简要的陈述.一个几何图形的本质特征是指其组成要素的形状及位置关系(如相交、平行、垂直等).以此为指导思想,通过对典型实例的分析、归纳得出共性,再抽象、概括出几何图形的组成要素的形状及位置关系,然后用严谨的数学术语做出表述,就得到了几何图形的定义.

需要注意的是,仅仅从分析与综合、归纳与演绎、联系与类比等一般思维方法的角度阐释数学对象的抽象过程是不够的.因为这样并没有解决"如何分析""归纳什么""如何类比"等问题,而这些问题恰恰是启发学生展开数学思考与探究的关键.我们知道:点、线、面是空间基本平面图形,柱、锥、台、球是空间基本立体图形;多面体由平面图形围成,部分旋转体的表面可以

展开成平面图形(含圆、圆的一部分);平面图形由点、直线段围成.所以,几何图形组成要素的形状及位置关系归根到底要从点、线段、圆(或其部分)及其位置关系入手分析.这样,在几何图形定义的教学中,教师一定要让学生在明确"几何图形的要素、要素之间的关系各指什么"的基础上,对"这类图形的组成要素是什么""要素的形状是什么""要素之间有什么位置关系"等展开分析、归纳、类比的思维活动,这样才能做到有的放矢.

(二) 几何图形要素的表示

得到定义后,要给出几何图形要素的表示.几何对象的表示是与众不同的,有符号语言、文字语言和图形语言等多种方式.特别是符号语言的使用,使数学表达具有简洁性、明确性、抽象性、逻辑性等融为一体的特点,可以极大地缩减数学思维过程,减轻大脑的负担,更有利于我们认识和表达数学对象的本质.所以,在抽象研究对象阶段,要重视数学对象的符号表示.

(三) 对几何图形进行分类

以要素的特征与要素间的关系为标准对几何图形进行分类.分类是理解数学对象的重要一环.一个数学对象的具体例子不胜枚举,按某种特征对它们"分门别类",就使这一对象所包含的事物条理化、结构化,并可由此确定一种分类研究的路径,使后续研究按顺序展开.分类就是把研究对象归入一定的系统和级别,形成有内在层级关系的"子类"系统结构,从而进一步明确数学对象所含事物之间的逻辑关系,由此可以极大地增强"子类特征"的可预见性,从而也就有利于我们发现数学对象的性质.

以上是一个完整地获得几何对象的过程,"定义—表示—分类"是"基本动作",是学生学会用数学的眼光观察世界、用数学的语言表达世界的基础,教材和教学都应该以明确的方式告诉学生"如何观察""如何定义",以使学生逐渐学会抽象出一个数学对象的方式方法.要注意通过恰当的问题情境,构建有利于学生观察与分析事物的数形属性、归纳共同本质属性并概括到同类事物中去的数学活动,让学生在具体情境中展开认识活动,并在"什么是几何对象的结构特征""如何观察""如何归纳"等方面加强引导,使学生在经历完整的数学抽象过程中获得研究对象.

二、数学抽象素养在各种教学活动过程中的渗透

在课堂教学中以问题意识为主线,通过积极探索,以问题意识为主线可以激发学生的思维意识和探索动力,通过对问题的一般性的分析研究,可以涉及到更深层次的抽象.

【案例1-7】更深层次的抽象

问题: 已知直线 $y=x-2$ 与抛物线 $y^2=ax$ 相交于 A、B 两点,且 $OA \perp OB$,其中 O 为原点,求实数 a 的值.

解 将直线与抛物线方程联立得 $\begin{cases} y=x-2, \\ y^2=ax, \end{cases}$ 消去字母 y 得 $x^2-(a+4)x+4=0$.

设 $A(x_1,y_1)$, $B(x_2,y_2)$,因为直线与抛物线有两个交点,则由韦达定理得
$\begin{cases} x_1+x_2=a+4, ① \\ x_1 x_2=4, ② \\ \Delta=a^2+8a>0, \end{cases}$ 已知 $OA \perp OB$,则 $\overrightarrow{OA} \cdot \overrightarrow{OB}=0$,则 $x_1 x_2+y_1 y_2=0$,

即 $x_1x_2+(x_1-2)(x_2-2)=0$,将①式和②式代入得 $a=2$.

[自主探究]

(1) 上题改为:过抛物线 $y^2=2x$ 的顶点 O 作互相垂直的两条弦,分别与抛物线交于 A、B 两点.试问:A、B 的连线有什么特点?

[分析] 设直线 OA 的斜率为 k,由于 $OA\perp OB$,所以直线 OB 的斜率为 $-\dfrac{1}{k}$,有 $\begin{cases}y=kx,\\ y^2=2x.\end{cases}$ 消去 y 得 $k^2x^2-2x=0$,得点 A 的横坐标为 $\dfrac{2}{k^2}$,所以 $A\left(\dfrac{2}{k^2},\dfrac{2}{k}\right)$,用 $-\dfrac{1}{k}$ 换 k 得到 $B(2k^2,-2k)$,当 $k\neq\pm 1$ 时,则直线 AB 的斜率为 $k_{AB}=\dfrac{\dfrac{2}{k}+2k}{\dfrac{2}{k^2}-2k^2}=\dfrac{1}{\dfrac{1}{k}-k}$.

由点斜式得直线 AB 的方程为 $y-\dfrac{2}{k}=\dfrac{1}{\dfrac{1}{k}-k}\left(x-\dfrac{2}{k^2}\right)$,即 $y=\dfrac{k}{1-k^2}x-\dfrac{2k}{1-k^2}$.

若令 $y=0$,可得 $x=2$.由此可知直线 AB 恒过定点 $(2,0)$.可以验证,当 $k=\pm 1$ 时,该结论也成立,即 A、B 的连线恒过点 $(2,0)$.

(2) 思考上述一般情形的逆命题:一条直线过点 $(2p,0)$ 交抛物线 $y^2=2px(p>0)$ 于 A、B 两点,则直线 OA 与 OB 垂直吗(O 为坐标原点)?

[分析] 当过点 $(2p,0)$ 的直线 AB 与 x 轴垂直时,$\triangle OAB$ 为直角三角形,结论成立;

当过点 $(2p,0)$ 的直线 AB 不与 x 轴垂直时,设该直线的方程为:$y=k(x-2p)$,代入 $y^2=2px$,得 $k^2x^2-2p(2k^2+1)x+4p^2k^2=0$.

又 $\overrightarrow{OA}\cdot\overrightarrow{OB}=x_1x_2+y_1y_2=x_1x_2+k^2(x_1-2p)(x_2-2p)=(1+k^2)x_1x_2-2pk^2(x_1+x_2)x+4p^2k^2=4p^2+8p^2k^2-4p^2-8p^2k^2=0$,

所以 $OA\perp OB$.

(3) 上面的问题都是基于原点而言,那么是否对抛物线其他一般点也成立? 如:对于 $y^2=2px(p>0)$ 上一点 $P(x_0,y_0)$,作互相垂直的两条弦,分别与抛物线交于 A、B 两点.试问:A、B 的连线也过定点吗?

[分析] 设 $P\left(\dfrac{y_0^2}{2p},y_0\right),A\left(\dfrac{y_1^2}{2p},y_1\right),B\left(\dfrac{y_2^2}{2p},y_2\right)$,$\because k_{PA}\cdot k_{PB}=-1$,即

$\dfrac{2p}{y_0+y_1}\cdot\dfrac{2p}{y_0+y_2}=-1$,整理得 $-y_1y_2=(y_1+y_2)y_0+y_0^2+4p^2$. ①

直线 AB 的方程为 $y-y_1=\dfrac{2p}{y_1+y_2}\left(x-\dfrac{y_1^2}{2p}\right)$,即 $(y_1+y_2)y-y_1y_2=2px$.

将①式代入,整理得 $(y_1+y_2)(y+y_0)=2p\left[x-\left(\dfrac{y_0^2}{2p}+2p\right)\right]$,则 $y+y_0=\dfrac{2p}{y_1+y_2}[x-(x_0+2p)]$,故直线 AB 过定点 $M(x_0+2p,-y_0)$.

当 $x_0=0,y_0=0,p=1$ 时,就是自主探究第(1)问.这是此类问题的一般情形,它是特殊情形的抽象概括.

由此可见,在学习中应把课本读活、读深,避免就题论题,一定要抓住机会,扩大战果.对好

的题目,进行合理挖掘,不断探索,能有效提高学生的抽象能力.

三、数学抽象素养在各个数学学习环节中的渗透

数学课堂教学是数学抽象素养落地生根的主要渠道,需要教师精心设计问题,让学生真正经历数学知识逐步抽象概括的过程,通过学生的探究,发展学生的数学抽象素养.

(一) 以数学概念形成教学为重点,在课堂中学会数学抽象

概念是反映事物的本质属性和特征的思维形式,数学概念的形成过程是抽象概括的过程,是对表现形式各异的数学关系进行总结,最终抽象概括出一般性的过程.大多数教师使用的概念教学方式是:①揭示本质属性,给出定义;②揭示概念的内涵和外延;③巩固概念;④概念的应用和建立与其他概念间的联系.这是一种比较简明直接的概念学习,偏重于概念的逻辑,忽视了数学概念本身具有现实背景的教学过程.因此,概念学习中要从概念产生的背景、形成过程以及3种语言的相互转化等角度理解,"使之符合学生主动建构的教育原理".

在概念形成的过程中,概念对象的本质属性一般来说是未知的,需要教师在教学过程中引导、启发学生在思维上经历抽象概括事物本质属性的认识过程,使学生的理解和已有知识相联系,正确认知数学对象的本质属性,感知在数学概念学习中真实的思维活动过程.数学概念的形成大致经过4个阶段:①抽离阶段——感知具体材料、直观背景及其基本属性;②筛选阶段——分析综合具体材料或对象的本质属性;③扩充阶段——抽象概括对象的一般表述,并赋予对象形式化的定义及符号;④确认阶段——进行检验、矫正抽象过程、定义和符号,确认其是否与数学的真理性标准相符并加以推广.

(二) 数学命题教学中问题的设计

数学命题课是高中数学教学中的一种常见课型,它不仅是数学事实的陈述,还是解决一类问题的通法.因此,对数学命题的抽象,不仅要关注抽象的结果及应用,更要关注抽象的过程,其过程中蕴含着数学的多种思想方法.

【案例1-8】"分类加法计数原理与分步乘法计数原理"(第一课时)问题设计

解决下列实际问题,归纳分类加法计数原理与分步乘法计数原理的相关命题:

(1) 用一个大写的英文字母或一个阿拉伯数字给教室里的座位编号,总共能够编出多少种不同的号码?

(2) 从甲地到乙地,可以乘火车或乘汽车.一天中,火车4班,汽车8班.乘这些交通工具从甲地到乙地,有多少种不同方法?

(3) 书架的第1层放有4本不同的计算机书,第2层放有3本不同的文艺书,从书架中任取1本书,有多少种不同的取法?

(4) 用6个大写英文字母A,B,C,D,E,F和9个阿拉伯数字1,2,3,4,5,6,7,8,9,以A1,A2,…B1,B2,…的方式给教室里的座位编号,总共能编出多少个不同的号码?

(5) 从甲地到乙地,需经过丙地.从甲地到丙地有2条路,从丙地到乙地有3条路.从甲地到乙地,有多少种不同的路线?

(6) 书架的第1层放有4本不同的计算机书,第2层放有本不同的文艺书,第3层放有2

本不同的体育书.从书架的第1、2、3层各取1本书,有多少种不同的取法?

[设计意图] 创设生活情境问题,激发学生的好奇心和兴趣.

在学生解决以上6个实际生活问题后,再依次提出4个连续问题.

问题1:观察前3个问题的计数方式,有什么共同点?

[设计意图] 生成分类加法计数原理的数学符号公式.

问题2:观察后3个问题的计数方式,有什么共同点?

[设计意图] 生成分步乘法计数原理的数学符号公式.

问题3:在 n 维情况下将两个原理推广.

[设计意图] 生成 n 维情况下的数学符号公式,并培养学生形成从特殊到一般的抽象能力.

问题4:观察6个问题的计数方式,有什么异同点?

[设计意图] 归纳出分类加法计数原理与分步乘法计数原理的异同点.

案例1-8中,教师将核心问题从横向、纵向两个思维方向进行比较,设计出4个具有高阶思维的连续问题,这样的设计让学生在具体的生活情境中,通过从特殊到一般和类比的思维方法,归纳并形成简单的数学命题,进而培养了学生的抽象概括能力.

四、数学抽象素养在各个年级循序渐进中的渗透

进入高三,复习课就成为高三的一种常态课.课上教师往往就题论题,讲得多,学生反复操练,记忆得多,提炼得少,直接导致学生看到一些似曾相识的题目却无从下手.因此,对复习课题目的设计及教学,应该具有针对性、典型性和示范性,既帮助学生理解所学知识,又有助于学生掌握数学本质及数学思想方法.下面是数学思想方法教学中的问题设计案例.

【案例1-9】"一元二次不等式的解法及其应用"问题设计(高三一轮复习)

已知函数 $f(x)=ax^2+(ab-2)x-2(a\in \mathbf{R}, b\in \mathbf{R})$.

问题1:若 $a=-1, b=1$ 时,求解不等式 $f(x) \geqslant 0$.

[设计意图] 生成一元二次不等式的解法.

问题2:若不等式 $f(x) \geqslant 0$ 的解集为 $\{x | x \geqslant 2$ 或 $x \leqslant -1\}$,求实数 a、b.

[设计意图] 逆用一元二次不等式的解法,培养学生的逆向思维能力.

问题3:若 $b=1$ 时,求解不等式 $f(x) \leqslant 0$.

变式1:若 $b=0$ 时,求解不等式 $f(x) \leqslant 0$.

[设计意图] 生成含参不等式的解法(参数分类的标准).

问题4:若 $b=0$,不等式 $f(x) \geqslant 0$ 的解集为 $\varnothing$,求实数 a 的取值范围.

[设计意图] 生成不等式在实数集 $\mathbf{R}$ 上恒成立的处理方法.

问题5:当 $b=1, x\in [1,2]$ 时,函数 $y=f(x)$ 的图像恒在 x 轴上方,求实数 a 的取值范围.

[设计意图] 生成不等式在区间范围上恒成立的处理方法(分离参数、含参讨论等方法).

变式2:当 $b=1, a\in (1,2)$ 时,不等式 $f(x) \geqslant 0$ 恒成立,求实数 x 的取值范围.

[设计意图] 对比问题5,突出主元法在不等式恒成立问题中的应用.

案例1-9中,教师将核心问题(含参数函数)通过参数的不同赋值,分解成7个由易到难的问题,并引导学生一次完成问题,总结每类题型及处理方法.这样的问题设计不仅避免了大量的试题练习,提高了课堂的效率,也让学生能够理解和构建相关问题之间的联系,抽象出数学模型,提炼出解决一类问题的数学方法,理解其中的数学思想.另外,通过对问题合理地进行变式,让学生归纳数学方法,抽象数学问题的本质,从而促进思维的深度发展,提升数学抽象素养.

总之,数学课堂教学是数学抽象素养落地生根的主要渠道,需要教师精心设计问题,让学生真正经历数学知识逐步抽象概括的过程,通过学生的探究,发展学生数学抽象素养.当然,数学抽象素养的培养绝非一日之功,也不可能立竿见影,它是一种养成性教育,需要教师从长计议,从点滴做起,持之以恒,注重后发效应.

第四节　信息技术助力数学抽象素养的提升

基于信息技术的教育资源和教学手段日新月异,数学教与学的方式也正在被改变.教师要适应时代的发展,按照课程标准的要求,发挥信息技术直观便捷、资源丰富的优势,将学生难以理解的抽象概念、性质,通过信息技术将其还原或构造为更为直观的图像、数据等,来帮助学生发展数学学科核心素养.

一、基于图形计算器辅助数学抽象素养的提升

20世纪90年代,美国德州仪器(Texas Instruments,TI)等专业技术生产企业开始逐渐扩大市场规模,带着不同类型的图形计算器产品叩开了中国学校的大门.图形计算器是一款集数据处理、方程解析、图表绘制、模型建立等多种功能于一身的新型手持学习工具,为数理化等学科的课堂教学带来了深刻的变化.2010年,TI依靠强大的技术团队,成功构建了TI-Nsipre图形计算器和无线数学实验室,帮助很多学校实现了创建互动式数学课堂的构想.

图形计算器就像一台小型掌上电脑,可以让学生充分感受信息化学习状态,也因体积小、携带方便而能够实现随时随地的学习.图形计算器搭载有强大的"应用套件",可以轻松完成图形绘制、几何模型建立、图表统计等工作,降低学生手动操作难度,这样不仅可以锻炼学生对信息化学习工具的操作能力,更有助于培养他们借助工具解决问题的现代化学习习惯.

高中数学课程要加强数学教学与信息技术的结合,鼓励学生运用计算机、计算器等进行探索和发现,技术与数学课程整合的原则是有利于学生认识数学的本质.图形计算器可以让学生"看见"数学,变"学"数学为"做"数学,可以让抽象的数学问题变得直观、形象,能够帮助学生更加深刻地理解数学概念、认识数学本质、掌握数学思想方法.图形计算器一般是指一种可以绘制函数图像、解高次方程或多元方程组以及能执行其他复杂操作的图形计算器,大多数图形计算器还能编写数学类程序.

【案例1-10】通过图形计算器探究指数函数的性质

可以让学生通过图形计算器的作图功能画一些具体的指数函数图像并探究指数函数$y=a^x(a>0$且$a\neq 1)$的性质.在独立思考、小组讨论的基础上,让学生交流所发现的指数函数的性质.接着,可以提问:几个具体函数所具有的特征能代表这类函数的共同特征吗?一般化的思想在这里得以展现,学生借助图形计算器的游标功能进一步探究指数函数的性质.因而,指数函数性质的提炼经历了"具体函数—游标探究—归纳推广"的过程,支撑这一渐进过程的就是一般化思想.

案例1-10中,在探究指数函数性质阶段,图形计算器的游标功能,可以把从几个具体指数函数图像上观察到的性质推广到更一般的情况,但是游标不可能遍历所有情况,尤其是在$a>1$时.如何结合图形直观和基于解析式的逻辑分析更好地进行说明还需要进一步思考.图形计算器都为学生提供了经历探索、归纳、概括、联系、提炼等思维活动的学习平台,促进了学

生的数学交流能力,对于最终指数函数概念和性质的形成起到了重要的推动作用.

第一次抽象的形成依赖于大量的典型实例或数学模型,由学生经历自主思考探究的过程,如果缺少大量的模型,抽象出来的结果往往不是学生自主概括出来的,而是由教师引导概括出来的.第一次抽象会经历"辨别(刺激模式)——分化(各种属性)——类化(共同属性)——抽象(本质属性)——检验(确认)——概括(形成概念)"等过程,最终抽象出概念或规则.应用图形计算器提供了大量实例以便学生探究,学生绘制出草图后,其解析式就直接显示在屏幕上,这种实时呈现的数形结合的效果,鲜有其他常见工具或软件能够实现.这就便于学生分化、类化出图像的各种属性,进而抽象出本质属性,再利用"符号"视图与"图像"视图的验证,最终概括出基本规则.

二、基于简单数学游戏辅助数学抽象素养的提升

美国的科普学家马丁·加德纳(Martin Gardner)认为,在数学教育的过程中要想避免那些没有价值并且枯燥的东西,老师就需要给学生提供一些有趣的智力题或是游戏性的教学,另外也可以提供一些比较搞笑的笑话或是悖论,这些都可以调动学生学习的积极性,唤醒学生的学习欲望.这样就肯定了数学游戏在高中数学教学中的作用.数学知识的抽象性和逻辑性决定了数学课堂的枯燥和无味,但随着素质教育的不断推进,数学课堂也在不断加入情境、人文等元素来丰富,激发学生学习数学的兴趣,对数学知识形成积极的求知欲.

数学游戏是数学文化的重要元素,很多数学游戏经过了时间的沉淀,具有知识性、娱乐性和趣味性.以"数学游戏"作为介质,能对学生核心素养进行培养,辅助课堂教学中核心素养的渗透,前提是教师应当关注游戏背后蕴含的数学哲思,设置恰当的教学活动,组织学生参与游戏,启发学生的数学思维.

数学抽象性也使得很多数学游戏并不一定要动手,动脑也是足够的.17世纪著名的"点数问题"虽然是赌博游戏,却直接促使了概率论的诞生.

【案例1-11】3点点数问题

甲乙两人出相同的赌金作为赌注,以一方率先赢得3点为胜,甲已经赢了2点,乙赢了1点,此时终止游戏.请问甲、乙两人应得的赌金之比.假设游戏继续,按照甲乙实力相当的思路列举出之后的胜负情况见表1-1.

表1-1

局数	第一局	第二局	胜者
情形1	甲	—	甲
情形2	乙	甲	甲
情形3	乙	乙	乙

这里利用古典概率计算公式$\left(\dfrac{\text{有利情况数}}{\text{情况总数}}\right)$求得结果.然而,情形1的概率为$\dfrac{1}{2}$,情形2和情形3的概率均为$\dfrac{1}{4}$,利用加法原理知甲乙两人应得赌金之比为3∶1.而如果游戏继续,依照等可能性的原理,引导学生列出比赛情形见表1-2.

表1-2

局数	第一局	第二局	胜者
情形1	甲	甲	甲
情形2	甲	乙	甲
情形3	乙	甲	甲
情形4	乙	乙	乙

游戏过程中,教师引导学生置于甲乙的身份之中,于有趣的游戏情境中解决数学问题.

像这样,为培养学生的数学抽象素养,可以在排列组合的教学中加入地图染色游戏、一笔画游戏;在简单数论问题教学中,可以设计有关三角形数、费马数、幻方的简单问题;在数列问题的学习中,还可以设计华容道、棋盘棋子等游戏.

事实上,一个公民不论其从事什么工作,铭记在头脑中的数学思想、所经历的数学活动及求知能力和探究方法,将是不易磨灭的,而数学游戏就具有这样的一个功能.数学课堂中数学知识的获取与数学游戏的开展并不矛盾,而是相互依托,共同发展的.学生在数学课堂中通过数学游戏培养数学能力,提升数学素养,形成积极的情感及态度,这恰恰就是我们教育的目标.

三、基于动态教学软件辅助数学抽象素养的提升

数学软件分为通用和专业两大类,目前,在教学中应用较多,且操作要求相对简单的几何绘图软件有几何画板、GeoGebra、英壬画板等.这里主要介绍几何画板软件和 GeoGebra 在高中数学教学中辅助提升学生数学抽象素养的应用.几何画板是美国 Key Curriculum Press 公司制作并出版的几何绘图软件,适合用于数学、平面几何、物理的矢量分析、作图、函数作图等教学平台,该软件能够为老师和学生动态展现几何对象的位置关系、运行变化规律;Geogebra 是一款开源软件,主要适合于高中数学教学展示.这样的动态软件,不仅让图形"活"起来,更让学生的思维"活"起来,因为人的图像记忆能力远远大于文字记忆能力.在图形的动态变化中,学生的抽象思维能力、逻辑思维能力及空间想象能力能够得到极大的锻炼,从而能够让数学知识的学习变得更加直观、生动、有效.

有学者通过对照实验发现,GeoGebra 辅助教学不仅可以促进学生对函数知识的掌握,更有利于提高学生对于数学学习的兴趣.更重要的是,通过使用 GeoGebra,多数学生表示对于数学学习的焦虑感有所减轻,能够更加积极地学习数学相关学科知识,并且愿意探索适合自己的学习方法.

如在幂函数的教学中,对于形如 $y=x^k$,k 取有理数,一般要分 9 类情况讨论 k 的取值.教学中,通常直接指定几类函数作图发现规律,但是这隐瞒了其中的规律.新课标要求学生能够了解知识发生的过程,对于幂函数图像性质特征的规律,应当创造条件使得学生能够主动发现.通过 GeoGebra 将横轴上动点的横坐标标记为参数 k,构造函数 $y=x^k$,绘制函数图像,如图 1-3 所示.构造函数图像上任一点与动点之间的线段.移动横轴上的动点,通过线段的纽带作用,直观地观察到参数 k 对幂函数图像的影响,帮助学生对函数图像特征的规律

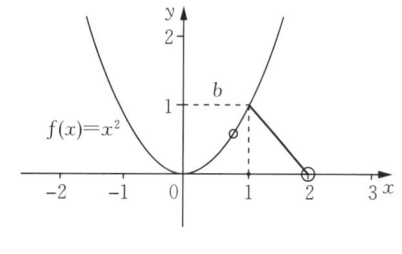

图 1-3

有整体的认识,方便深入探究.而不是教师直接给出几类函数,作图发现.通过 GeoGebra 的绘图功能,帮助学生感知数学知识抽象的一般性,这是在现实教学中完全做不到的.

而且利用 GeoGebra 构造平面、三维几何图形等,能够将学生很难通过直观想象完成建构的对象直观地呈现出来,进而将抽象的数学对象和关系加以表征.在立体几何知识的教学中,锥体体积公式的推导,要更立足于抽象规律的印证,而不是简单数学实验加以说明.几何绘图软件能通过动画展示将抽象关系实体化,比如由正方体与正四棱锥的关系推广到一般立方体与一般四棱锥的关系,得到 $V_{四棱锥} = \frac{1}{3} V_{立方体} = \frac{1}{3} S_{底面} h$.

第五节 核心素养怎么考?

考试从能力立意到素养的转变,突出表现为考查目的从关注知识逐渐转向关注人;考核目标从常规性的问题解决技能逐渐转向创造性的探究能力;考查情境从学科知识化到真实情境化;试题条件从结构良好到结构开放;试题要素从单一因素到复合因素;试题框架从碎片到整体.

素养导向的高考命题注重基础知识的巩固与理解,注重科学素养的提升,科学思维方法的掌握,科学态度的形成,注重解决生活中的实际问题.素养导向的高考命题引导中学教学尊重学生学习的主体地位,激发学生学习的主观能动性,养成学生良好的学习习惯,从而为国家培养合格而有个性的社会主义建设人才.

一、从思维品质角度考查数学抽象素养

在高考试题中考查数学的思维策略与方法是近几年的热点之一. 而高考中突出考查思维策略与方法有一般与特殊、正向与逆向的转化方法的灵活应用. 从数学的解题方法上,能掌握相应的思维策略与方法,常常使人茅塞顿开、绝处逢生.

(一)一般化思维方法

一般化是与特殊化相反的思维方法,即将研究对象从原来范围扩展到更大范围进行考察和研究. 由一个特殊性问题,联想到它的一般性问题,然后通过对一般性问题的分析、研究,来使特殊性问题得到解决. 这种思维意识可以培养和提高数学抽象能力.

比如,当推广后的命题与原命题的条件与结论的形式或结构基本相同时,得到的命题是原命题的形式推广(或平凡推广).

【案例 1-12】命题推示

问题: 观察分析表 1-3 中的数据.

表 1-3

多面体	面数(F)	顶点数(V)	棱数(E)
三棱柱	5	6	9
五棱柱	7	10	15
立方体	6	8	12

猜想一般凸多面体中 F、V、E 所满足的等式是_____.

分析 归纳总结时,通过它们之间的和差运算的结果,然后归纳出一般结论. 面数(F)与顶点数(V)的和减去棱数(E)的差为同一值的规律是解答本题的关键.

解 三棱柱,面数(F)+ 顶点数(V)− 棱数(E)=5+6−9=2.

四棱柱,面数(F)+ 顶点数(V)− 棱数(E)=6+8−12=2.

立方体，面数(F)＋顶点数(V)－棱数(E)＝6＋8－12＝2．

所以可猜想一般凸多面体中 F、V、E 所满足的等式是：$F+V-E=2$．

这类问题推广以后命题是否正确，是否需要证明？当然对的命题要给出证明，错误的命题要举出反例加以说明．而对于案例1-12这样的填空题要给出证明就有点不妥，故命题人就需要选择能直接判断正确的问题来加以考查，因此此类命题一般从已有的数学等式出发．案例1-12中的等式是著名的欧拉公式．

对一个命题的推广有多种途径可循．一般是把条件进行相似性变换，即在数学元素的数量上或维数上进行推广；几何方面常表现为线段或边数（角数）的增加，或从平面到空间的推广；代数方面常表现为变量个数的递增；三角方面常表现为角数或含角的三角函数量的扩充．不同侧面的数量变化的研究，就可推出不同方向的命题推广链．这是一种类比性质的推广，往往会得到一些形式相似的结论．它反映了数学对象之间的横向相似联系，可以加深人们对于一类事物外延性的不同表现的认识．

（二）特殊化思维方法

特殊化是把所研究的数学问题从原来的范围缩小到一个较小范围或个别情形进行考察研究的思维方法．

在解题过程中，对于一时难以入手的一般问题，一个使用最普遍而又较为简单易行的方法，就是把它向特殊的形式转化，得到一个新的数学问题，然后通过对特殊性问题的研究，得到一般性问题的解法，即所谓的特殊化方法．有两种类型：①从简单情形入手，作为解决一般问题的突破口；②考察特殊对象（包括着眼于极端情形），为求解一般问题奠定基础．

【案例1-13】特殊化方法

问题： 设 $g(x)$ 是定义在 $\mathbf{R}$ 上、以1为周期的函数，若 $f(x)=x+g(x)$ 在 $[3,4]$ 上的值域为 $[-2,5]$，则 $f(x)$ 在区间 $[-10,10]$ 上的值域为_____．

解 $g(x)$ 是定义在 $\mathbf{R}$ 上、以1为周期的函数，不妨可以假设 $g(x)$ 为 $[3,4]$ 上的单调增函数，且此时 $g(x)$ 的值域为 $[-5,1]$，则 $f(x)=x+g(x)$ 为 $[3,4]$ 上的增函数，且 $f(x)$ 的值域为 $[-2,5]$，满足条件．进一步推广到 $[-10,10]$ 时，因为 $g(x)$ 是以1为周期的函数，则其值域为 $[-5,1]$，则 $f(x)$ 在 $[-10,10]$ 上的值域为 $[-10-5,1+10]$，即为 $[-15,11]$

案例1-13中所示问题，选择特殊化的方式可快速求出结果来．若从一般化的角度分析，则须把 $[-10,10]$ 分成 $x\in[-10,-9]$，$x\in[-9,-8]$，……，$x\in[9,10]$ 上分别求出其值域，再求出其并集，比较烦琐．

（三）逆向思维方法

一般解题都从正向出发，按顺向、正面的思考方向的流程进行分析解题．但有些数学问题，单一从正面出发，却是困难的．如果变化思考方向，从问题的逆向着手，那么往往轻松获解．这正体现了顺繁则逆，正难则反的解题策略．

【案例 1-14】正难则反

问题： 在平面直角坐标系 xOy 中，对于直线 $l:ax+by+c=0$ 和点 $P_1(x_1,y_1)$、$P_2(x_2,y_2)$，记 $\eta=(ax_1+by_1+c)(ax_2+by_2+c)$．若 $\eta<0$，则称点 P_1、P_2 被直线 l 分隔．若曲线 C 与直线 l 没有公共点，且曲线 C 上存在点 P_1、P_2 被直线 l 分隔，则称直线 l 为曲线 C 的一条分隔线．若动点 M 到点 $Q(0,2)$ 的距离与到 y 轴的距离之积为 1，设点 M 的轨迹为 E，求证：通过原点的直线中，有且仅有一条直线是 E 的分割线．

解 设 $M(x,y)$，根据题设得 E 方程是 $\sqrt{x^2+(y-2)^2}\cdot|x|=1(x\neq 0)$．

因 $x=0$ 不满足上述方程，且以 $-x$ 代 x 上述方程不变知曲线关于 y 对称，所以直线 $x=0$ 是 E 的一条分隔线．

下面证明唯一性，假设还有过原点的直线为分隔线，即设 $y=kx$ 是 E 的另一条分隔线，代入 E 的方程得 $[x^2+(kx-2)^2]\cdot x^2=1$．

要直接证明这个方程有解是困难的，变形为 $x^2+(kx-2)^2=\dfrac{1}{x^2}$，记 $y_1=x^2+(kx-2)^2$，$y_2=\dfrac{1}{x^2}$，则 y_1 是开口向上的二次函数，y_2 是关于 y 轴对称的幂函数，它们总有交点，即直线 $y=kx$ 与 E 有交点，与分隔线的定义矛盾．所以不存在 $y=kx$ 形式的直线，即 E 中有且仅有一条分隔线 $x=0$．

证明命题中的存在性可采用代入法给予检验说明．但唯一性就需要正反结合考虑．案例 1-14 中就是用反证的方法，假设还存在其他的直线满足题意，然后推出矛盾，从而否定假设，证明唯一性成立．

二、从学科素养角度考查抽象素养与其他素养

2016 年，教育部考试中心构建了高考评价体系框架，明确"必备知识、关键能力、学科素养、核心价值"的考查目标以及"基础性、综合性、应用性、创新性"的考查要求．在推动核心素养在基础教育中落地生根的关键阶段，高考毋庸置疑是最现实、最立竿见影的途径之一．上海每年高考数学试题，在上一年试点改革成功的基础上，继续巩固改革成果，近几年还适当降低压轴题的难度，贴近广大考生的水平．试卷中彰显学科特点，发挥了数学培养理性思维的价值和解决实际问题的工具作用，特别是加强核心素养在试卷中的地位和作用．以下选择部分试题谈谈与数学核心素养的结合的心得．

（一）考查数学抽象与直观想象

"数学抽象"素养的考查重点是学生在各种情境中抽象出数学概念、命题、方法和体系的能力，在日常生活和实践中善于一般性思考问题，把握事物的本质、以简驭繁，运用数学思想方法解决问题的思维品质．"直观想象"素养的考查重点是学生运用图形和空间想象思考问题、运用数形结合解决问题的能力；通过几何直观洞察表面现象的数学结构与联系，抓住事物本质的思维品质．这两种思想观点常常结合在一起考，代数与几何结合有助于数形结合解决问题．

(二)考查数学抽象与逻辑推理和数学运算

"逻辑推理"素养的考查重点是学生结合表达式的抽象形式,运用逻辑推理的基本形式,提出和论证命题、理解事物之间的关联、把握知识结构的能力;形成重论据、有条理、合乎逻辑的思维品质."数学运算"虽然是传统的数学三大能力之一,但作为数学核心素养的数学运算不仅要考查学生的运算基本功,更重要的是考查学生有效借助运算方法解决问题的能力.两种能力必然是相互关联的,有了逻辑推理的思路,再通过合理的运算实施,可以达到解决问题的目的.

(三)考查数学抽象与数学建模

"数学建模是指运用数学的语言和方法,通过抽象、简化建立能近似刻画并解决实际问题的一种强有力的数学手段","是用数学语言描述实际现象的过程."通过数学建模教学使学生了解利用数学方法分析、解决问题的过程,增强学生应用数学知识解决问题的意识,提高学生用数学思维去解决问题的能力.

应用问题在第一次抽象中必须通过观察、类比、联想和结构分析,从中区分提炼出各种属性,并能建构出各种典型模型;然后在概括和普适化阶段中把典型模型一般化,通过类比、归纳和联想概括出一般化后的数学对象所具备的本质的公共的属性,并借助式子、图表等进行解模求解.

近几年高考中应用的内容涉及面宽,模型更加多样化,考查的广度与深度得以加强,对应用问题的分析提出了新的要求.应用问题类型主要是提供自然界和社会生活、生产中的许多信息作为问题的条件,而要解决的结论是需要解决的实际问题,涉及到函数、不等式、解析几何等各章节的内容.一般可分为简单应用型问题和数学建模问题.

"数学建模"的考查重点是学生用数学模型解决实际问题,其中涉及数学建模的完整过程,即在实际情境中,从数学的视角发现问题、提出问题、分析问题、建立模型、确定参数、计算求解,验证结果、改进模型,最终解决实际问题.

上海新高考突出应用题的考查力度,近几年有涉及到与共享单车相关和自驾与公交的通勤问题,它们都是紧密联系生活实际的应用题.应用题的考查功能是多方面的,首先就要认真审题,只有明确了题目的要求,解题才能得心应手,形成自己的思路和解题策略;然后建模,将已知条件翻译成数学语言,再将实际问题转化为数学模型,常见的模型有函数模型应用题,不等式模型应用题,数列模型应用题等;最后求解和验证.

(四)考查数学抽象与数据分析

【案例 1-15】数据分析

问题: 有编号不相同的 5 个砝码,其中 5 克、3 克、1 克各 1 个,2 克的 2 个,从中随机选取 3 个,则这 3 个砝码的总质量为 9 克的概率是_____(结果用最简分数表示).

解 枚举可知:符合总质量为 9 克只有 5、2、2 和 5、3、1 两种组合,则 $P=\dfrac{2}{C_5^3}=\dfrac{1}{5}$.

"数据分析"核心素养的考查重点是学生基于数据表达现实问题、运用合适的统计方法进行推断和决策的能力,形成通过数据认识事物的思维品质.其具体表现包括:收集和整理数据、理解和处理数据、获得和解释结论、概括和形成知识.

上海近几年对数据分析的考查要求不高,这是由教材与考纲决定的,但全国卷要求不低,随着上海教材的改变,可能会在力度上有所上升.随着考试改革的进一步深入,高考对数学核心素养的考查会越来越重视,正像李尚志教授所讲的:"核心素养不是强加于课程之外的额外负担和无病呻吟.而应该渗透在具体数学内容的教学过程中,成为引导学生理解和应用数学知识的指路明灯和导航仪."

三、从关键能力角度考查数学抽象素养

(一)利用探索性问题考查数学抽象素养

探索是认识客观世界过程中人类最积极、最活跃的思维活动,这使得探索性问题存在于所有领域.数学中的探索性问题,特别是高中数学中的探索性问题,条件不完备(条件开放)或结论不确定(结论开放)的开放性问题,是新课改背景下高考的热点题型之一,这种问题的解决需要对所给问题进行观察、分析、比较、抽象概括,之后得出结论,再予以肯定.这种解决问题的过程与抽象概括的过程很类似,因此,探索性问题的解决能有效地训练学生的思维,培养学生的抽象概括能力.解决探索性问题,较少现成的套路和常规程序,需要较多地分析和数学思想方法的综合应用,它对学生的观察、联想、类比、猜想、抽象、概括等方面的能力有较高的要求.

探究与研究是指运用学过的知识,通过观察、试验、联想、类比、演绎、归纳、分析、综合、猜想等方法,对问题进行探索和分析或进行研究性学习.

【案例 1-16】探究与研究

问题: 已知定义在 $\mathbf{N}^*$ 上的函数 $f(n)$ 满足 $f(n+1)=f(n)+f(n+2)$.

(1) 试写出函数 $f(n)$ 的一个性质;

(2) 若 $f(1)=1,f(2)=2$ 求 $f(2020)$ 的值.

解 (1) 由已知 $f(n+2)=f(n+1)-f(n)$,得
$f(n+3)=f(n+2)-f(n+1)=[f(n+1)-f(n)]-f(n+1)=-f(n)$,
于是 $f(n+6)=f[(n+3)+3]=-f(n+3)=-[-f(n)]=f(n)$.

因此函数 $f(n)$ 具有的性质可以是:① $f(n+3)=-f(n)$;② $f(n+6)=f(n)$,即 $f(n)$ 为周期等于 6 的周期函数.

(2) 由(1)的结论及 $f(1)=1,f(2)=2,f(3)=1$ 知

$$f(n)=\begin{cases} 1, & (n=6m-5) \\ 2, & (n=6m-4) \\ 1, & (n=6m-3) \\ -1, & (n=6m-2) \\ -2, & (n=6m-1) \\ -1, & (n=6m) \end{cases} \quad (m\in \mathbf{N}^*),$$

故 $f(2020)=f(6\times 336+4)=-1$.

说明 第(1)题也可以先设 $f(1)=1,f(2)=2$.再根据 $f(n+2)=f(n+1)-f(n)$ 求出 $f(3)=f(2)-f(1)=2-1=1,f(4)=f(3)-f(2)=1-2=-1,f(5)=f(4)-f(3)=-1-1=-2,f(6)=f(5)-f(4)=-2-(-1)=-1,f(7)=f(6)-f(5)=-1-(-2)=1,f(8)=f(7)-f(6)=1-(-1)=2.……从而猜想 $f(n+6)=f(n)$,$f(n)$ 为周期等于 6 的周

期函数,探索出函数 $f(n)$ 的性质,然后加以证明.

(二)利用研究性问题考查数学抽象素养

为了培养学生的关键能力,在教学中,通过开展研究性学习方式,是提高教学效果的措施.研究性学习强调学生通过实践,增强探究和创新意识.学习科学研究的方法,发展综合应用知识的能力,形成一种积极的、主动的、自主合作探究的学习方式.

研究性课题的教学目标是学会提出问题和明确探究方向,培养创新精神和应用能力,以研究报告或论文的形式,反映研究成果,进行交流. 因此,研究性课题无论从教学内容,还是从教学形式、教学方法上讲,都是对常规课堂教学的补充与提高,是培养学生抽象概括能力的有效策略.

数学中的研究性学习,主要是指会从数学的角度发现问题和提出问题,并主动进行探索、研究和解决.

【案例 1-17】对特殊情形的深入分析

问题: (1) 在抛物线 $y^2=2px(p>0)$ 中,过顶点 O 作两直线交抛物线于 A、B 两点,且 $\vec{OA}\cdot\vec{OB}=0$,直线 AB 交 x 轴于 E 点,则 E 为定点.

(2) 试把上述命题推广到一般情形,提出同(1)类似的问题((1)应当作为特例),并进行研究,你能得到什么样的结论?

解 (1) 设直线 $AB:x=ky+m$,其中 $m\neq 0$,交抛物线于 A、B 两点,代入 $y^2=2px$,得 $y^2-2pky-2pm=0$,又 $\vec{OA}\cdot\vec{OB}=0$,∴ $x_1x_2+y_1y_2=0$.

故 $\dfrac{y_1^2y_2^2}{4p^2}+y_1y_2=0$,∴ $m^2-2pm=0$,解得 $m=2p$,或 $m=0$(舍去),即 E 点坐标为 $(2p,0)$.

(2) 问题: 在抛物线 $y^2=2px(p>0)$ 中,过顶点 O 作两直线交抛物线于 A、B 两点,且 $\vec{OA}\cdot\vec{OB}=c$(c 为定值),直线 AB 交 x 轴于 E 点,则 E 是否为定点?

∵ $x_1x_2+y_1y_2=c$,故 $m^2-2pm-c=0$,∴ $m=p+\sqrt{p^2+c}$ 或 $m=p-\sqrt{p^2+c}$. 因此,当且仅当 $c=0$ 时,E 为定点.

说明 通过前面问题的解答,也就尝试用方程的方法可求出 AB 连线与 x 轴所交的定点坐标,它的本质是由 $x_1x_2+y_1y_2=0$ 求出,如果将 $x_1x_2+y_1y_2=0$ 转变为 $x_1x_2+y_1y_2=c$,结论会发生变化. 因此对特殊情形的深入细致的分析,善于抓住问题的本质是解研究性学习问题的重要方法.

四、从必备知识角度考查抽象素养与其他素养

数学基础指的是从众多的事物和现象中抽象出来的"数与形"的一般规律的知识,是对已形成的数学概念、规律和方法的表述和运用. 重抓基础的落实,抓知识、方法网络构建的落实,才能提高能力. 一方面,对基础知识的灵活运用本身就是能力;另一方面,在求活、求新、求变的命题指导思想下,抓好基础才能以不变应万变. 操作层面上要以课本为主,全面梳理知识、方法,注意知识的重组与概括,揭示其内在的联系与规律,从中提炼出思想方法. 主要做好以下几点:①概念的准确理解和实质性理解;②基本技能、基本方法的熟练和初步应用;③公式、定理

的正逆推导、运用、变形和巧用.

　　数学教学总是从概念开始,由此引出定理、公式等相关运算,由此所得的解题方题即是所谓的"通性通法",这是教学中首先应该强调的"一般法则". 通性通法解题的优点是容易想到,但有时运算较繁,而有时从其他角度出发可能获得比较简单的解法. 因此,指导学生复习既要注重通法,也不能忽视其他特殊的解法(或称为"特技"),以培养学生的发散性思维. 这样的学生既有扎实的基础,又有宽阔的眼界,是创新型人才必须具备的一种品质.

　　在中学数学的教学过程中,把培养学生的抽象概括能力、数学高中课程标准和考试要求有效结合起来,是高中数学教师值得研究的课题.

第二章 数学运算

　　数学运算主要涉及的是关于数、式、符号等的变形、推导和计算.数学运算的过程和内容有时较复杂,有的问题要通过多步的计算和推理才能解决,其间还需要确定运算对象、判断问题的发展方向、抉择运算的途径,分析各种可能出现的情形.因此,课程标准中明确指出:数学运算是数学的核心能力之一,反映数学学科的基本特征.

第一节　数学运算核心素养的内涵与外延解读

一、数学运算素养的内涵

《普通高中数学课程标准(2017年版)》中提出：数学运算是指在明晰运算对象的基础上，依据运算法则解决数学问题的素养.数学运算主要包括：理解运算对象、掌握运算法则、探究运算思路、选择运算方法、设计运算程序、求得运算结果等.

所谓"理解运算对象"，是指能正确区分参与运算的量，它是数学运算素养的载体."掌握运算法则"则是指能依据确定的运算对象采取正确的运算方法和规则，它的作用是保证运算结果的唯一性."运算思路"的合理与否在数学运算中起到至关重要的作用，是解决数学问题的关键，是数学运算素养的精华."运算程序"则是运算方法的具体化，是解决一类问题可操作的步骤，也是借助外界力量解决问题的路线图.由此可见，参与数学运算的过程，实际上是思维整理和提炼的过程，是思维品质的体现.

数学运算素养的具体表现是：理解数和式的有关算理；能够根据法则准确地进行运算、变形；能够根据条件寻找与设计合理、简捷的运算途径；能够通过运算对问题进行推理和探求.

【案例2-1】数学运算素养在"对数及其运算"教学中的实践

1. 教材分析

对数及其运算是在学习指数与指数函数及其性质的基础上，引入对数的概念，探讨对数的运算性质.本节学习的内容蕴含转化与化归的数学思想、类比与对比等基本数学方法，为以后进一步学习对数函数打下基础.

2. "对数及其运算"中的数学运算素养要求

(1) 理解对数的概念，了解对底数和真数的要求.

(2) 理解对数的运算性质，知道用换底公式能将一般对数转化为自然对数或常用对数.

(3) 在教师的引导下，通过课堂学习活动培养学生自主探究与合作交流的学习习惯，提升指对数互相转化以及对数基本运算的能力，且在相互交流的过程中养成学生表述、归纳的思维习惯，进而获得成功的体验.

(4) 经历和体验数学运算的活动过程，培养学生对待知识的科学态度、勇于探索和创新的精神，让学生在质疑、交流、合作过程中获得发现的成就感，激发学生学习数学知识的兴趣，形成良好的数学思维品质.在民主、和谐的教学气氛中，促进师生的情感交流.

3. 教学过程设计

教学过程设计(对数的运算性质部分)见表2-1.

表 2-1

教学环节	教学内容	师生互动	设计意图
对数的运算性质	探究活动 1：求下列各式的值①$\log_3 1$；②$\lg 1$；③$\ln 1$ 思考：你发现了什么？	"1"的对数等于"0"，即$\log_a 1=0$	1. 让学生探索、研究、体会、感受对数的概念形成和发展的过程； 2. 学生计算、观察，进行猜想，得出规律，再进行证明，体会化归的思想； 3. 培养学生运用数学语言表述问题的习惯，和数学运算的能力
	探究活动 2：求下列各式的值①$\log_3 3$ ②$\lg 10$ ③$\ln e$ 思考：你发现了什么？	底数的对数等于"1"，即$\log_a a=1$	
	探究活动 3：求下列各式的值①$2^{\log_2 3}$；②$0.5^{\log_{0.5} 3}$ 思考：你发现了什么？	由$a^n=b$得$\log_a b=n$，所以$a^{\log_a b}=a^n=b$，即对数恒等式：$a^{\log_a b}=b$	
	探究活动 4：求下列各式的值①$\log_3 3^4$ ②$\lg 10^4$③$\ln e^8$ 思考：你发现了什么？	由$a^n=b$得$\log_a a^n=\log_a b=n$，即对数恒等式$\log_a a^n=n$	

4. 课后反思

通过几个"你发现了什么"进一步引导学生开展思维活动，课堂实践中贯穿了数学运算素养，通过计算、猜想、推导、论证，学生们的运算能力得到了真正的提高，同时形成了关于对数的概念和运算更加深刻的理解和记忆．

二、数学运算素养的外延

如果说概念的内涵是指概念所反映的特性和本质属性，那么外延则是指概念所反映对象的具体范围或者所指的事物所组成的那个类．数学运算素养是运用运算法则解决数学问题的素养，那么它的外延可以表述为在明晰对象的基础上，依据相应的法则解决问题的素养，也就是适合这个概念的一切对象．如矩形、正方形、菱形以及其他平行四边形都是平行四边形这一概念的外延．

数学运算素养的外延表现形式有数学运算方法、运算技巧等的深化和细分；与其他素养和能力的互相融合；和其他学科之间的兼容等，在实际问题处理的过程中，要注意突破运算相关的表象，透彻理解其本质特征．如曲线中的弦长其实就是两点之间距离的延伸．当然，数学运算的外延还可以是从数学的领域向非数学的领域延伸．如通过对事物的估算，开展合理性研究等．

【案例 2-2】从公因式分解的角度体会数学运算的外延

因式分解的概念在有理数域、实数域、复数域各有不同，教师在授课时不宜把它说成一成不变的概念或公式，建议留有余地，以便随着学生数学知识的延拓而改变．

问题： 分解因式x^4-4．

ⅰ 在有理数域中：$x^4-4=(x^2-2)(x^2+2)$．

ⅱ 在实数域中：$x^4-4=(x^2-2)(x^2+2)=(x-\sqrt{2})(x+\sqrt{2})(x^2+2)$．

iii 在复数域中:$x^4-4=(x^2-2)(x^2+2)=(x-\sqrt{2})(x+\sqrt{2})(x^2+2)$
$$=(x-\sqrt{2})(x+\sqrt{2})(x-\sqrt{2}\mathrm{i})(x+\sqrt{2}\mathrm{i})$$

三、数学运算素养的主要表现形式

数学运算主要表现为:理解运算对象、掌握运算法则、探究运算思路、求得运算结果. 这是一个有机整体,在解决问题中相辅相成.

理解运算对象的含义和作用至关重要,高中阶段学生需要掌握几种重要的运算对象:数、字母(代数式)、向量、矩阵、行列式等. 不仅要求学生会进行相应的运算,还要理解它们的作用.

【案例 2-3】主元思想的运用

问题: 对满足 $-1 \leqslant a \leqslant 1$ 的一切 a 的值,都有 $g(x)=3x^2-ax+3a-5<0$,求实数 x 的取值范围.

角度 1 本题是含有双变量的不等式问题,属于恒成立问题的范畴. 学生们出于习惯,喜欢把 x 当做变量,将本题视为关于 x 的一元二次不等式问题,于是解决这个问题需要应用二次函数以及二次方程实根分布,有点麻烦,可以尝试利用变量分离的方法解决.

解 问题等价于 $a(3-x)<5-3x^2$ 在 $-1 \leqslant a \leqslant 1$ 时恒成立,

i 当 $x<3$ 时,$a<\dfrac{5-3x^2}{3-x}$ 在 $-1 \leqslant a \leqslant 1$ 时恒成立,所以 $1<\dfrac{5-3x^2}{3-x}$.

ii 当 $x=3$ 时,$0<-22$ 矛盾,所以 $x \neq 3$.

iii 当 $x>3$ 时,$a>\dfrac{5-3x^2}{3-x}$ 在 $-1 \leqslant a \leqslant 1$ 时恒成立,所以 $-1<\dfrac{5-3x^2}{3-x}$.

综上可得,$x \in \left(-\dfrac{2}{3}, 1\right)$.

角度 2 常量与变量是相对的,一般地,可把已知范围的那个量看作自变量,另一个量看作常量. 因此,如果把 x 与 a 互换一下,即将 a 视为变量,x 视为常量,则上述问题可以转化为在 $[-1,1]$ 内关于 a 的一次式小于 0 恒成立的问题.

解 令 $h(a)=(3-x)a+3x^2-5$,$-1 \leqslant a \leqslant 1$

对 $-1 \leqslant a \leqslant 1$,恒有 $g(x)<0$,即 $h(a)<0$.

所以 $\begin{cases} h(1)<0, \\ h(-1)<0, \end{cases}$ 即 $\begin{cases} 3x^2-x-2<0, \\ 3x^2+x-8<0, \end{cases}$

解得 $-\dfrac{2}{3}<x<1$. 故 x 的取值范围为 $x \in \left(-\dfrac{2}{3}, 1\right)$.

运算法则是运算的依据,是推理的基础,也是运算结果具有唯一性的保障. 在数学运算解决问题的过程中,运算法则可以帮助我们提供运算思路.

第二节 数学运算核心素养的育人价值

高中数学课程的基本理念内容之一是"以学生发展为本,立德树人,提升素养". 数学教育立德树人的核心则是适应数学教育内涵发展的要求,挖掘学科深层意义,提高整体育人水平. 要实现这一目标的基础便是寻找实现这一任务的有效途径. 数学运算既是构成数学抽象结构的基本要素,同时也在不断扩展,随着时代的发展和科学的进步,运算对象在不断扩展,运算的作用日趋强大,运算可以产生新的数学对象,运算可以进行推理证明. 所以揭示运算主线的内涵,展现其在本学科的育人价值就显得非常值得研究.

一、数学运算素养的数学学科价值

数学是人类文化的重要组成部分,数学课程反映数学的历史、应用和发展趋势及数学学科的思想体系、创新精神和在人类文明发展中的作用. 数学运算是数学学科独有的能力,是解决数学问题的基本手段. 除了数学问题本身之外,生产生活的各个领域都需要数学运算来解决问题,诸如经济学、航空航天、材料设备、人工智能、互联网大数据等,都离不开数学运算. 在理论研究中,数学运算也发挥着独特的作用,例如,利用数学运算的原理分析解决物理量的运算;还有,我国著名数学家吴文俊先生所建立的机器证明理论,就是通过运算来证明几何问题. 因此,数学运算也蕴含着重要的数学思想:演绎推理,构造性证明,等等. 数学运算作为数学最主要内容之一,沟通了整个数学,在学生发展数学核心素养方面具有独特的、不可替代的育人价值.

【案例 2-4】数学运算在物理中的简单运用

问题: 水平桌面上有两个玩具车 A 和 B,两者用一轻质细橡皮筋相连,在橡皮筋上有一红色标记 R. 在初始时橡皮筋处于拉直状态,A、B 和 R 分别位于直角坐标系中的 $(0,2l)$、$(0,-l)$ 和 $(0,0)$ 点. 已知 A 从静止开始沿 y 轴正向做加速度大小为 a 的匀加速运动,B 平行于 x 轴朝 x 轴正方向匀速运动. 在两车此后运动的过程中,标记 R 在某时刻通过点 (l,l). 假定橡皮筋的伸长是均匀的,求 B 运动速度的大小.

分析 1 本题属于均加速直线运动,解题的关键是橡皮筋的伸长是均匀的,轨迹是直线,这样一来,就可以利用数学中三角形的相似对应边成比例,分别解出 A、B 的位置,再由 A、B 各自的运动方程求解.

解 1 如图 2-1 建系,设 B 的速度为 v,经过 t_0 时间后,标记 R 通过点 (l,l),则此过程中 A、B 的位移分别为 $y_A = \frac{1}{2}at_0^2$,$x_B = vt_0$,由相似关系可知 $\frac{l}{x_B} = \frac{y_A + l}{y_A + 3l} = \frac{2}{3}$,解得 $v = \frac{1}{4}\sqrt{6al}$.

分析 2 物理中速度是矢量,在数学中叫做向量,具有大小和方向两个特征,可以用坐标来表示,因此也可以尝试利用向量运算来解决这个物理问题.

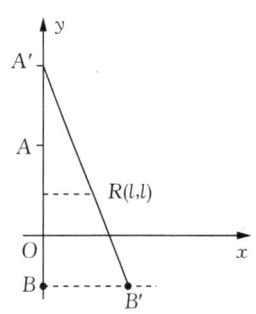

图 2-1

[解]2 如图2-2建系,用 A、B 和 R 表示量玩具车和标记的动点位置,设 B 的速度为 v,R 在 t 时刻位于点 (l,l),依题意,此时 $A\left(0,2l+\dfrac{1}{2}at^2\right)$,$B(vt,-l)$,可知 $\overrightarrow{AR}=\left(l,-l-\dfrac{1}{2}at^2\right)$,$\overrightarrow{RB}=(vt-l,-2l)$.

设 λ 为常量,由于 A、B 和 R 始终位于同一条直线上,必有 $\overrightarrow{AR}=\lambda\overrightarrow{RB}$,由题意知在开始运动时 $\lambda=2$,又因为橡皮筋的伸长是均匀的,λ 保持不变,所以 $\left(l,-l-\dfrac{1}{2}at^2\right)=2(vt-l,-2l)$,即 $\begin{cases}l=2vt-2l, \\ -l-\dfrac{1}{2}at^2=-4l,\end{cases}$ 解得 $v=\dfrac{1}{4}\sqrt{6al}$.

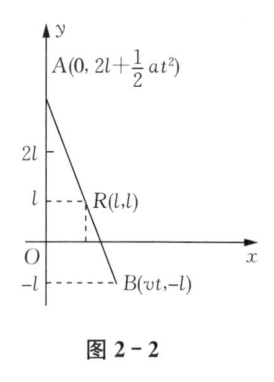

图 2-2

二、数学运算素养在培养人的思维方面的价值

思维是指理性认识的过程,是人脑对客观事物间接的和概括的反映,属于人脑的基本活动形式.数学思维则是指用数学思考问题和解决问题的思维活动形式.数学思维既能动地反映客观世界,又能动地反作用于客观世界.

数学运算中强调探究运算思路,通过探究可以激发思维的灵活性、广阔性,锻炼思维的敏捷性和深刻性,形成思维的独创性、批判性和灵活性.

【案例 2-5】

问题: 书架上有 5 本书,现在再插入 3 本不同的书,有多少种不同的方案?

易错分析 不认真审清题意,简单地认为是不相邻问题,套用插空法,得 P_6^3,另外,将原有的 5 本书参与排列也是比较多见的错误.

解题分析 引导学生对事件再分析,首先紧扣事件的要素——完成任务的标志是 3 本书插进原来 5 本书的序列中,再分析归纳要注意的有以下几个关键点:①原来的 5 本书相对位置是不变的;②3 本书互不相同,即意味着有顺序;③3 本书可以相邻,也可以不相邻.

解法 1 按照先分类再分布的核心思想,考虑有 3 类插入的情况:①3 本相邻;②2 本相邻,1 本分开;③3 本都不相邻.故可采用捆绑法和插空法综合解题,有 $N=P_3^3\cdot C_6^1+C_3^2\cdot P_2^2\cdot P_6^2+P_6^3=336$.

解法 2 全排列后除以原有 5 本书的全排列,即 $N=\dfrac{P_8^8}{P_5^5}=336$.

解法 3 第一本书插入时有 6 个空档,第二本书插入时有 7 个空档,第三本书插入时有 8 个空档,故 $N=6\times 7\times 8=336$.

问题探究 解法 3 非常好,抓住了事件的核心.类似的问题还有很多,比如:在图 2-3 图形中共有多少个矩形?

如果按矩形的构成分情况数,情况太多,非常困难,而如果能抓住完成事件的核心,即构成矩形的要素是两横两纵 4 条线,则很容易得到共有 $C_7^2\cdot C_4^2=126$ 个矩形(C_7^2 表示在 7 条纵线中

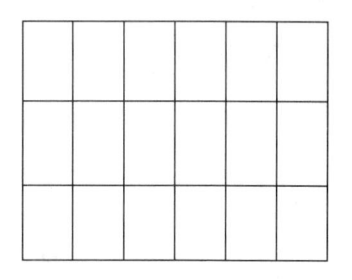

图 2-3

选 2 条,C_4^2 表示在 4 条纵线中选 2 条).

从上述案例中可以看出探究运算思路、探究问题的核心本质,激发思维的灵活性和深刻性,在问题的解决中往往会收到意想不到的效果.

数学运算在明晰运算对像的基础上,依据运算法则解决数学问题. 在选择合理有效的运算方法求解问题时,从原有的认知结构出发,通过观察、类比、联想、实验、猜想等一系列数学思维活动,展示问题解决的各个环节. 因此,数学运算素养也是数学思维培养的途径之一.

三、 数学运算素养在认知事物之间关联方面的价值

发展数学素养是时代的需要,聚焦数学核心素养是数学课程改革的趋势. 我们所处的是一个大数据时代,数字化程度高,信息交流广泛,而数学正直接或间接地渗透到社会生活的各个领域,广泛地影响着人们的生活.

数学运算是用数学的方法分析事物之间的关系,用符号、字母表示事物的形态,用数据、图标、关系式表示事物之间的联系,通过事物之间的联系探寻解决问题的运算思路,制定运算法则准确计算所产生的结果,这都体现着数学运算对认知事物方面起到的作用.

数学运算在其他学科中也发挥着重要的作用. 如牛顿的力学巨著《自然哲学的数学原理》运用微积分工具,严格推导证明了开普勒行星运动三大定律、万有引力定律等一些结论. 再如目前国际通用的地震震级标准——里氏震级,它是根据离震中一定距离观测到的地震波幅度和周期,并且考虑从震源到观测点的地震波衰减,经过一定公式计算出来的震源处地震的大小. 还有,其他学科如生物学中运用微分方程、线性代数、概率论、数理统计、抽象代数等,都是在利用数学知识形成运算思路,提供运算方法.

【案例 2-6】缉私问题

问题: 某海警基地码头 O 的正西方向 30 海里处有海礁界碑 A,过点 A 且与 AO 成 $60°$ 角(即北偏东 $30°$)的直线 l 为此处的一段领海与公海的分界线(如图 2-4 所示). 在码头 O 的正西方向且距离 O 点 12 海里的领海海面 P 处有一艘可疑船停留,基地指挥部决定在测定可疑船的行驶方向后,海警巡逻艇从 O 处即刻出发. 若巡逻艇以可疑船的航速的 λ 倍($\lambda > 1$)前去拦截,假定巡逻艇和可疑船在拦截过程中均未改变航向航速,将在点 Q 处截获可疑船.

(1) 若可疑船的航速为 10 海里/小时,$\lambda = 2$,且可疑船沿北偏西 $30°$ 的方向朝公海逃跑,求巡逻艇成功拦截可疑船所用的时间.

(2) 若要确保在领海内(包括分界线)成功拦截可疑船,求 λ 的最小值.

分析 上教版高二数学教材里有一探究与实践

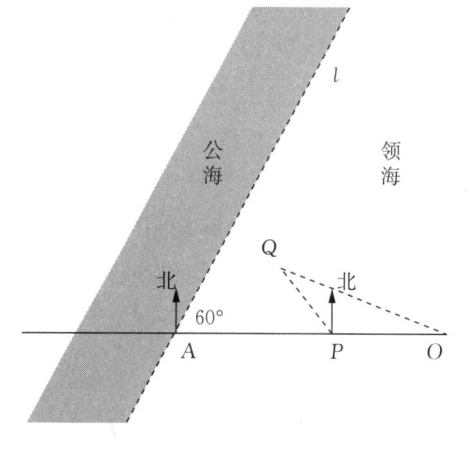

图 2-4

课题:追捕走私船. 探究的内容是在某海域中缉私船追击走私船的线路、轨迹等问题,本题就是基于该探究实践活动的改变问题. 需要学生在理解题意的基础上,选择合理的算法,按要求展开计算,从而得到正确的判断.

解 (1) 因为巡逻艇的航速是可疑船的航速的 2 倍,可疑船的航速为 10 海里/小时,所以巡逻艇的航速为 20 海里/小时. 由图 2-4 可知,$OQ=2PQ$,设 $PQ=a$,则 $OQ=2a$,又可疑船沿北偏西 $30°$ 的方向朝公海逃跑,所以 $\angle QPO=120°$.

在 $\triangle OPQ$ 中,有 $OQ^2=OP^2+PQ^2-2OP \cdot PQ\cos\angle OPQ$,即 $4a^2=a^2+144-2\times 12a\cos 120°$,得 $a^2-4a-48=0$,解得 $a=2\pm 2\sqrt{13}$(负值舍去). 所以 $t=\dfrac{a}{10}=\dfrac{\sqrt{13}+1}{5}$ 小时.

(2) 以 O 为坐标原点,AO 的方向为 x 轴的正方向,建立如图所示的平面直角坐标系,如图 2-5 所示则 $P(-12,0)$、$A(-30,0)$. 设 $Q(x,y)$,因为巡逻艇的航速是可疑船的航速的 λ 倍,所以 $OQ=\lambda PQ$,故 $x^2+y^2=\lambda^2[(x+12)^2+y^2]$,即 $x^2+y^2+\dfrac{24\lambda^2}{\lambda^2-1}x+\dfrac{144\lambda^2}{\lambda^2-1}=0$.

故可疑船被截获的轨迹是以 $\left(-\dfrac{12\lambda^2}{\lambda^2-1},0\right)$ 为圆心,以 $\dfrac{12\lambda}{\lambda^2-1}$ 为半径的圆. 又直线 l 的方程为 $y=\sqrt{3}(x+30)$,即 $\sqrt{3}x-y+30\sqrt{3}=0$.

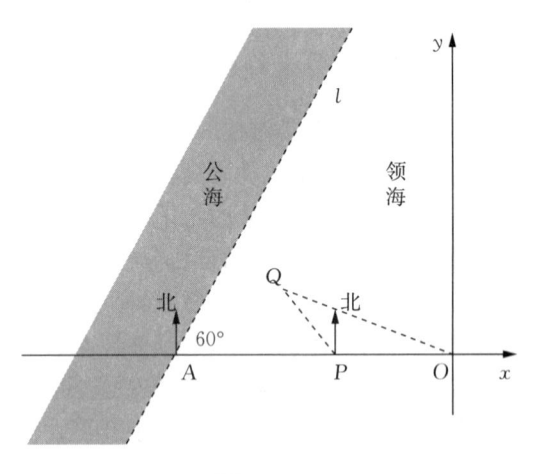

图 2-5

要确保在领海内(包括分界线)成功拦截可疑船,则圆心 $\left(-\dfrac{12\lambda^2}{\lambda^2-1},0\right)$ 应在直线 $y=\sqrt{3}(x+30)$ 下方,且 Q 的轨迹与直线 l 至多只有一个公共点,所以 $30-\dfrac{12\lambda^2}{\lambda^2-1}>0$ 且 $\dfrac{\left|-\dfrac{12\sqrt{3}\lambda^2}{\lambda^2-1}+30\sqrt{3}\right|}{2}\geqslant\dfrac{12\lambda}{\lambda^2-1}$.

即 $\begin{cases}\lambda^2>\dfrac{5}{3},\\ 3\sqrt{3}\lambda^2-4\lambda-5\sqrt{3}\geqslant 0,\\ \lambda>1,\end{cases}$ 解得 $\lambda\geqslant\sqrt{3}$.

故要确保在领海内(包括分界线)成功拦截可疑船,则 $\lambda_{\min}=\sqrt{3}$.

案例 2-6 所示即为利用求动点的运行轨迹,结合直线与圆的位置关系,解决实际问题. 选择直线与圆锥曲线运算的通法,通过数学运算判断缉私过程中的可能会遇到的问题,并解决问题. 可见解决该题除了需要数学运算素养外,还需要数学抽象、数学建模、逻辑推理等多素养的综合运用.

四、数学运算素养在形成理性精神方面的价值

数学的理性精神是指用人们通过数学思维审慎思考,以推理方式推导出结论,不被个人情绪和偏见所左右. 数学问题的每个条件、每个解题步骤都是理性的. 依据运算法则,选择运算思路,求得运算结果的过程必须是行之有效的,数学运算中的每一个步骤都是理性思考和选择的结果,否则难以保障结果的唯一性. 很多情况下,数学运算是在一定情境中进行的,结合具体情

境抽象出运算对象,这不是凭感觉随意决定的,它需要对问题的理性分析,选择正确的运算方法,设计运算程序,得到运算结果.

数学运算有一个特点,就是它不仅在解决问题,而且也在解决问题的同时优化自己.在发挥运算求解作用的同时又在研究自己的局限性,从不担心否定自己,而是不断反思、批判自己,并且不断化繁为简,优化自己前进的道路.所以说,从客观地确定运算对象,根据运算法则解决数学问题,到数学运算中的自优化过程,处处充满着理性的探索精神,这是指导我们解决问题的有效的智慧.

通过高中数学课程的学习,进一步发展数学运算能力,通过运算形成规范思考问题的品质,养成一丝不苟、严谨求实的科学精神.

【案例 2-7】赌博中的概率问题

背景: 文艺复兴时期意大利数学家卡当曾热衷于赌博,试图研究赌博不输的方法.据说,卡当曾参加过这样的赌法:把两颗骰子掷出去,以每个骰子的点数之和作为赌博的内容.已知骰子的 6 个面上分别为 1~6 点,那么,赌注下在多少点,最有可能赢呢?

课堂实录

生:只需要依次计算两颗骰子点数之和,找出出现最多次数的点数即可,所以我选择用枚举的方法进行计算,结果见表 2-2.

表 2-2

2	3	4	5	6	7
3	4	5	6	7	8
4	5	6	7	8	9
5	6	7	8	9	10
6	7	8	9	10	11
7	8	9	10	11	12

容易发现:掷两颗骰子共有 6×6=36 中可能,7 出现的次数最高共 6 次,所以它的概率是 $\frac{6}{36}=\frac{1}{6}$,所以赌注下 7 赢的机会最大.

师:确实,当年卡当也曾预言说押 7 最好.那么是不是意味着可以用数学的方法计算出赌博获胜的概率,从而"发家致富"呢?

(大家哄堂,开着玩笑说"可以尝试一下")

师:我们需要理性对待,大家试试用数学的方法解释.

问题: 假设赌徒的赌本是 a 元($a \geqslant 1$),每赌一局,押注 1 元,赌徒赢钱的概率是 $\frac{1}{2}$,这是一场公平的赌博,一直玩下去,那么这位赌徒会输光吗?

分析 设该赌徒的赌本为 n 元并且一直赌下去会输光概率为 $P(n)$,则 $P(0)=1$.

若输一次赌本变为 $n-1$,赢一次赌本变为 $n+1$,那么

$$P(n)=\frac{1}{2}P(n-1)+\frac{1}{2}P(n+1),可得 2P(n)=P(n+1)+P(n-1),(n \geqslant 1)$$

所以 $\{P(n)\}$ 是等差数列,且通项公式为 $P(n)=1+nd$,其中 d 是公差.

假设陪你赌博的庄家有 $a+x(x>0)$ 元的资本,显然庄家破产的概率几乎是 0,因此

$P(a+x)=0$,代入通项公式 $0=1+(a+x)d$,解得 $d=-\dfrac{1}{a+x}$.

所以当该赌徒带着赌本 a 元进场一直玩下去输光的概率是 $P(a)=1-\dfrac{a}{a+x}=\dfrac{x}{a+x}$.

由于庄家的钱远比赌徒多,所当 $x\to+\infty$ 时,$P(a)\to 1$,也就是说,如果赌徒一直玩下去,那么输光的概率是 1,即久赌必输.

很明显的,用数据说话可以保持理性.案例 2-7 即是用数学运算证明了一个道理:如果沉迷于赌博,那么总有一天会输光所有赌资,变得倾家荡产,赌博是个无底洞,珍爱生活,远离赌博.

五、数学运算素养在培养学生创造能力方面的价值

数学教育承载着落实立德树人的根本任务,培育科学精神和创新意识.作为数学核心素养之一的数学运算同样担负着这一使命.

数学作为文化的一部分,其最根本的特征是它表达了一种探索精神.理性,体现在数学追求一种完全确定、完全可靠的知识.理性,还体现在数学对解放人类起到了极大的作用上,数学在理性地研究宇宙本性,同时使人类的思维逐渐脱离宗教的束缚,带领人类走向理性的时代.当理性时代来临了,数学为人类的精神层面带来的影响更加明显了.这时的社会学家、哲学家开始用公理化的思维和演绎推理的方法去探寻解决社会矛盾的方法和设计新的社会制度.

第三节 数学运算核心素养在课堂教学中的落实策略

一、数学运算素养在各个学习内容板块中的渗透

数学运算是解决数学问题的基本手段,渗透于学习的每个内容之中.高中数学主要有预备知识、函数、几何与代数、概率与统计、数学建模活动与数学探究活动 5 个主题板块.表 2-3 即为数学运算在各板块中的素养要求.

表 2-3

主题板块	数学运算素养要求
预备知识	1. 掌握集合的基本运算,能求集合之间的交集、并集和补集,能使用 Venn 图表达集合的基本运算; 2. 掌握基本不等式,能用基本不等式解决简单的最大值和最小值问题; 3. 会判断一元二次方程实根的存在性及相关个数,能借助一元二次函数图像求解一元二次不等式
函数	1. 能求简单函数的定义域,能用函数图像和代数运算的方法研究函数的性质,理解函数中的所有蕴含的运算规律; 2. 用集合直观和代数运算的方法研究三角函数之间的一些恒等关系,能进行弧度和角度的互化,能利用定义推导出诱导公式,经历利用两角差的余弦公式推导出两角和与差的正弦、余弦、正切公式,二倍角的正弦、余弦、正切公式,能运用上述公式进行简单的恒等变换; 3. 探索用二分法求方程近似解的思路,能借助计算工具用二分法求方程的近似解,在实际情境中,利用计算工具,比较对数函数、一元一次函数、指数函数增长速度的差异; 4. 探索并掌握等差数列、等比数列的前 n 项和公式,理解等差、等比数列的通项公式和前 n 项和公式的关系;能在具体的问题情境中发现数列的等差、等比关系并解决相应问题(选择性必修课程); 5. 能根据导数定义求函数 $y=c$,$y=x$,$y=x^2$,$y=x^3$,$y=\dfrac{1}{x}$,$y=\sqrt{x}$ 的导数,能利用给出的基本初等函数的导数公式和导数的四则运算法则,求简单函数的导数,能求简单的复合函数的导数,能利用导数求某些函数的极大值、极小值以及给定闭区间上不超过 3 次的多项式函数的最大值、最小值(选择性必修课程)
几何与代数	1. 掌握平面向量加、减运算及运算规则,掌握平面向量数乘运算及运算规则,会计算平面向量的数量积,会用数量积判断两个向量的垂直关系,会用坐标表示平面向量的加、减运算和数乘运算,能用坐标表示向量的数量积,会表示两个平面向量的夹角,借助向量的运算,探索三角形边长与角度的关系,能用余弦定理、正弦定理解决简单问题; 2. 掌握复数代数运算表示的四则运算; 3. 知道球、棱柱、棱锥、棱台的表面积和体积的计算公式,能用公式解决简单的问题; 4. 掌握空间向量的线性运算、线性运算、数量积及它们的坐标表示,能用向量的方法解决点到直线、点到平面、相互平行的直线、平面之间的距离问题(选择性必修课程); 5. 掌握过两点的直线斜率的计算公式,能用解方程组的方法求两条直线的交点坐标,掌握平面上两点间的距离公式、点到直线的距离公式,会求两条平行直线之间的距离,掌握圆的标准方程与一般方程,掌握椭圆、双曲线、抛物线的标准方程(选择性必修课程)

续表

主题板块	数学运算素养要求
概率与统计	1. 能结合实例进行随机事件的并、交运算,能计算古典概型中简单随机事件的概率,掌握随机事件概率的运算法则,结合古典概型,利用独立性计算概率; 2. 会计算样本平均值和样本方差,能用样本估计总体的集中趋势参数、离散程度参数和总体的取值规律,能用样本估计百分位数; 3. 能利用计数原理推导排列数公式、组合数公式,能用多项式运算法则和计数原理证明二项式定理,会用二项式定理解决与二项式有关的简单证明(选择性必修课程); 4. 能计算简单随机事件的条件概率,会利用乘法公式、全概率公式计算概率,掌握二项分布及其数字特征并能解决简单的实际问题(选择性必修课程); 5. 会通过相关系数比较多组成对数据的相关性,掌握一元线性回归模型的最小二乘估计方法,会使用相关的统计软件,会用一元线性回归模型进行预测(选择性必修课程)
数学建模与数学探究活动	1. 能够在熟悉的情景中了解运算对象,提出运算问题; 2. 能够在熟悉的数学情境中,根据问题的特征形成合适的运算思路,解决问题; 2. 能够在关联的情境中确定运算对象,提出运算问题; 3. 在综合的情景中,能把问题转化为运算问题,确定运算对象和运算法则,明确运算方向; 4. 能够对运算问题,构造运算程序,解决问题,能用程序思想理解和表达问题,理解程序思想与计算机解决问题的联系; 5. 在交流的过程中,能够用程序思想理解和解释问题.

二、数学运算素养在各种教学活动过程中的渗透

课程标准提出:通过高中数学课程的学习,学生能获得进一步学习以及未来发展所必须的数学基础知识、基本技能、基本思想、基本活动经验;提高从数学角度发现和提出问题、分析和解决问题的能力(简称"四基四能").根据运算法则,通过运算得出正确的结果,这是数学基本技能;探索运算思路,选择最合适有效的办法解决问题,这是分析和解决问题的能力,也是基本活动经验的体现.数学教学活动应关注"四基四能"的培养,数学运算作为数学学科的基本特征,渗透于数学教学各种活动中.

(一)梳理学生运算时的常见错误

受个人习惯和思维障碍的影响,经常会犯雷同的错误.教师需要将学生的常见错误进行梳理和归纳,只有发现学生运算时的常见错误,方能对症下药,增强数学运算素养培养的针对性,从而提高素养培养的有效性.

【案例2-8】指数对数运算常见错误举例

1. 化简运算错误导致错误解答

问题:求值:$\left(\dfrac{1}{8}\right)^{-\frac{2}{3}} - \sqrt[4]{(-3)^4} + \left(\dfrac{9}{4}\right)^{\frac{1}{2}} - \left(\dfrac{3}{2}\right)^2$.

典型错解 原式 $=\left(\dfrac{1}{2}\right)^{-2} - (-3) + \dfrac{3}{2} - \dfrac{9}{4} = 4 + 3 - \dfrac{3}{4} = \dfrac{25}{4}$.

正解 原式 $=\left(\dfrac{1}{2}\right)^{-2} - 3 + \dfrac{3}{2} - \dfrac{9}{4} = 4 - 3 - \dfrac{3}{4} = \dfrac{1}{4}$.

[错因] 错解错在 $\sqrt[n]{a^n}$ 的化简有误，事实上 $\sqrt[n]{a^n}=\begin{cases}|a|, n \text{ 是偶数},\\ a, n \text{ 是奇数}.\end{cases}$

2. 运算法则错误

[问题]： 已知 x,y 为正实数，则正确的是（ ）．
A. $2^{\lg x+\lg y}=2^{\lg x}+2^{\lg y}$ 　　　　　　 B. $2^{\lg(x+y)}=2^{\lg x}\cdot 2^{\lg y}$
C. $2^{\lg x}\cdot 2^{\lg y}=2^{\lg x}+2^{\lg y}$ 　　　　　 D. $2^{\lg(xy)}=2^{\lg x}\cdot 2^{\lg y}$

[典型错解] B

[正解] D

[错因] 错误原因在于指数和对数运算法则运用错误．

3. 忽略定义域或定义域计算出错

[问题]： 解关于 x 的不等式：$\log_{(x^2+2)}(3x^2-2x-4)>\log_{(x^2+2)}(x^2-3x+2)$．

[典型错解] $\because x^2+2>1, \therefore 3x^2-2x-4>x^2-3x+2, \therefore 2x^2+x-6>0$，
$\therefore x\in(-\infty,-2)\cup\left(\dfrac{3}{2},+\infty\right)$．

[正解] $\because x^2+2>1$，
$\therefore \begin{cases}3x^2-2x-4>0,\\ x^2-3x+2>0,\\ 3x^2-2x-4>x^2-3x+2,\end{cases}\Rightarrow x\in(-\infty,-2)\cup(2,+\infty)$．

[错因] 错误在于求解对数不等式时忽略了对数函数的定义域，对于函数问题，必须遵循"定义域优先"的原则．

（二）达成对数学运算重要性的共识

有的学生认为数学问题有思路即可，至于能否正确计算出结果，不是最重要的．就是由于这种想法的普遍存在，导致学生的数学运算素养欠缺，因此在教学活动中，教师需要避免让学生出现被动接受的情况，鼓励学生成为运算活动的参与者，要和学生达成共识，在教与学的过程中设定共同的目标，并一起为之努力．

（三）涉及数学运算素养提升的有效途径

重视课堂与课外相结合，关注理论学习与实践操作相结合．教师可结合教学内容设置数学题，引导学生将学习过程转化为运算的过程，一方面让学生通过运算来掌握课堂知识，另一方面也培养学生的运算能力．

【案例 2-9】关注一题多解，激发思维递进

[问题]： 如图 2-6 所示，已知椭圆 $x^2+2y^2=1$，过原点的两条直线 l_1 和 l_2 分别与椭圆交于点 A、B 和 C、D，记得到的平行四边形 $ABCD$ 的面积为 S．

(1) 设 $A(x_1,y_1),C(x_2,y_2)$．用 A、C 坐标表示点 C 到直线 l_1 的距离，并证明 $S=2|x_1y_2-x_2y_1|$；

(2) 设 l_1 与 l_2 的斜率之积为 $-\dfrac{1}{2}$，求面积 S 的值．

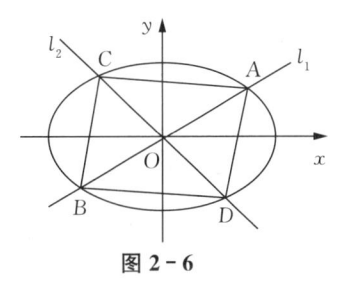

图 2-6

> 课堂实录

师：请大家仔细审题，尝试完成第(1)小题．

生1：由题易知 A、C 两点的横坐标不能同时为零，又考虑到斜率是否存在，故分以下两种情况讨论：

ⅰ 当 A、C 两点的横坐标有一个为零时，不妨设 $x_1=0$，$x_2\neq 0$，此时 C 到直线 l_1 的距离 $d=|x_2|$，平行四边形 $ABCD$ 的面积为 $S=2|x_2y_1|$；

ⅱ 当 A、C 两点的横坐标均不为零时，设 l_1 的方程为 $y=\dfrac{y_1}{x_1}x$，从而点 C 到 l_1 的距离 $d=\dfrac{|y_1x_2-x_1y_2|}{\sqrt{x_1^2+y_1^2}}$，又 $|AB|=2|OA|=2\sqrt{x_1^2+y_1^2}$，所以 $S=2S_{\triangle ABC}=2\times\dfrac{1}{2}|AB|\cdot d=2|x_1y_2-x_2y_1|$．

综合ⅰ和ⅱ可知点 C 到直线 l_1 的距离为 $\dfrac{|y_1x_2-y_2x_1|}{\sqrt{x_1^2+y_1^2}}$，平行四边形 $ABCD$ 的面积为 $2|x_1y_2-x_2y_1|$．

生2：合理选择设直线的方法可以简化本题，所以我觉得点法向式直线方程会起到简化作用．已知直线 l_1 的法向量是 $(-y_1,x_1)$，因此设 l_1 的方程为 $-y_1x+x_1y=0$，则点 C 到 l_1 的距离 $d=\dfrac{|x_1y_2-x_2y_1|}{\sqrt{x_1^2+y_1^2}}$，接下来就和上一位同学的做法相同．

生3：如果直接利用三阶行列式求面积的话，点 C 到 l_1 的距离还可以这样求：平行四边形 $ABCD$ 的面积 $S=4S_{\triangle AOC}=4\times\dfrac{1}{2}\begin{vmatrix}x_1&y_1&1\\x_2&y_2&1\\0&0&1\end{vmatrix}=2|x_1y_2-x_2y_1|$，又 $|AB|=2\sqrt{x_1^2+y_1^2}$，由面积相等可知点 C 到 l_1 的距离 $d=\dfrac{|y_1x_2-x_1y_2|}{\sqrt{x_1^2+y_1^2}}$．

师：很好，那么第(2)小问呢？

生4：设 $l_1:y=kx$，$l_2:y=-\dfrac{1}{2k}x$，不妨设点 A、C 在 x 轴上方且 $A(x_1,y_1)$、$C(x_2,y_2)$．

由 $\begin{cases}y=kx,\\x^2+2y^2=1,\end{cases}$ 得 $|x_1|=\sqrt{\dfrac{1}{1+2k^2}}$，同理有 $|x_2|=\sqrt{\dfrac{1}{1+2\left(-\dfrac{1}{2k}\right)^2}}=\sqrt{\dfrac{2k^2}{2k^2+1}}$．

由(1)可知 $S=2|x_1y_2-x_2y_1|=2\left|\dfrac{x_1\cdot x_2}{2k}+x_2\cdot kx_1\right|=\dfrac{2k^2+1}{|k|}\cdot|x_1x_2|=\dfrac{(2k^2+1)|\sqrt{2}k|}{|k|\sqrt{1+2k^2}\cdot\sqrt{2k^2+1}}$，整理得 $S=\sqrt{2}$．

师：相信大家都有这样的体会，与圆相关的问题从计算量来看会比其他问题小，从复杂程度上看也会比其他问题简单些．从某种程度上说，椭圆可以通过圆上的点经过坐标变换而得，所以，这个问题能不能利用圆的知识求解呢？

生：如图 2-7，记椭圆 $\Gamma: x^2 + \dfrac{y^2}{\frac{1}{2}} = 1$，设 $\begin{cases} x' = x, \\ y' = \sqrt{2}\, y, \end{cases}$ 则椭圆 Γ 经坐标变换得圆 $C: x'^2 + y'^2 = 1$，直线 l_1、l_2 与椭圆 Γ 的交点 $A(x_1, y_1)$、$C(x_2, y_2)$ 变换为 $A'(x_1', y_1')$、$C'(x_2', y_2')$，由题意，有 $k_1' k_2' = \dfrac{y_1'}{x_1'} \cdot \dfrac{y_2'}{x_2'} = \dfrac{\sqrt{2}\, y_1}{x_1} \cdot \dfrac{\sqrt{2}\, y_2}{x_2} = 2 \cdot \left(\dfrac{y_1}{x_1} \cdot \dfrac{y_2}{x_2} \right) = 2 \cdot \left(-\dfrac{1}{2} \right) = -1$，

所以，在圆 C 中 $l_1' \perp l_2'$，则圆中四边形 $A'B'C'D'$ 面积 $S' = \dfrac{1}{2} \times 2 \times 2 = 2$，

因此，椭圆中四边形 $ABCD$ 面积 $S = \dfrac{\sqrt{2}}{2} S' = \dfrac{\sqrt{2}}{2} \times 2 = \sqrt{2}$。

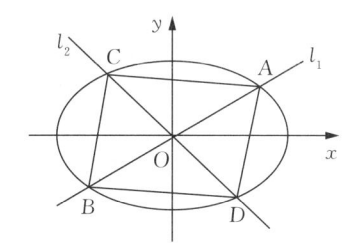

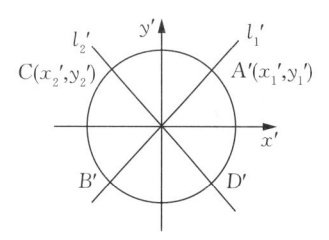

图 2-7

由案例 2-9 可以看出，基于落实数学核心素养的教学设计，需要在课堂活动形式和内容指向上做出根本性的调整. 学生应有更多自主探究时间、问题空间和学习场域的探究活动. 具有挑战性学习问题是探究活动的缘起和目标导向，如案例 2-9 中，通过一道高考题，教师步步设问，让学生深入思考椭圆与圆的性质之间的关系，借助于数学运算，培养学生的直观想象、逻辑推理等核心素养.

三、数学运算素养在各个数学学习环节中的渗透

数学教学与学习会经历课前准备、课上磨合、课后巩固 3 个阶段. 针对每个阶段，教师都会设计不同的环节以提升数学学习的效果. 那么，数学运算素养如何在各个教学环节中渗透呢？下面将以案例的形式做具体阐述.

（一）数学运算素养在课堂提问环节中的渗透

提问是开启学生创造思维能力的最直接最简便的教学方法，也是教师借以接受学生反馈信息的一种有效手段. 提问教学关键在与设计问题，围绕数学运算素养的培养，所设计的问题可以围绕运算思路的选择、运算法则的记忆、运算对象的确定展开.

教学是一门语言的艺术，课堂上教师讲什么？怎么讲？问什么？怎么问？其实非常重要，讲的内容要能使学生自发地生成互动，问的内容则要让学生主动地生成思考. 运算是数学的基础，所以在讲解问题时，教师可以从运算的角度出发，围绕着运算思路和运算方法设置问题，让学生在运算的过程中体会解决问题的方法和策略，悟到处理复杂的切入点，构建条件与条件、条件与结论之间的关联.

（二）数学运算素养在课堂导入环节中的渗透

导入是新的教学内容或教学活动开始前，引导学生进入学习状态的教学行为方式．精彩的导入可以为整堂课的教学奠定良好的基础．课堂导入的形式是多样的，根据授课内容而产生变化．从数学运算的角度进行课堂导入，也是常见的方式之一．

【案例 2-10】半角公式（第一课时）的导入

课堂实录

师：（情境设置）生活中，上坡下坡、上楼下楼是难免的，这对于正常人而言是一件不费劲的事，但对于那些肢体有残疾的人来说可谓"困难重重"．在市委市政府的关怀下，新修建了许多无障碍设施，旧区无障碍改造的工程也频频竣工．细数身边的无障碍设施，残疾人坡道（见图 2-8）算是其中一种最常见的了．

坡道的结构很简单，我们可以用直角三角形来模拟，如图 2-9 所示．

图 2-8

师：假设坡角的大小是 $15°$，B、C 之间的距离是 a，那么斜坡 CA 的长度是多少？

生：$CA = \dfrac{a}{\cos 15°}$

师：不借助计算器如何计算 $\cos 15°$？

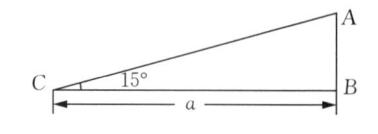

图 2-9

生：可以利用 $\cos 30° = 2\cos^2 15° - 1$，通过解方程求出 $\cos 15°$．

师：（肯定学生的解题方法，进一步提出问题）解法中，我们已知 $\cos 30°$ 求 $\cos 15°$，将其一般化，可以理解为已知 $\cos\alpha$ 求 $\cos\dfrac{\alpha}{2}$，请大家思考：怎么来求 $\cos\dfrac{\alpha}{2}$ 呢？

生：由余弦的二倍角公式得 $\cos\alpha = 2\cos^2\dfrac{\alpha}{2} - 1$，所以 $\cos\dfrac{\alpha}{2} = \pm\sqrt{\dfrac{1+\cos\alpha}{2}}$

师：类似地，能否在已知 $\cos\alpha$ 的前提下求 $\sin\dfrac{\alpha}{2}$ 的值呢？

生：再由余弦的二倍角公式得 $\cos\alpha = 1 - 2\sin^2\dfrac{\alpha}{2}$，所以 $\sin\dfrac{\alpha}{2} = \pm\sqrt{\dfrac{1-\cos\alpha}{2}}$

师：那么，$\tan\dfrac{\alpha}{2}$ 呢？

生：$\tan\dfrac{\alpha}{2} = \dfrac{\sin\dfrac{\alpha}{2}}{\cos\dfrac{\alpha}{2}} = \dfrac{\pm\sqrt{\dfrac{1-\cos\alpha}{2}}}{\pm\sqrt{\dfrac{1+\cos\alpha}{2}}} = \pm\sqrt{\dfrac{1-\cos\alpha}{1+\cos\alpha}}.$

师：大家刚才所得的 3 个等式 $\sin\dfrac{\alpha}{2} = \pm\sqrt{\dfrac{1-\cos\alpha}{2}}$、$\cos\dfrac{\alpha}{2} = \pm\sqrt{\dfrac{1+\cos\alpha}{2}}$、$\tan\dfrac{\alpha}{2} =$

$\pm\sqrt{\dfrac{1-\cos\alpha}{1+\cos\alpha}}$ 叫做半角公式,也是今天我们这节课将要一起学习的内容.

案例 2-10 中,教师从生活中的实际出发,抽象数学数学模型,根据本节课的教学目标,设计数学问题,用"追问"的形式,带动学生思维高速运转,以数学运算为抓手,从特殊到一般推导半角公式,引出本节课的教学内容.这样的引入,很自然地将德育教育融入数学课堂.在此情景下,学生们的自主学习热情被调动了起来,对半角公式的记忆更加持久与深刻.

(三)数学运算素养在课堂板书环节中的渗透

板书是指在课堂教学过程中,教师出于教学目的的需要,把精心设计的巧妙美观的文字、数学公式和符号以及所画的图表展示在黑板上.板书的内容构成可以是事先设计好的,也可以是课上师生之间的灵光的闪现.

数学运算是课堂教学中必不可少的活动之一,因此在板书设计的环节,也需要有所体现,要注意以下几方面.

1. 计划性

留在黑板上文字的应该是一节课中最重要的部分,因此在课前需要有设计,板书分为主板书和辅助板书,主板书应放在中央显著位置,辅助板书应放在边角作为教学补充.运算性质、运算公式等可以放在显著位置,典型例题的求解、学生答题的痕迹可以放在边角作为补充.

2. 规范性

板书是给学生做示范,因此板书要写规范字,字迹要工整,绘图要正确、美观、严格规范.相应地,数学运算的板书要体现规范的答题过程,不冗长、不跳步,对关键步骤可以用不同颜色的粉笔做出标示.

3. 完整性

一般一节课告一段落时,主要内容要完整地保留在黑板上,使学生对全节课的内容有一个连贯的全面认识.

4. 针对性

板书要突出重点,其结构要与讲授的内容大体一致.若过于繁细,则易使重点不突出,学生抓不住东西,造成学生疲劳,影响教学效果;若过于简粗,则不能起提纲挈领,揭示教学主要内容的作用,不利于学生理解和所掌握所学知识.特别是习题课,会有大量的运算要求,建议教师选择通性通法作为重点内容留在主板书上,挑选易错问题和共性问题放在辅助板书上.

四、数学运算素养在各个年级循序渐进中的渗透

从高一到高三,教学要求和教学内容在不断变化,学生的学习能力和探究水平在也成长,因此数学运算素养在各个年级的表现是不同的,但又不是割裂的,它会以螺旋的状态不断上升.《普通高中数学课程标准(2017 版)》将数学运算素养划分为 3 个水平层级,数学运算素养在各个年级里的渐进渗透可以以此为参考依据.

【案例 2-11】以基本不等式为例感受数学运算的循序渐进

背景： 课程标准对于基本不等式的要求为:①探索并了解基本不等式的证明过程;②会用基本不等式解决简单的最大(小)值问题.《2020 年考试手册》(上海卷)对基本不等式的

要求是:掌握基本不等式并会用于解决简单问题(属于探究性理解水平).事实上,高一到高三阶段,我们经常会用到基本不等式的思想去解决问题.

1. 高一学段

高一学段是基本不等式的学习理解阶段,能运用基本不等式求解简单的最值问题.

问题: 已知 $a>0, b>0$, $\frac{1}{a}+\frac{2}{b}=2$,求 $a+2b$ 的最小值.

分析 本题是基本不等式的初级篇,要注意使用条件:一正、二定、三等.需要学生能构造出适合基本不等式的使用结构,本题是"1"的妙用,具有一定的规律性,建议记住此类运算方法和技巧.

解 由题得 $a+2b=\frac{1}{2}\times(a+2b)\times 2=\frac{1}{2}(a+2b)\left(\frac{1}{a}+\frac{2}{b}\right)=\frac{1}{2}\left(5+\frac{2a}{b}+\frac{2b}{a}\right)\geqslant \frac{1}{2}\left(5+2\sqrt{\frac{2a}{b}\cdot\frac{2b}{a}}\right)=\frac{9}{2}$. 当且仅当 $\begin{cases}\frac{1}{a}+\frac{2}{b}=2, \\ 2a^2=2b^2,\end{cases}$ 即 $a=b=\frac{3}{2}$ 时等号成立,所以 $a+2b$ 的最小值是 $\frac{9}{2}$.

2. 高二学段

高二学段主要学习的内容有数列、向量、解析几何、复数、矩阵行列式等.虽然基本不等式已经属于学过的知识,但是利用基本不等式作为运算思路求解问题的策略始终贯穿在所学的知识之中.

问题: 已知各项为正数的等比数列 $\{a_n\}$ 满足 $a_7=a_6+2a_5$,若存在两项 a_m、a_n,使得 $\sqrt{a_m a_n}=2\sqrt{2}a_1$,求 $\frac{1}{m}+\frac{4}{n}$ 的最小值.

分析 本题是数列中的最值问题,求解本题的运算方法简单地说有等比数列通项公式、指数方程以及利用基本不等式或者利用整数的性质求最小值.

解 设等比数列的公比为 q,由 $a_7=a_6+2a_5$,可得到 $a_6q=a_6+2\frac{a_6}{q}$,由于 $a_n>0$,所以 $q=1+\frac{2}{q}$,解得 $q=2$ 或 $q=-1$. 因为各项全为正,所以 $q=-1$ 舍去.

由于存在两项 a_m、a_n 使得 $\sqrt{a_m a_n}=2\sqrt{2}a_1$,∴ $a_m a_n=8a_1^2$,$a_1 q^{m-1} a_1 q^{n-1}=8a_1^2$,∴ $q^{m+n-2}=8$,可得 $m+n=5$.

当 $m=1, n=4$ 时,$\frac{1}{m}+\frac{4}{n}=2$;当 $m=2, n=3$ 时,$\frac{1}{m}+\frac{4}{n}=\frac{11}{6}$;当 $m=3, n=2$ 时,$\frac{1}{m}+\frac{4}{n}=\frac{7}{3}$;当 $m=4, n=1$ 时,$\frac{1}{m}+\frac{4}{n}=\frac{17}{4}$.

综上可得,$\frac{1}{m}+\frac{4}{n}$ 的最小值为 $\frac{11}{6}$.

易错分析 本题的易错点是很多学生误认为:已知 $m+n=5$,求 $\frac{1}{m}+\frac{4}{n}$ 的最小值也可以使用基本不等式中"1"的妙用,有 $\frac{1}{m}+\frac{4}{n}=\frac{1}{5}(m+n)\left(\frac{1}{m}+\frac{4}{n}\right)=\frac{1}{5}\left(5+\frac{n}{m}+\frac{4m}{n}\right)\geqslant \frac{1}{5}(5+4)$

$=\dfrac{9}{5}$. 错误在于没有考虑取等条件,上述不等式中,当 $n=2m$ 时取等,而 $m+n=5$,解得 $m=\dfrac{5}{3}$, $n=\dfrac{10}{3}$,与 m、$n\in\mathbf{N}^*$ 矛盾.

经过运算和判断,可以体会到基本不等式是把双刃剑,用好了会给求解带来很大的便捷,若失误了则损失惨重,所以必须要考虑仔细周到.

3. 高三学段

高三学段是对所学知识综合运用的阶段,此时,求解一个问题可能需要多种运算手段,运算思路也变得灵活多变,需要学会判断、学会选择.

问题: 对于函数 $f_1(x)$、$f_2(x)$、$h(x)$,如果存在实数 a、b 使得 $h(x)=af_1(x)+bf_2(x)$,那么称 $h(x)$ 为 $f_1(x)$、$f_2(x)$ 的生成函数. 设 $f_1(x)=x\ (x>0)$,$f_2(x)=\dfrac{1}{x}(x>0)$,$a>0$,$b>0$,生成函数 $h(x)$ 图像的最低点坐标为 $(2,8)$,试问是否存在最大的常数 m,对于任意正实数 x_1、x_2 且 $x_1+x_2=1$,$h(x_1)h(x_2)\geqslant m$ 恒成立? 如果存在,求出这个 m 的值;如果不存在,请说明理由.

分析 本题是函数的综合问题,求解本题的运算思路是先得出函数 $h(x)=ax+\dfrac{b}{a}$,利用题意以及基本不等式得出 $a=2$、$b=8$,然后利用基本不等式求出 $h(x_1)h(x_2)$ 在条件 $\begin{cases}x_1+x_2=1,\\ x_1>0,x_2>0\end{cases}$ 下的最小值,即可得出 m 的取值范围,进而求出 m 的最大值.

解 由题意可得 $h(x)=ax+\dfrac{b}{x}(a>0,b>0,x>0)$,∵ 函数 $y=h(x)$ 图像的最低点坐标为 $(2,8)$,由基本不等式得 $h(x)=ax+\dfrac{b}{x}\geqslant 2\sqrt{ax\cdot\dfrac{b}{x}}=2\sqrt{ab}$,

当且仅当 $ax=\dfrac{b}{x}$ 时,即当 $x=\sqrt{\dfrac{b}{a}}$ 时,等号成立,则 $\begin{cases}\sqrt{\dfrac{b}{a}}=2,\\ 2\sqrt{ab}=8,\end{cases}$ 解得 $\begin{cases}a=2,\\ b=8.\end{cases}$

∴ $h(x)=2x+\dfrac{8}{x}$. $h(x_1)h(x_2)=\left(2x_1+\dfrac{8}{x_1}\right)\left(2x_2+\dfrac{8}{x_2}\right)=4x_1x_2+\dfrac{16x_2}{x_1}+\dfrac{16x_1}{x_2}+\dfrac{64}{x_1x_2}=4x_1x_2+\dfrac{64}{x_1x_2}+16\times\dfrac{x_1^2+x_2^2}{x_1x_2}=4x_1x_2+\dfrac{64}{x_1x_2}+16\times\dfrac{(x_1+x_2)^2-2x_1x_2}{x_1x_2}=4x_1x_2+\dfrac{80}{x_1x_2}-32$.

令 $t=x_1x_2>0$,由基本不等式得 $t=x_1x_2\leqslant\left(\dfrac{x_1+x_2}{2}\right)^2=\dfrac{1}{4}$,

由函数 $y=4t+\dfrac{80}{t}-32$ 在 $t\in\left(0,\dfrac{1}{4}\right]$ 上单调递减,

得 $y_{\min}=4\times\dfrac{1}{4}+80\times 4-32=289$,∴ $m\leqslant 289$,即存在最大值的常数 $m=289$.

通过案例 2-11 中基本不等式在 3 个学段的中的运用,可以感受到随着学段上升,运算能力的综合性也更强,求解问题时运算法则和运算思路的选择更是多样,这是一个循序渐进的思维过程,学生要注意学习的连续性和综合性.

第四节 信息技术助力数学运算素养的提升

信息科学和技术已遍布世界的各个领域,在信息科技的发展过程中,数学是一种重要和不可取代的工具.实际上,在主要的信息学科的建立和发展中,数学起着核心和关键的作用.随着教学改革的不断深化,教学的手段也呈现出多样化的趋势,表现之一就是信息技术手段被越来越多地应于课堂的辅助教学.高中数学课程标准中明确提出,要加强信息技术与高中数学课程的整合,因此数学教学中应关注信息技术,助力数学运算素养的提升.

一、基于图形计算器辅助数学运算素养的提升

图形计算器是一种能够绘制函数图像,执行各种操作的手持计算器.图形计算器具有直观、具体、形象、便捷的特点,可以更高效地促进学生思维发展.

【案例 2-12】一道易错题的思考

问题: 表 2-4 中的对数值,有且仅有一个是错误的,请指出这个错误.

表 2-4 对数值

x	3	5	8	9	15
$\lg x$	$a-b$	$a+b$	a^2-b^2	$2a-2b$	$2a$

分析

ⅰ 假设当 $x=3$ 时,$\lg 3=a-b$ 是错误的,则 $\lg 9=\lg 3^2=2\lg 3$,可知 $\lg 9=2a-2b$ 也是错误的,这与"有且仅有一个是错误的"矛盾,故 $\lg 3=a-b$、$\lg 9=2a-2b$ 都是正确的.

ⅱ 假设 $x=5$ 时,$\lg 5=a+b$ 是错误的,则 $\lg 15=\lg(3\times 5)=\lg 3+\lg 5=2a$,可知 $\lg 15=2a$ 也是错误的,同上可知,$\lg 5=a+b$、$\lg 15=2a$ 都是正确的.因此,$x=8$ 时,$\lg 8=a^2-b^2$ 是错误的.

错因 上述错误原因在于错用公式.误以为 $\lg 8=\lg(3+5)=\lg 3\times\lg 5$,也即错将公式记为 $\log_a(m+n)=\log_a m \cdot \log_a n$.

探究 $\log_a(m+n)=\log_a m \cdot \log_a n(a>0,a\neq 1,m,n>0)$ 是错误的公式,但,等式 $\log_a(m+n)=\log_a m \cdot \log_a n(a>0,a\neq 1,m,n>0)$ 究竟是恒不成立,还是不恒成立呢?

为方便起见,取 $a=10$,则问题转化为:是否存在 m、$n>0$,使 $\lg(m+n)=\lg m \cdot \lg n$ 成立?

分析 原等式等价于 $10^{\lg(m+n)}=10^{\lg m \cdot \lg n}$,则 $m+n=m^{\lg n}$.因此,原命题等价于是否存在 m、$n>0$,使 $m+n=m^{\lg n}$ 成立,可以转化理解为关于 x 的方程 $x+n=x^{\lg n}(x$、$n>0)$ 随着 n 的变化是否有解,这是一个超越方程,中学阶段是无法用传统的方法解决的,考虑到中学数学中常用的数形结合,该问题也可以转化为直线 $y=x+n$ 和幂函数 $y=x^{\lg n}(x$、$n>0)$ 的图像是否有交点,故可借助图形计算器强大的作图功能来探索该问题.考虑到指数 $\lg n$ 的正负会影响幂函数图像的类型,所以,可以分类讨论如下.

ⅰ 当 $0<n<1$ 时,$\lg n<0$,如取 $n=\dfrac{1}{2}$,如图 2-10 所示.

ⅱ 当 $n=1$ 时,$\lg n=0$,如图 2-11 所示.

ⅲ 当 $1<n<10$ 时,$0<\lg n<1$,如取 $n=5$,如图 2-12 所示.

ⅳ 当 $n=10$ 时,$\lg n=1$,如图 2-13 所示.

ⅴ 当 $n>10$ 时,$\lg n>1$,如取 $n=15$,如图 2-14 所示.

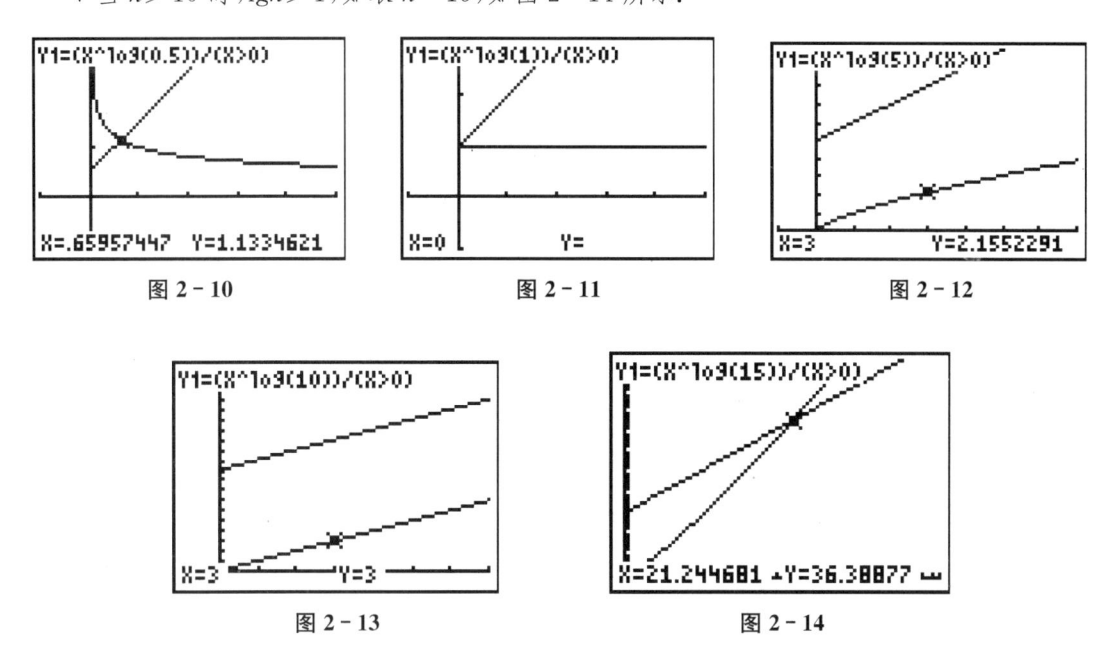

图 2-10　　　　图 2-11　　　　图 2-12

图 2-13　　　　图 2-14

从上述分析可知:当 $n\in[1,10]$ 时,两个函数的图像没有交点;当 $n\in(0,1)\cup(10,+\infty)$ 时,一定存在一组 $(m,n)(m、n>0)$ 使得等式成立.

案例 2-12 中,为了考察方程 $\lg(m+n)=\lg m\cdot\lg n(m,n>0)$ 是否有解,我们选择了将等式等价变形为 $m+n=m^{\lg n}$,这是一个双变量问题,通常的运算思路是从中选取一个字母为变量,另一个暂作常量,比如选择 m 为变量 x,n 暂作常量,从而将问题简化为单变量问题,再利用数形结合的思路,转而探究两函数图像的交点是否存在.

二、基于简单数学游戏辅助数学运算素养的提升

数学运算的过程有时比较枯燥,因此在数学教学中引入游戏环节,可以提高学生对数学学习的兴趣,强化学生的记忆.游戏中出现的各种情况,学生需要选择更加合理的运算思路应对,因此,简单数学游戏有助于提升运算素养.

【案例 2-13】扑克牌游戏里的数学运算

很多人玩过梭哈,里面牌面的大小排序,由大到小依次为:同花顺、四条带一单、三条带一对、同花、顺子、三条带两单、两对带一单、一对带三单.那么为什么大小是这样排序的呢?这个问题,我们可以用概率的知识来计算.

梭哈游戏,使用一副扑克牌,去掉大小王,4 种花色,每种 13 张(2、3、4、5、6、7、8、9、10、J、Q、K、A),共 52 张牌.

以下我们计算一下每种牌型出现的概率：

同花顺的出现概率 $\dfrac{C_4^1 C_9^1}{C_{52}^5}=\dfrac{36}{2598960}\approx 1.4\times 10^{-5}$.

四条带一单的出现概率 $\dfrac{C_{13}^1 C_{48}^1}{C_{52}^5}=\dfrac{624}{2598960}\approx 2.4\times 10^{-4}$.

三条带一对的出现概率 $\dfrac{C_{13}^1 C_4^3 C_{12}^1 C_4^2}{C_{52}^5}=\dfrac{3744}{2598960}\approx 1.4\times 10^{-3}$.

同花（非同花顺）的出现概率 $\dfrac{C_4^1 C_{13}^5}{C_{52}^5}-\dfrac{C_4^1 C_9^1}{C_{52}^5}=\dfrac{5112}{2598960}\approx 2.0\times 10^{-3}$.

顺子（非同花顺）的出现概率 $\dfrac{C_9^1 C_4^1 C_4^1 C_4^1 C_4^1}{C_{52}^5}-\dfrac{C_4^1 C_9^1}{C_{52}^5}=\dfrac{9180}{2598960}\approx 3.5\times 10^{-3}$.

三条带两单的出现概率 $\dfrac{C_{13}^1 C_4^3 C_{12}^2 C_4^1 C_4^1}{C_{52}^5}=\dfrac{54912}{2598960}\approx 0.02$.

两对带一单的出现概率 $\dfrac{C_{13}^2 C_4^2 C_4^2 C_{44}^1}{C_{52}^5}=\dfrac{123552}{2598960}\approx 0.05$.

一对带三单的出现概率 $\dfrac{C_{13}^1 C_4^2 C_{12}^3 C_4^1 C_4^1 C_4^1}{C_{52}^5}=\dfrac{1098240}{2598960}\approx 0.42$.

五单的出现概率 $\dfrac{(C_{13}^5-9)(4^5-4)}{C_{52}^5}=\dfrac{1303560}{2598960}\approx 0.50$.

通过概率的计算，我们从数学上解释了梭哈游戏中牌型大小的真实依据.而生活中真实的体验也反过来促进我们对数学知识的理解.

三、基于动态教学软件辅助数学运算素养的提升

动态教学软件有很多，诸如几何画板、GeoGebra、Matlab 等.动态教学软件极大地提高了课堂教学的效率，降低了学生知识性认知的门槛.借助动态教学软件辅助，可以拓宽视野、拓展数学学习的范畴，丰富教学内容，激活学生思维，丰富数学教学经验的获取.数学课堂是头脑风暴的课堂，利用软件设计算法、寻求答案，可以促进数学运算素养的提升.

【案例 2-14】斐波那契数列通项公式的探究

背景： 斐波那契数列是一个很有趣的数列，在了解了斐波那契数列由来的故事后，学生们就更加充满了兴趣，然而学生们除了知道数列中的项的规律之外，对其他的似乎一无所知，因此特别希望对斐波那契数列一窥究竟.

问题提出 假设兔子在出生两个月后，就有繁殖能力，一对兔子每个月能生出一对小兔子来.第一个月我们有一对小兔子，如果所有兔子都不死，那么每个月的兔子对数，就符合斐波那契数列（Fibonacci）.

问题 1： 运用 Excel 研究斐波那契数列的递推关系：$F_1=1, F_2=1, F_{n+2}=F_{n+1}+F_n (n\in \mathbf{N}^*)$.

把斐波那契数列的项输入到 EXCEL 的单元格中，画出数列的图像如下.

(1) 在 B1、C1 单元格中依次输入 1、2，选中 B1、C1 拖拽

(2) 在 B2、C2 单元格中依次输入 1、1，在 D2 单元格中输入"=B2+C2"，选中 D2 拖拽.可

得到表 2-5 所示的斐波那契数列.

表 2-5

n	1	2	3	4	5	6	7	8	9	10	11	12	13	14	15	16	17	18	19	20	21	22	23	24	25
a_n	1	1	2	3	5	8	13	21	34	55	89	144	233	377	610	987	1597	2584	4181	6765	10946	17711	28657	46368	75025

(3) 选中第 1、2 行中的数据,插入图表,如图 2-15 所示.

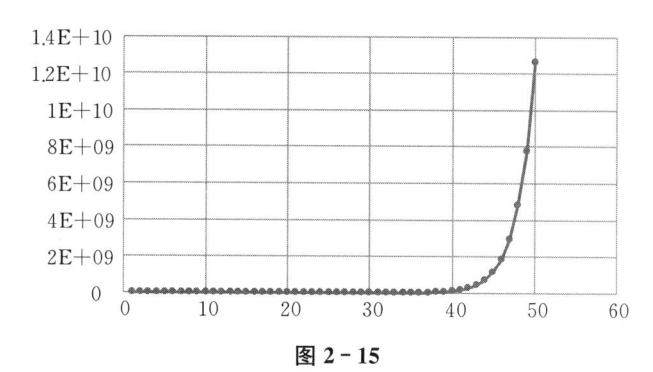

图 2-15

(4) 观察图像,发现其与指数函数的图像比较相似,所以利用 EXCEL 中的"添加趋势线"进行指数函数拟合,选择"指数"并勾选"显示公式",如图 2-16 所示,可得到数列的通项公式,如图 2-17 所示.

图 2-16　　　　图 2-17

问题 2: 利用 EXCEL 求出的数列通项公式,是不是就是斐波那契的通项公式呢?

设 $F_n = c_1 a_1^n + c_2 a_2^n$,通过代入前 4 项可以求得斐波那契数列的通项公式为 $F_n = \dfrac{\sqrt{5}}{5} \times$

$\left[\left(\dfrac{1+\sqrt{5}}{2}\right)^n - \left(\dfrac{1-\sqrt{5}}{2}\right)^n\right]$. 而且检验可得该通项公式符合题意(见图 2-18).

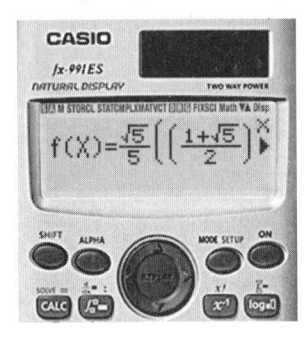

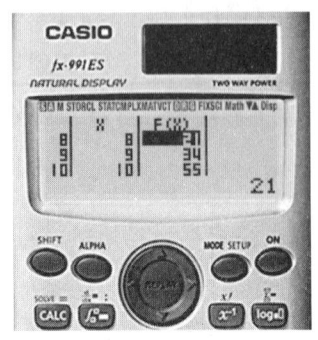

图 2-18

学生经过探究可以发现，当 $n \to +\infty$ 时，$\left(\dfrac{1-\sqrt{5}}{2}\right)^n \to 0$，所以当 $n \to +\infty$ 时，$F_n \approx \dfrac{\sqrt{5}}{5} \times \left(\dfrac{1+\sqrt{5}}{2}\right)^n$. 在高等数学中 $F_n \approx \dfrac{\sqrt{5}}{5} \times \left(\dfrac{1+\sqrt{5}}{2}\right)^n$ 称为斐波那契数列的无穷阶.

案例 2-14 展示了运用技术观察、分析问题，大胆猜测小心验算的过程，利用运算推理、计算，再利用机器验证，从而得出结论，这正是数学的魅力所在.

第五节　数学运算素养怎么考？

李尚志先生曾说："要论证某种教学方式的正确性和有效性，也许应该根据核心素养的要求进行论证．但最终检验学生的核心素养的高低，不是让学生写核心素养的论文，而是让学生做数学题．"同样的，数学运算素养怎么考？我想，不是让学生写数学运算素养的论文，而是让学生学会确定正确的运算对象、探索合理的运算思路，根据相应的运算法则，得出正确的结果，从而解决问题．

一、从思维品质角度考查数学运算素养

数学思维品质是个体在数学思维过程中所具有的特征和特点．它是由数学思维对象、方法等特点所决定的．数学思维具有敏捷性、广阔性、灵活性、思辨性、批判性等特点．从思维品质的角度考察数学运算素养，可以注重问题设置的目的性，选择运算思路的灵活性与合理性，运算法则运用时的准确性，运算过程的简明性等．

【案例 2-15】 通过思维的批判性观察数学运算的准确性

问题： 已知 $\begin{cases} 1 \leqslant x+y \leqslant 3, &① \\ -1 \leqslant x-y \leqslant 1, &② \end{cases}$ 求 $4x+2y$ 的取值范围．

错解 ①+②得 $0 \leqslant 2x \leqslant 4 \Rightarrow 0 \leqslant x \leqslant 2$．③
①-②得 $0 \leqslant 2y \leqslant 4 \Rightarrow 0 \leqslant y \leqslant 2$．④
所以，$0 \leqslant 4x+2y \leqslant 12$．

错因 部分同学认为应用不等式的性质处理问题是无懈可击的，可是，当 x 取到最大值 2 时，代入①式得 $-1 \leqslant y \leqslant 1$，与④式矛盾，因此 $0 \leqslant 4x+2y \leqslant 12$ 中的 12 是取不到的．

解法 1 $\begin{cases} x+y=a, \\ x-y=b, \end{cases} \Rightarrow \begin{cases} x=\dfrac{a+b}{2} \\ y=\dfrac{a-b}{2} \end{cases}$，且 $1 \leqslant a \leqslant 3, -1 \leqslant b \leqslant 1$，

又 $4x+2y=2(a+b)+(a-b)=3a+b$，所以 $2 \leqslant 4x+2y \leqslant 12$．

解法 2 利用线性规划的运算思路，做出可行域（见图 2-19），求目标函数 $t=4x+2y$ 的取值范围．解得 $2 \leqslant 4x+2y \leqslant 12$．

从图 2-19 中还可以看出，错解中得到 $0 \leqslant x \leqslant 2, 0 \leqslant y \leqslant 2$ 表示的平面区域是包含阴影的正方形，范围被扩大了．

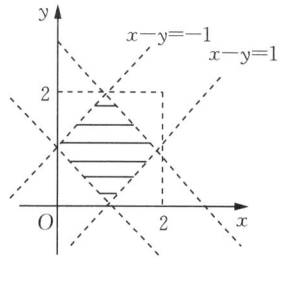

图 2-19

通过案例 2-15，可使让学生辨别真伪，寻找错误根源，质疑思辨，并以此探索正解，使思维的批判性和运算的准确性得到有效的训练．

二、从学科素养角度考查数学运算素养

数学运算素养不是孤立存在的,六大素养彼此融合、互相渗透.数学运算是解决数学问题的基本手段,通过高中数学学习,学生可以借助运算方法解决实际问题,进一步发展数学能力.因此,从学科素养角度考察数学运算,是想通过运算促进数学思维发展,形成规范化思考问题的品质,养成一丝不苟、严谨求实的科学精神.

【案例 2-16】运算过程中显现学科素养

问题: 已知椭圆 $C: \dfrac{x^2}{a^2} + \dfrac{y^2}{b^2} = 1 (a>b>0)$,$P_1(1,1)$、$P_2(0,1)$、$P_3\left(-1, \dfrac{\sqrt{3}}{2}\right)$、$P_4\left(1, \dfrac{\sqrt{3}}{2}\right)$ 这 4 点中恰有 3 点在椭圆 C 上.

(1) 求 C 的方程;

(2) 设直线 l 不经过 P_2 点且与 C 相交于 A、B 两点,若直线 P_2A 与直线 P_2B 的斜率的和为 -1,证明 l 过定点.

解 (1) 根据椭圆对称性,必过 P_3、P_4.(直观想象) 又 P_4 横坐标为 1,椭圆必不过 P_1,所以椭圆 C 过 P_2、P_3、P_4 3 点.(逻辑推理)

将 $P_2(0,1)$、$P_3\left(-1, \dfrac{\sqrt{3}}{2}\right)$ 代入椭圆方程得 $\begin{cases} \dfrac{1}{b^2}=1, \\ \dfrac{1}{a^2}+\dfrac{3}{4b^2}=1, \end{cases}$ (数学抽象) 解得 $a^2=4, b^2=1$,

所以椭圆 C 的方程为:$\dfrac{x^2}{4}+y^2=1$.(数学运算)

(2) i 当斜率不存在时,设 $l: x=m$,$A(m, y_A)$,$B(m, -y_A)$,$k_{P_2A}+k_{P_2B} = \dfrac{y_A-1}{m}+\dfrac{-y_A-1}{m}=\dfrac{-2}{m}=-1$,得 $m=2$,此时 l 过椭圆右顶点,不存在两个交点,不满足题意.(数学抽象、直观想象)

ii 当斜率存在时,设 $l: y=kx+b$ $(b\neq 1)$,$A(x_1, y_1)$,$B(x_2, y_2)$,联立 $\begin{cases} y=kx+b, \\ x^2+4y^2-4=0, \end{cases}$ 整理得 $(1+4k^2)x^2+8kbx+4b^2-4=0$,由韦达定理可知 $x_1+x_2=\dfrac{-8kb}{1+4k^2}$,$x_1x_2=\dfrac{4b^2-4}{1+4k^2}$.(数学运算)

故 $k_{P_2A}+k_{P_2B}=\dfrac{y_1-1}{x_1}+\dfrac{y_2-1}{x_2}=\dfrac{x_2(kx_1+b)-x_2+x_1(kx_2+b)-x_1}{x_1x_2}=\dfrac{8k(b-1)}{4(b+1)(b-1)}$.
(逻辑推理)

又 $k_{P_2A}+k_{P_2B}=-1$,$b\neq 1 \Rightarrow b=-2k-1$,此时 $\Delta=-64k$,存在 k 使得 $\Delta>0$ 成立.
所以直线 l 的方程为 $y=kx-2k-1$,它过定点 $(2,-1)$.(数学抽象)

三、从关键能力角度考查数学运算素养

《普通高中数学课程标准 2017 年版》提出:通过高中数学课程的学习,学生能获得进一步

学习以及未来发展所必须的数学基础知识、基本技能、基本思想、基本活动经验;提高从数学角度发现和提出问题的能力、分析和解决问题的能力.从关键能力角度考察数学运算素养,可以从运算的本质出发,考察数学运算对象,理解数学运算的应用,类比运算法则的运用等.

【案例 2-17】极限思想中的数学运算素养

1. 真题重现

(1) (2003 年上海高考真题)已知点 $A\left(0,\dfrac{2}{n}\right)$、$B\left(0,-\dfrac{2}{n}\right)$、$C\left(4+\dfrac{2}{n},0\right)$,其中 n 为正整数,设 S_n 表示 $\triangle ABC$ 外接圆的面积,则 $\lim\limits_{n\to\infty} S_n = $ _____.

(2) (2010 年上海高考真题)将直线 $l_1:x+y-1=0$、$l_2:nx+y-n=0$、$l_3:x+ny-n=0(n\in \mathbf{N}^*,n\geqslant 2)$ 围成的三角形面积记为 S_n,则 $\lim\limits_{n\to\infty} S_n = $ _____.

(3) (2015 年上海高考真题)设 $P_n(x_n,y_n)$ 是直线 $2x-y=\dfrac{n}{n+1}(n\in \mathbf{N}^*)$ 与圆 $x^2+y^2=2$ 在第一象限的交点,则极限 $\lim\limits_{n\to\infty}\dfrac{y_n-1}{x_n-1}=$ (   ).

A. -1 B. $-\dfrac{1}{2}$ C. 1   D. 2

2. 考点分析

利用极限的概念和运用是历年高考中的一个常见考点,经常与函数、数列、解析几何等知识综合,考察学生对基础知识的掌握、基本解题策略的选择.引导学生用极限的眼光发现问题、解决问题,深化学生对极限思想的理解,通过对比历年考题中的相似性,形成最优的解题策略,提升数学解题能力.

3. 共性发现

对这些问题的求解,不需要按部就班地先计算外接圆面积、或者交点坐标,再利用极限的运算法则计算极限.可以首先确定已知条件中的极限位置,水到渠成地得出答案.也就是说,在解题之初就利用 $n\to +\infty$,确定动点的极限位置,进而得出答案,这也是学生关键能力的体现.

4. 触类旁通

(2019 年上海高考真题)已知数列 $\{a_n\}$ 满足 $a_n<a_{n+1}(n\in \mathbf{N}^*)$,$P_n(n,a_n)$ 在双曲线 $\dfrac{x^2}{6}-\dfrac{y^2}{2}=1$ 上,则 $\lim\limits_{n\to\infty}|P_nP_{n+1}|=$ _____.

解 当 $n\to +\infty$ 时,线段 P_nP_{n+1} 的极限位置与渐近线平行,又其横向间距为 1 且渐近线的斜率为 $\dfrac{\sqrt{3}}{3}$,所以 $\lim\limits_{n\to\infty}|P_nP_{n+1}|=\dfrac{2\sqrt{3}}{3}$.

四、从必备知识角度考查数学运算素养

数学运算素养作为基本素养存在于各个章节之中,是不可忽视的重要能力之一.从必备知识角度考察数学运算素养,可以关注以下原则:由具体到抽象,由法则到算理,由常量到变量,由单向思维到逆向、多向思维.过程中,运算法则是基础,解决问题的思路是目标.在评价中,还应警惕学生片面追求运算速度,只有在理解的基础上,形成好的思维品质,速度才有意义.

【案例 2-18】平面中轨迹方程的求法

解析几何问题是高考的必考问题,既有能力立意的问题,也有基础知识的考查.从必备知识的角度审视解析几何,除了知道圆锥曲线的定义、性质、公式之外,还应了解求解解析几个问题的同性通法.以下将以求轨迹方程为例,从必备知识角度体会数学运算素养.

问题: 求以下曲线轨迹方程.

(1) 在平面直角坐标系 xOy 中,动点 P 到点 $(1,0)$ 的距离是到点 $(-1,0)$ 的距离的 $\sqrt{3}$ 倍,求动点 P 的轨迹方程.

(2) 已知 $\triangle ABC$ 的顶点 $A(-3,0)$、$B(3,0)$,若顶点 C 在抛物线 $y^2=6x$ 上移动,求 $\triangle ABC$ 的重心的轨迹方程.

(3) 已知定点 $A(-3,0)$,M、N 分别为 x 轴、y 轴上的动点(M、N 不重合),且 $AN \perp MN$,点 P 在直线 MN 上,$\overrightarrow{NP}=\dfrac{3}{2}\overrightarrow{MP}$,求动点 P 的轨迹方程.

分析 单动点的轨迹问题,通常用直接法和待定系数法(定义法);双动点的轨迹问题多用代入法;多动点的轨迹问题则是参数法和轨迹法的综合应用.

解 (1) $\sqrt{(x-1)^2+y^2}=\sqrt{3}\times\sqrt{(x+1)^2+y^2} \Rightarrow x^2+y^2+4x+1=0$.

(2) 设 $\triangle ABC$ 的重心为 $G(x,y)$,C 点坐标为 (x',y'),则有 $\begin{cases} x=\dfrac{-3+3+x'}{3}, \\ y=\dfrac{0+0+y'}{3}, \end{cases}$ 即 $\begin{cases} x'=3x, \\ y'=3y. \end{cases}$ 又 $y'^2=6x'$,即 $y^2=2x$. 因为三角形的 3 个顶点不能共线,所以 $y\neq 0$,所以 $\triangle ABC$ 的重心的轨迹方程为 $y^2=2x(y\neq 0)$.

(3) 设 $N(0,t)$,$P(x,y)$. 当 $t\neq 0$ 时,直线 AN 的斜率 $k_{AM}=\dfrac{t}{3}$,因为 $AN \perp MN$,所以直线 MN 的斜率 $k_{MN}=-\dfrac{3}{t}$,直线 MN 的方程为 $y-t=-\dfrac{3}{t}x$,令 $y=0$ 得 $x=\dfrac{t^2}{3}$,

所以点 M 的坐标为 $\left(\dfrac{t^2}{3},0\right)$,$\overrightarrow{NP}=(x,y-t)$,$\overrightarrow{MP}=\left(x-\dfrac{t^2}{3},y\right)$.

由 $\overrightarrow{NP}=\dfrac{3}{2}\overrightarrow{MP}$,得 $x=\dfrac{3}{2}\left(x-\dfrac{t^2}{3}\right)$,$y-t=\dfrac{3}{2}y$,则 $\begin{cases} x=t^2, \\ y=-2t. \end{cases}$ 故 $y^2=4x(x\neq 0)$.

当 $t=0$ 时,M 与 N 重合,不满足条件.

所以动点 P 的轨迹方程为 $y^2=4x,x\neq 0$.

第三章
逻辑推理

　　逻辑推理是指从一些事实和命题出发,依据规则推出其他命题的素养.主要包括两类:一类是从特殊到一般的推理,推理形式主要有归纳、类比,一类是从一般到特殊的推理,推理形式主要有演绎.

　　逻辑推理是得到数学结论、构建数学体系的重要方式,是数学严谨性的基本保证,是人们在数学活动中进行交流的基本思维品质.

　　逻辑推理主要表现为:掌握推理基本形式和规则,发现问题和提出命题,探索和表述论证过程,理解命题体系,有逻辑地表达与交流.

　　通过高中数学课程的学习,学生能掌握逻辑推理的基本形式,学会有逻辑地思考问题;能够在比较复杂的情境中把握事物之间的关联,把握事物发展的脉络;形成重论据、有条理、合乎逻辑的思维品质和理性精神,增强交流能力.

第一节 逻辑推理核心素养的内涵与外延解读

逻辑推理是高中数学学科的核心素养之一.作为重要的数学思想之一,逻辑推理在体现数学学科的严谨性特点以及体现数学学科的育人价值方面,有着重要且不可替代的作用.《普通高中数学课程标准(2017年版)》对于逻辑推理有如下描述:"逻辑推理是指从一些事实和命题出发,依据规则推出其他命题的素养.主要包括两类:①从特殊到一般的推理,推理形式主要有归纳、类比;②从一般到特殊的推理,推理形式主要有演绎.逻辑推理是得到数学结论、构建数学体系的重要方式,是数学严谨性的基本保证,是人们在数学活动中进行交流的基本思维品质.逻辑推理主要表现为:掌握推理基本形式和规则,发现问题和提出命题,探索和表述论证过程,理解命题体系,有逻辑地表达与交流.通过高中数学课程的学习,学生能掌握逻辑推理的基本形式,学会有逻辑地思考问题;能够在比较复杂的情境中把握事物之间的关联,把握事物发展的脉络;形成重论据、有条理、合乎逻辑的思维品质和理性精神,增强交流能力."

一、逻辑推理素养的内涵

逻辑推理是指从一些事实和命题出发,依据规则推出其他命题的素养.逻辑推理是得到数学结论、构建数学体系的重要方式,是数学严谨性的基本保证,是人们在数学活动中进行交流的基本思维品质.

在必修课的主题一——预备知识板块,就"常用逻辑语言"专门设置了一个单元的教学内容,学生通过对常用逻辑用语的学习,了解和掌握这个数学语言的重要组成部分,从而为其表达数学对象,进行数学推理提供帮助,明确数学交流的严谨性,提高数学交流的准确性.

在教学内容的各个主题中,逻辑推理素养都是重要的组成部分,也是每个板块所需要重点关注和提升的核心素养之一.逻辑推理作为必修课和选择性必修课的每一个主题都需要重点提升的核心素养之一,必然渗透在每个知识板块和教学环节中,成为学生数学学习的必备品质之一.在数学学科教育过程中,关注数学学科知识产生的逻辑推理基础,关注数学知识体系构建的过程,关注数学思维产生和发展的顺序性和传递性等特点.

逻辑推理对提高人的思维品质具有积极作用.严谨性是数学学科的重要特点之一,而逻辑推理是这一特点的重要表现形式之一.逻辑推理素养对于人的思维品质成长有重要的积极意义,课程标准中,选修课C类课程是针对有志于人文类的学生设置,而这部分课程中就包含了逻辑推理初步,可见逻辑推理在提高人的思维品质上所具有的重要意义.

【案例3-1】复数的概念引入

1. 活动1:回顾自小学以来数集的扩展

以方程的求解为线索(根据本节课内容需要,先后顺序稍有调整).

自学习数学开始,最初接触的数集为正整数集 $\mathbf{N}^*$:

在此基础上求解方程 $x-1=0$,解得 $x=1$.

改1 求解方程 $x+1=0$ 和 $x+1=1$,增加负数和0,扩充到整数集 $\mathbf{Z}$,解得 $x=-1$ 和 $x=0$.

改2 求解方程 $2x-1=0$,增加有理数,扩充数集到有理数集 **Q**,解得 $x=\dfrac{1}{2}$.

改3 求解方程 $x^2-2=0$,增加无理数,扩充数集到实数集 **R**,解得 $x=\pm\sqrt{2}$.

分析 这一系列活动的设计,是通过方程的求解为问题解决的线索,让学生回顾自己在学习数集逐步扩充的过程当中,所采用的一般思维方式,使得之前学习的数学思想方法能够在后面遇到困难时,提供解决问题的参考方法.

2. 活动2:虚数单位 i 的引入

改4 求解方程 $x^2+1=0$,请学生讨论有没有什么办法可以使得这个方程有解(提示:$x^2=-1$).

分析 经过之前的铺垫,在讨论的基础上,学生往往会提出可以就定义一个符号,使得这个符号就是 -1 的平方根.学生比较常规的提议会是 $\sqrt{-1}$ 或者字母 a 等,教师可以适当的提出"不如用字母 i 替代".提议往往会由几个相对学习能力较好的学生提出,教师可以籍此引导大家进行讨论,在讨论的过程当中让一部分学生尝试去说明问题和说服其他学生,在问题的讨论中进行真正的合作学习,以点带面,共同进步.

学生对于 -1 的平方根采用一个符号进行定义,对于他们的创新思想有极大的鼓励意义,与数学学科育德树人目标中提到的"运用创造性方法解决实际遇到的各种困难和问题"也是十分吻合的.在讨论的过程中,尝试说明和说服其他同学的,对于这个概念的定义会更加理性和清晰;而参与讨论的其他同学,也体会了如何通过团队讨论的方式,从其他同学身上获得信息和共同学习.

改5 求解方程 $x^2+4=0$.(提示:引入了 i 这个符号之后,是否还可以解决除了 $x^2+1=0$ 以外的问题?)

分析 在上一道方程求解的基础上,学生很容易会联想到将方程变形成 $x^2=-4$ 得到 $x^2=4\times(-1)$,通过直观想象,结合 4 的平方根和 -1 的平方根进行简单分析,得到 $x=\pm 2i$,由此,部分学生可能会回顾之前的方程 $x^2=-1$,得到 -1 的平方根为 $\pm i$.

通过对于 i 与实数之间乘法 的直觉扩充,学生用自己"创造"的符号解决了新的问题,并且在新的问题解决的过程中,发现了自己在上一个问题解决过程当中还可以进一步改进的地方,从而对学生在思维上的进一步创新和严密性进行了提升.

改6 求解方程 $x^2=a(a<0)$.

分析 在上两道题的基础上,学生会把方程变形成 $x^2=(-a)(-1)$,得到 $x=\pm\sqrt{-a}\,i$,从而解决负数开方的问题.

对于创新的内容,是否可以进行一般化,从而解决一类问题,这样的思考,对于学生数学思维本质有极大的提升,体现了数学学科核心素养中的数学抽象、直观想象和逻辑推理,而数学学科核心素养正是数学学科立德树人目标的体现.

3. 活动3:根的判别式小于0的实系数一元二次方程的求解

改7 求解方程 $x^2+x+1=0$.

(提示:解决了负数开方问题以后,是否可以运用这个结论尝试解决 $\Delta<0$ 的方程求解问题?)

分析 学生会将这个方程向负数开方问题靠拢,从而进行配方,而且之前 $\Delta>0$ 的时候求根公式的推导,也是以配方作为研究方法的. 从而得到了 $\left(x+\dfrac{1}{2}\right)^2=-\dfrac{3}{4}$,$x+\dfrac{1}{2}=\pm\dfrac{\sqrt{3}}{2}\mathrm{i}$,求解得 $x=-\dfrac{1}{2}\pm\dfrac{\sqrt{3}}{2}\mathrm{i}$ 的结果.

提升 通过类似方法,可以解决实系数方程 $ax^2+bx+c=0(a\neq 0,\Delta<0)$ 的求解问题,这在本单元后阶段的学习中还会进行仔细研究,有兴趣的同学也可以就这个问题在课后先进行预习.

分析 在之前解决问题的基础上,将问题一步步深入,让学生体会将遇到的困难转化为曾经研究过的问题,从而体会综合运用已有知识方法来解决新的问题的过程.

从案例 3-1 中可以看到通过环环紧扣的引入活动,体会数集的扩充的过程,明确虚数单位 i 引入的必要性,并且从中总结出研究数学问题的一般方法. 在引入虚数单位 i 之后,还提出了是否能够解决关于 $ax^2+bx+c=0(a\neq 0,\Delta<0)$ 一类问题,为之后研究复数的表示、运算和几何意义做铺垫.

二、逻辑推理素养的外延

如前所述,逻辑推理主要包括两类:①从特殊到一般的推理,推理形式主要有归纳、类比;②从一般到特殊的推理,推理形式主要有演绎.

不同的逻辑推理形式,在数学教学中起到不同的作用. 在学习过程中,问题的发现和提出较多依赖于归纳和类比,而问题的分析和解决,尤其是数学命题的证明,则主要依赖于演绎.

以数学归纳法为例,在高中数学教学中,数学归纳法是推理的一个重要研究对象. 在高中数学教材中常用于证明与正整数 n 有关的数学命题的简单方法,步骤如下.

(1) 证明当 n 取第一个值 $n_0(n_0\in\mathbf{N}^*)$ 时,命题成立;

(2) 假设当 $n=k(k\in\mathbf{N}^*,k\geqslant n_0)$ 时命题成立,证明当 $n=k+1$ 时命题也成立.

在完成上面两个步骤后,我们就可以断定这个命题对于从 n_0 开始的所有正整数 n 都成立.

数学归纳法名为"归纳",但其本质却是演绎法,通过一系列的三段论对与自然数集或其子集有关的命题进行演绎证明. 数学归纳法的两个步骤缺一不可,不妨从以下阅读材料中进行分析.

【案例 3-2】教学归纳法

仔细阅读材料,并回答问题:一天,老师问:"$2+4+6+\cdots\cdots+2n=n^2+n+2$ 是否对任意 $n\in\mathbf{N}^*$ 均成立?"某学生回答:"是的."并给出证明如下:

假设当 $n=k(n\in\mathbf{N}^*)$ 时,等式成立,即 $2+4+6+\cdots\cdots+2k=k^2+k+2$.

那么当 $n=k+1$ 时,$2+4+6+\cdots\cdots+2k+2(k+1)=k^2+k+2+2(k+1)$,

而 $k^2+2k+1+k+1+2=(k+1)^2+(k+1)+2$,等式也成立.

你认为这个学生回答的对吗?

答:该学生回答的步骤缺少了数学归纳法的第一步,使得整个推论的过程缺少了一个前提,从而得到了错误的结论.

从案例 3-2 中可以看出,在高中教学中,我们在演绎推理方面有相对严格的要求,不可忽视归纳、类比这类从特殊到一般的推理形式在数学学习中的重要性.

【案例3-3】学习能力型问题：从一般到特殊的证明

问题： 设 $f(x)$ 是定义在 $[a,b]$ 上的函数，$\sum_{i=1}^{n} a_i = a_1 + a_2 + a_3 + \cdots + a_n$，用分点 $T: a = x_0 < x_1 < x_2 < \cdots < x_{i-1} < x_i < \cdots < x_n = b$ 将区间 $[a,b]$ 任意划分成 n 个小区间，如果存在一个常数 $M > 0$，使得和 $\sum_{i=1}^{n} |f(x_i) - f(x_{i-1})| \leq M$ 恒成立，则称 $f(x)$ 为区间 $[a,b]$ 上的有界变差函数.

(1) 设函数 $f(x)$ 是 $[a,b]$ 上的单调递减函数，证明：$f(x)$ 为 $[a,b]$ 上的有界变差函数；

(2) 函数 $f(x) = \left(\dfrac{1}{2}\right)^x + x^2 - 15$ 在 $[-3,-1]$ 上是否为有界变差函数？请说明理由.

解 (1) 证明：∵ 函数 $f(x)$ 是 $[a,b]$ 上的单调递减函数，任意地划分 T，有 $T: a = x_0 < x_1 < \cdots < x_{i-1} < x_i < \cdots < x_n = b$.

∴ $\sum_{i=1}^{n} |f(x_i) - f(x_{i-1})| = f(x_0) - f(x_1) + f(x_1) - f(x_2) + \cdots + f(x_{n-1}) + f(x_n) = f(a) - f(b)$

∴ 一定存在一个常数 $M > 0$，使 $f(a) - f(b) \leq M$，故 $f(x)$ 为区间 $[a,b]$ 上的有界变差函数.

(2) $y = \left(\dfrac{1}{2}\right)^x$ 和 $y = x^2 - 15$ 在 $[-3,-1]$ 上都是单调递减函数，所以 $f(x) = \left(\dfrac{1}{2}\right)^x + x^2 - 15$ 在 $[-3,-1]$ 上也是单调递减函数，所以函数 $f(x) = \left(\dfrac{1}{2}\right)^x + x^2 - 15$ 在 $[-3,-1]$ 上为有界变差函数.

案例 3-3 是典型的从一般到特殊的问题研究. 通过对概念的学习，首先了解问题的一般情况，继而用一般情况下的结论来研究特殊的情况. 该问题不仅仅锻炼了学生的学习能力，同时也为学生提供了一种重要的研究数学的方法，用一般结论来指导特殊情况的研究.

三、逻辑推理素养的主要表现形式

逻辑推理的主要表现形式为：掌握推理基本形式和规则，发现问题和提出命题，探索和表述论证过程，理解命题体系，有逻辑地表达与交流.

高中数学学习阶段，逻辑推理素养的表现及水平可以从情境与问题、知识与技能、思维与表达、交流与反思等方面进行考量. 要注重情境的合理性，习得的知识与技能的内在逻辑关系，同时也要注意在数学语言表达上的规范性.

在必修板块中的主题一预备知识中有一个单元"常用逻辑用语". 常用逻辑用语是数学语言的重要组成部分，是数学表达和交流的工具，是逻辑思维的基本语言.《普通高中数学课程标准(2017 年版)》对这部分内容作了如下描述："可以帮助学生使用常用逻辑用语表达数学对象、进行数学推理、体会常用逻辑用语在表述数学内容和论证数学结论中的作用，提高交流的严谨性与准确性."其中必要条件、充分条件、充要条件是学习的重要内容之一.

【案例3-4】用一般情况的结论研究特殊情况

问题： 已知 $a, b, x, y \in (0, +\infty)$.

(1) 求证：$\dfrac{a^2}{x}+\dfrac{b^2}{y}\geqslant\dfrac{(a+b)^2}{x+y}$，并指出等号成立的条件.

(2) 利用此不等式求函数 $f(x)=\dfrac{2}{x}+\dfrac{9}{1-2x},x\in\left(0,\dfrac{1}{2}\right)$ 的最小值，并求出等号成立时的 x 值.

解 (1) 证明：$\because x,y\in(0,+\infty),\therefore x+y>0.$

$\left(\dfrac{a^2}{x}+\dfrac{b^2}{y}\right)\cdot(x+y)=a^2+b^2\cdot\dfrac{x}{y}+a^2\cdot\dfrac{y}{x}+b^2\geqslant a^2+b^2+2\sqrt{b^2\cdot\dfrac{x}{y}\cdot a^2\cdot\dfrac{y}{x}}=a^2+b^2+2ab=(a+b)^2$

当且仅当 $b^2\cdot\dfrac{x}{y}=a^2\cdot\dfrac{y}{x}$ 即 $ay=bx$ 时等号成立.

$\because x+y>0,\therefore\dfrac{a^2}{x}+\dfrac{b^2}{y}\geqslant\dfrac{(a+b)^2}{x+y}$

(2) $\because x\in\left(0,\dfrac{1}{2}\right),\therefore 1-2x>0.$ $f(x)=\dfrac{2}{x}+\dfrac{9}{1-2x}=\dfrac{4}{2x}+\dfrac{9}{1-2x}\geqslant\dfrac{(2+3)^2}{2x+1-2x}=25$，当且仅当 $2(1-2x)=3\times 2x$，即 $x=\dfrac{1}{5}$ 等号成立.

$\therefore x=\dfrac{1}{5}$ 时，$f(x)_{\min}=25.$

案例 3-4 中，第(1)问是一般情况，第(2)问是第(1)问的特殊情况，可以运用第(1)问的结论来研究. 首先通过演绎推理的方式，对一般情况进行证明，接下来在一般情况得证的基础上，再以此作为工具研究特殊情况. 该案例用探索和表述论证的过程作为研究的主线，同时帮助学生理解命题体系的构建.

【案例 3-5】图像、函数解析式与实际问题间的内在逻辑关系

问题： 甲乙二人骑自行车同时从 A 地出发，沿同一路线去 B 地. 甲行驶 20 分钟因事耽误一会儿，事后继续按原速行驶. 图 3-1 所示为甲乙二人骑自行车行驶的路程 y（千米）随时间 x（分）变化的图像（全程），根据图像回答下列问题.

(1) 乙比甲晚多长时间到达 B 地？

(2) 甲因事耽误了多长时间？

(3) 当 x 为何值时，乙行驶的路程比甲行驶的路程多 1 千米？

分析 该题是在函数图像分析的基础上，对现实情境中发生的问题进行推理，将逻辑推理运用到生活中，体现了数学的应用价值.

解 设乙对应的函数为 $y=k_1 x(x\in[0,x_D]).$

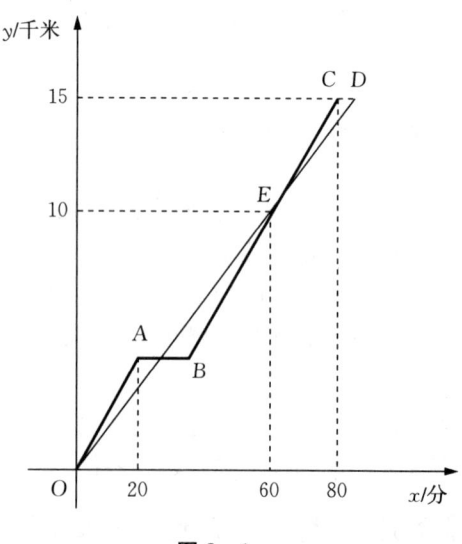

$\because E(60,10),\therefore 10=k_1\times 60,\therefore k_1=\dfrac{1}{6}$，即乙对应的函数为 $y=\dfrac{1}{6}x(x\in[0,x_D]).$

图 3-1

设 $x\in[60,80]$ 时,甲对应的函数为 $y=k_2x+b(x\in[60,80])$.

$\because E(60,10), C(80,15)$,联立 $\begin{cases}10=k_2\times 60+b\\15=k_2\times 80+b\end{cases}$,解得 $\begin{cases}k_2=\dfrac{1}{4}\\b=-5\end{cases}$,$\therefore y=\dfrac{1}{4}x-5$ ($x\in[60,80]$).

由于甲的速度不变,$\therefore y=\dfrac{1}{4}x(x\in[0,20])$.

$\therefore A(20,5)$,设 $B(x_B,5)$,则 $5=\dfrac{1}{4}x_B-5$,$\therefore x_B=40$.

甲对应的函数为 $y=\begin{cases}\dfrac{1}{4}x, & x\in[0,20]\\ 5, & x\in(20,40)\\ \dfrac{1}{4}x-5, & x\in[40,80]\end{cases}$

(1) 设 $D(x_D,5)$,$\therefore 15=\dfrac{1}{6}x_D$,$\therefore x_D=90$,$90-80=10$(分钟),乙比甲晚10分钟;

(2) $\because A(20,5), B(40,5)$,$40-20=20$(分钟),甲耽误了20分钟;

(3) 设线段 OD 交线段 AB 于点 $F(x_F,5)$,$\therefore 5=\dfrac{1}{6}x_F$,$\therefore x_F=30$,即 $F(30,5)$.

由此可见,乙行驶的路程比甲多1千米的情况只会发生在 $x\in(30,60)$ 的范围中,

当 $x\in(30,40]$ 时,$\dfrac{1}{6}x-5=1$,$\therefore x=36$,

当 $x\in(40,60)$ 时,$\dfrac{1}{6}x-\left(\dfrac{1}{4}x-5\right)=1$,$\therefore x=48$.

故当 x 为 36 或 48 时,乙行驶的路程比甲行驶的路程多1千米.

由案例 3-5 可以看出,在逻辑推理形式的研究过程当中,发现问题和提出命题是很重要的一部分内容.通过逻辑推理的方式,从情境的角度出发进行提炼,习得图像、函数解析式以及实际问题之间的内在逻辑关系,从而研究和解决问题.

第二节 逻辑推理核心素养的育人价值

一、逻辑推理素养的数学学科价值

逻辑推理的数学学科价值体现在两方面：①逻辑推理是得到数学结论，构建数学体系的重要方式；②逻辑推理是数学严谨性的基本保证.

在数学结论的获得、数学体系的构建方面，逻辑推理是重要的、不可或缺的方式. 在高中数学学习过程中，逻辑推理渗透到了每个学习内容板块和学习环节中. 严谨性是数学学科的重要特征之一，而逻辑推理为这一特点的形成提供了重要的保证.

【案例 3-6】直线的方程概念引入

问题 1： 在直角坐标系中，如何确定一条直线？

以经过点 A 的直线为例，如图 3-2 所示，只确定经过点 A，但方向不定的直线有无数条，如果给定一个方向 $\overrightarrow{AB}$，则可以确定唯一的直线 l. 把像 $\overrightarrow{AB}$ 这样平行于直线 l 的向量称为直线 l 的一个方向向量.

所以已知直线上的一个点、一个方向向量，可以在坐标平面内确定一条直线.

注：(1) 如果有学生提到两点可以确定一条直线，可指出其想法正确，除给定点 A 点以外，确定另一个点，如 $B(0,3)$，恰恰为直线 l 提供了方向，可以通过点 A、B 确定直线 l 的一个方向向量 $\overrightarrow{AB}=(-4,3)$.

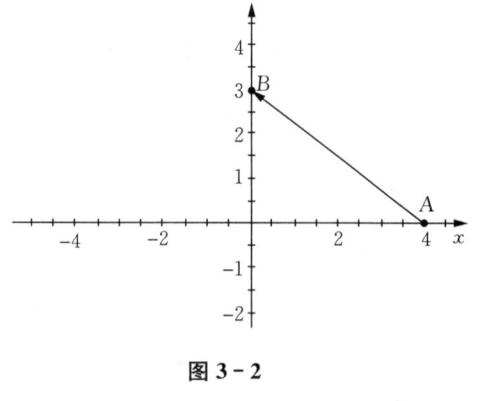

图 3-2

(2) 如果有学生提到确定倾斜角，可指出倾斜角为直线提供了一个方向，在确定一个点和一个方向的情况下，可以在坐标平面内确定直线 l，可以用向量来刻画直线的方向，引出方向向量的概念.

问题 2： 直线 l 上的点，其坐标有什么特点？

以图 3-2 中直线 l 为例，已知直线 l 过点 A，一个方向向量 $\overrightarrow{AB}=(-4,3)$. 任取直线 l 上的一点 $M(x,y)$，则 $\overrightarrow{AM}//\overrightarrow{AB}$，$\because \overrightarrow{AM}=(x-4,y)$，$\therefore 3(x-4)=-4y$，$\therefore$ 直线 l 上的点坐标都是二元一次方程 $3(x-4)=-4y$ 的解.

问题 3： 方程 $3(x-4)=-4y$ 的解对应的点是否都在直线 l 上？

不妨先代入几个特例来检验：$(4,0)$ 在直线 l 上，是点 A；$(0,3)$ 在直线 l 上，是点 B. 当 $x=2$ 时，$y=\dfrac{3}{2}$，那么对应点 $C\left(2,\dfrac{3}{2}\right)$ 是否也在直线 l 上？如何证明？可能的回答：

(1)（理想状况）学生提出验证 A、B、C 是否三点共线，考查 $\overrightarrow{AB}$ 和 $\overrightarrow{AC}$ 的关系，有 $\overrightarrow{AB}=$

$(-4,3)$，$\overrightarrow{AC}=\left(-2,\dfrac{3}{2}\right)$，$\overrightarrow{AB}/\!/\overrightarrow{AC}$，$\therefore A$、$B$、$C$ 三点共线，点 C 在直线 l 上.

(2)（高发情况）学生提出从点 A、B 确定一次函数 $y=3-\dfrac{3}{4}x$，将点 $C\left(2,\dfrac{3}{2}\right)$ 代入验证.

追问 1：一次函数 $y=3-\dfrac{3}{4}x$ 对应的图像就是直线 l 吗？如何证明？

答：点 A、B 都满足 $y=3-\dfrac{3}{4}x$，两点确定直线 l.

追问 2：两点确定一条直线完全正确，但如何证明一次函数的图像就是直线？

答：一次函数的解析式也可看作一个一元二次方程，如果用一次函数进行验证就变成了"方程的解满足方程"了，与直线 l 无关.

(3)（极端状况）毫无反应，继续引导：通过一个点 A 和一个方向向量 $\overrightarrow{AB}$ 确定直线 l，不妨从点 C 与点 A 和 $\overrightarrow{AB}$ 的联系角度进行研究（必要时给出图示）.

归纳方法：通过向量平行来证明 A、B、C 三点共线，从而证明点 C 在直线 l 上.

一般化：对于 $3(x-4)=-4y$ 的任意一组解 (x_1,y_1)，令点 $N(x_1,y_1)$，证明点 N 在直线 l 上，有 $\overrightarrow{AN}=(x_1-4,y_1)$，$\overrightarrow{AB}=(-4,3)$，由方程可知 $3(x_1-4)=-4y_1$，$\therefore \overrightarrow{AB}/\!/\overrightarrow{AN}$，$\therefore A$、$B$、$N$ 三点共线，即点 N 在直线 l 上.

$\therefore$ 以二元一次方程 $3(x-4)=-4y$ 的解为坐标的点都在直线 l 上.

综上，直线 l 上的所有点的坐标都满足二元一次方程 $3(x-4)=-4y$，以二元一次方程 $3(x-4)=-4y$ 的解为坐标的点都在直线 l 上，我们把方程 $3(x-4)=-4y$ 叫做直线 l 的方程，把直线 l 叫做方程 $3(x-4)=-4y$ 的图形.

问题 4：（一般化）若已知直线 l 过定点 $P(x_0,y_0)$，一个方向向量为 $\vec{d}=(u,v)$ $(\vec{d}\neq\vec{0})$，求直线的方程.

分析 i 因为直线 l 平行于向量 $\vec{d}$，所以对直线 l 上的任意点 Q，都有 $\overrightarrow{PQ}/\!/\vec{d}$.

设 $Q(x,y)$，则 $\overrightarrow{PQ}=(x-x_0,y-y_0)$，由 $\overrightarrow{PQ}/\!/\vec{d}$ 可知 $v(x-x_0)=u(y-y_0)$.

$\therefore$ 直线 l 上的点的坐标都是方程 $v(x-x_0)=u(y-y_0)$ 的解.

ii 反之，如果 (x_1,y_1) 是方程 $v(x-x_0)=u(y-y_0)$ 的解，即 $v(x_1-x_0)=u(y_1-y_0)$.

则令 $Q(x_1,y_1)$，得 $\overrightarrow{PQ}=(x_1-x_0,y_1-y_0)$ 与向量 $\vec{d}$ 平行，$\therefore Q(x_1,y_1)$ 在直线 l 上.

$\therefore$ 以方程 $v(x-x_0)=u(y-y_0)$ 的解为坐标的点都在直线 l 上.

综合 i 和 ii 可知直线 l 的方程是 $v(x-x_0)=u(y-y_0)$.

注：由于问题是求直线 l 的方程，不排除个别学生可能还是会出现只写了第一部分的情况，如果出现这种情况，可以实物投影后请学生指出错误的地方，并再度强调直线的方程概念的两方面缺一不可，根据当时情况决定是否需要再把 $A\subseteq B$ 且 $B\subseteq A$ 拿出来对概念进行强调.

当 $u\neq 0$ 且 $v\neq 0$ 时，上述方程可化为 $\dfrac{x-x_0}{u}=\dfrac{y-y_0}{v}$，称为直线的点方向式方程.

问题 5：（习题）已知直线 l 过点 $P(0,2)$，一个方向向量 $\vec{d}=(1,2)$，求直线 l 的点方向式方程.

解 $\dfrac{x}{1} = \dfrac{y-2}{2}$.

思考：当 $u=0$ 或 $v=0$ 时，写出直线 l 的方程．
$u=0$ 时，$l: x = x_0$；$v=0$ 时，$l: y = y_0$．

案例 3-6 是高二解析几何的第一堂课．直线的方程是在学生初中阶段学习了正比例函数和一次函数的基础上进行研究的．学生在学习过程中很容易产生为什么要学习这堂课的疑问．而这堂课是在学生初中阶段直观认识的基础上，将直线的方程进行更加严格的定义和证明，帮助学生明确逻辑推理在得到数学结论、构建数学体系的重要意义．

二、逻辑推理素养在培养人的思维方面的价值

逻辑思维有两个方面：①得到数学结论、构建数学体系的重要方式；②数学严谨性的基本保证．逻辑思维是人们在数学活动中进行交流的基本思想保证．《普通高中数学课程标准（2017年版）》中明确指出"通过高中数学课程的学习，学生能掌握逻辑推理的形式，学会有逻辑地思考问题."

数学知识大部分都是程序性知识，在经历了知识的陈述性阶段学习后，需要通过意识控制的练习达到熟练程度，从而过渡到自动化阶段．概念的简单描述，帮助学生完成了陈述性阶段学习．通过变式教学，可以通过从不同角度揭示概念的本质，帮助学生经历意识控制阶段的练习，从而掌握概念的本质，强化逻辑推理素养，锻炼思维品质．

【案例 3-7】无穷等比数列的变式教学

本案例通过 3 种变式教学，展示了"无穷等比数列各项和"概念教学中，如何帮助学生掌握概念的本质．

变式 1：利用比较揭示本质属性

问题： (1) $\dfrac{1}{2} + \dfrac{1}{4} + \cdots + \dfrac{1}{2^n} + \cdots = ?$ (2) $2 + 4 + \cdots + 2^n + \cdots = ?$

分析 无穷等比数列概念中两个关键需要强调：①无穷等比数列的各项和是该数列前 n 项和的极限；②无穷等比数列的各项和的存在有大前提，即公比 $0 < |q| < 1$．

本题的两小问都包含了极限的思想，但第(2)问不存在各项和，原因就在于其公比为 2，不满足 $0 < |q| < 1$ 的前提．通过比较，学生可以明确两个数列的共同点和差异性，从而对"无穷等比数列各项和"概念的本质更加明确．

变式 2：利用经典错误引发认知冲突，加深理解

问题： 有人问高斯一个很难的数学问题：设 $x > 0$，求
$\lim\limits_{n \to \infty} \left(\dfrac{1}{x^n} + \dfrac{1}{x^{n-1}} + \cdots + \dfrac{1}{x} + 1 + x + \cdots + x^{n-1} + x^n \right)$．

高斯的解法：$\lim\limits_{n \to \infty}(x + x^2 + \cdots + x^n) = \dfrac{x}{1-x}$，

$$\lim\limits_{n \to \infty}\left(1 + \dfrac{1}{x} + \dfrac{1}{x^2} + \cdots + \dfrac{1}{x^n}\right) = \dfrac{1}{1 - \dfrac{1}{x}} = \dfrac{x}{x-1} = \dfrac{-x}{1-x},$$

$$\lim_{n\to\infty}\left(\frac{1}{x^n}+\frac{1}{x^{n-1}}+\cdots+\frac{1}{x}+1+x+\cdots+x^{n-1}+x^n\right)=\lim_{n\to\infty}(x+x^2+\cdots+x^n)+\lim_{n\to\infty}\left(1+\frac{1}{x}+\frac{1}{x^2}+\cdots+\frac{1}{x^n}\right)=0.$$

分析 上述结果是荒谬的,可见忽视了 $0<|q|<1$ 的条件,高斯同样也会犯错误. 这里通过大数学家的经典错误,引发学生的认知冲突,在引起好奇心的同时,揭示出忽视概念本质的可怕结果,加深学生的理解和记忆. 同时,发现大数学家的错误,可以提高学生的自我效能感,增强学习数学的兴趣.

变式3:利用逆向问题,引发意识控制练习,内化知识

问题: 等比数列 $\{a_n\}$ 中,$a_1>1$,且该无穷等比数列的各项和为 $\frac{1}{a_1}$,求 a_1 的取值范围.

分析 该问题从已知无穷等比数列的各项和出发,要求首项 a_1 的范围,其中涉及的知识点就是概念中的 $0<|q|<1$. 对于程序性知识的学习,需通过意识控制练习达到熟练,从而内化知识,达到自动化阶段.

案例3-7中所示的变式教学从多角度探讨了问题的本质,向学生展示了知识发生、发展的完整过程. 突破了学生在学习概念时视角单一的缺点,多维地加强了学生对概念本质的认知,强化了逻辑推理素养.

三、逻辑推理素养在认知事物之间关联方面的价值

提升学生的逻辑推理素养,在帮助他们认知事物之间的关联方面具有一定价值. 通过逻辑推理素养的培养,能帮助学生理解事物发展的来龙去脉,分析问题的脉络,从而将问题进行一步一步的转化,并解决问题.

【案例3-8】数列的单调性

问题: 已知 $b_n=4^n+(-1)^{n-1}\lambda\cdot 2^{n+1}$ ($\lambda\neq 0,\lambda\in\mathbf{Z},n\in\mathbf{N}^*$),若 $\{b_n\}$ 为递增数列,求 λ 的值.

解 $\because \{b_n\}$ 为递增数列,$\therefore b_{n+1}>b_n$,

$\therefore b_{n+1}-b_n=4^{n+1}+(-1)^n\lambda\cdot 2^{n+2}-4^n-(-1)^{n-1}\lambda\cdot 2^{n+1}$
$=3\cdot 4^n-3\lambda\cdot(-1)^{n-1}\cdot 2^{n+1}>0.$

$\Rightarrow (-1)^{n-1}\lambda<2^{n-1}$ 对任意 $n\in\mathbf{N}^*$ 恒成立.

当 n 为奇数时,$\lambda<2^{n-1}$ 恒成立,$\therefore \lambda<(2^{n-1})_{\min}=1$,
当 n 为偶数时,$\lambda>-2^{n-1}$ 恒成立,$\therefore \lambda>-(2^{n-1})_{\max}=-2$, $\Big\}\Rightarrow -2<\lambda<1.$

$\because \lambda\neq 0$ 且 $\lambda\in\mathbf{Z},\therefore \lambda=-1.$

案例3-8所示问题从数列的单调性的定义出发,通过相邻两项比较大小的方式,将问题转化到不等式恒成立问题,再通过变量分离的方式,将不等式恒成立问题又转化为函数最值的问题,从而进行求解.

四、逻辑推理素养在形成理性精神方面的价值

理性求真,是数学学科区别于其他学科的重要特征之一,而逻辑推理素养的培养对于学生

形成理性精神有积极意义和重要价值. 在数学过程中, 我们得到数学命题主要依赖归纳和类比, 而证明数学问题则主要依赖演绎.

【案例3-9】归纳——猜测——论证

问题: 数列 $\{a_n\}$ 满足 $a_1=a, a_{n+1}=\dfrac{1}{2-a_n}$.

(1) 求出 $a_2、a_3、a_4$.

(2) 猜想通项公式 a_n.

(3) 用数学归纳法证明通项公式.

思路: (1) 根据数列 $\{a_n\}$ 中满足 $a_1=a, a_{n+1}=\dfrac{1}{2-a_n}$, 求出 $a_2、a_3、a_4$.

(2) 总结出规律求出 a_n.

(3) 利用归纳法进行证明, 检验 $n=1$ 时等式成立, 假设 $n=k$ 时命题成立, 证明当 $n=k+1$ 时命题也成立.

解 (1) $\because a_1=a, a_{n+1}=\dfrac{1}{2-a_n}, \therefore a_2=\dfrac{1}{2-a}, a_3=\dfrac{2-a}{3-2a}, a_4=\dfrac{3-2a}{4-3a}$.

(2) 由(1)猜想通项公式 $a_n=\dfrac{(n-1)-(n-2)a}{n-(n-1)a}$.

(3) i 当 $n=1$ 时, 显然成立;

ii 假设 $n=k$ 时成立, 即 $a_k=\dfrac{(k-1)-(k-2)a}{k-(k-1)a}$,

则 $n=k+1$ 时, $a_{k+1}=\dfrac{1}{2-a_k}=\dfrac{1}{2-\dfrac{(k-1)-(k-2)a}{k-(k-1)a}}=\dfrac{k-(k-1)a}{k+1-ka}$,

即 $n=k+1$ 时, 也成立.

由 i 和 ii 可知 $a_n=\dfrac{(n-1)-(n-2)a}{n-(n-1)a}$.

案例3-9中的问题主要考查归纳法的证明, 归纳法一般有3个步骤: ①验证 $n=1$ 成立; ②假设 $n=k$ 成立; ③利用已知条件证明 $n=k+1$ 也成立, 从而求证. 这是数列的通项一种常用求解的方法. 通过归纳, 可以猜测得到结果, 但是猜测结果是否正确, 则需要通过演绎推理的方式来进行. 数学归纳法虽然名为归纳, 但其本质是演绎法.

五、逻辑推理素养在培养学生创造能力方面的价值

逻辑推理素养的提升, 对于学生创造能力方面的培养也有一定的价值. 学生在学习数学过程中, 可以感受数学的高度抽象和严谨推理. 对学生而言, 每一个数学新知识的学习, 都是一个"再创造"的过程, 通过这种"再创造", 学生逐步构建起自己的思考体系, 提升数学理解力.

【案例3-10】数形结合

问题: 已知 $m, n, a, b \in \mathbf{R}$, 且满足 $3m+4n=6, 3a+4b=1$, 求 $\sqrt{(m-a)^2+(n-b)^2}$ 的最小值.

思路:本题如果采用将等式变形代入,并消去其中两个变量的方法,情况会变得异常烦琐,难以处理.但是通过观察发现,如果将(m,n)看成点坐标,那么该点就是在直线$3x+4y=6$上的一个动点.同理(a,b)是在直线$3x+4y=1$上的一个动点.那么本题就从代数问题转化为了几何问题.

解 $\because 3m+4n=6, \therefore A(m,n)$是直线$3x+4y=6$上的一个动点,

$\because 3a+4b=1, \therefore B(a,b)$是直线$3x+4y=1$上的一个动点,

则$\sqrt{(m-a)^2+(n-b)^2}$的最小值即为$|AB|_{\min}$.

又$\because$直线$3x+4y=6$与$3x+4y=1$为两条平行直线,$\therefore |AB|_{\min}$即为两直线之间的距离.

$\therefore |AB|_{\min}=\dfrac{|6-1|}{\sqrt{3^2+4^2}}=1, \therefore \sqrt{(m-a)^2+(n-b)^2}$的最小值为$1$.

案例 3-10 中的问题在逻辑推理的基础上,将代数问题等价转化为几何问题进行解决.这个转化的过程对于学生而言就是一个体验创作性的过程.而这个创作性的过程又不是凭空而来的,而是建立在逻辑推理的基础上,通过等价转化的方式得到的.

3 第三节 逻辑推理核心素养在课堂教学中的落实策略

一、逻辑推理素养在各个学习内容板块中的渗透

逻辑推理素养作为高中数学学科核心素养之一,在各个学习内容的板块中都得到了渗透.比如,作为必修课程的主题一,预备知识章节中将常用逻辑用语作为第二单元进行教学.常用逻辑用语是数学语言的重要组成部分.该单元的设置,为学生提供了数学表达和交流的工具,促使其掌握逻辑思维的基本语言.

此外,逻辑推理素养在函数主题、几何与代数主题、概率与统计主题和数学建模主题方面也都有渗透.

【案例 3-11】以实际生活为背景的逻辑推理题

问题: 天干地支纪年法源于中国,中国自古便有十天干与十二地支.

十天干:甲、乙、丙、丁、戊、己、庚、辛、壬、癸.

十二地支:子、丑、寅、卯、辰、巳、午、未、申、酉、戌、亥.

天干地支纪年法是按顺序以一个天干和一个地支相配,排列起来,天干在前,地支在后,天干由"甲"起,地支由"子"起,比如第一年为"甲子",第二年为"乙丑",第三年为"丙寅",…,以此类推,排列到"癸酉"后,天干回到"甲"重新开始,即"甲戌""乙亥",之后地支回到"子"重新开始,即"丙子",…,以此类推,已知 2016 年为丙申年,那么到改革开放 100 年时,即 2078 年为_____年.

解 十天干、十二地支,搭配起来,取 10 和 12 的最小公倍数,即 60 年一个轮回.那么到 2016+60=2076 年,正好也是丙申年,所以 2077 年是丁酉年,2078 年是戊戌年.

案例 3-11 是典型的以实际生活为背景的逻辑推理题,在明确了天干地支法的规则的情况下,针对 2078 年的情况进行研究和分析.

【案例 3-12】分类讨论

问题: 若函数 $f(x)=x^2+ax+b$ 在区间 $[0,1]$ 上的最大值是 M,最小值是 m,则 $M-m$ ( ).

A. 与 a 有关,且与 b 有关
B. 与 a 有关,但与 b 无关
C. 与 a 无关,且与 b 无关
D. 与 a 无关,但与 b 有关

解 函数 $f(x)$ 的对称轴为 $x=-\dfrac{a}{2}$,

i 当 $-\dfrac{a}{2}\leqslant 0$,此时 $M=f(1)=1+a+b, m=f(0)=b, M-m=1+a$;

ii 当 $-\dfrac{a}{2}\geqslant 1$,此时 $M=f(0)=b, m=f(1)=1+a+b, M-m=-1-a$;

iii 当 $0 < -\dfrac{a}{2} < 1$,此时 $m = f\left(-\dfrac{a}{2}\right) = b - \dfrac{a^2}{4}$,$M = f(0) = b$ 或 $M = f(1) = 1 + a + b$,$M - m = \dfrac{a^2}{4}$ 或 $M - m = 1 + a + \dfrac{a^2}{4}$.综上,$M - m$ 的值与 a 有关,与 b 无关.故选 B.

案例 3-12 中的题将逻辑推理以分类的方式进行展示.在数学问题中,每一次基本上都是不得已而为之,因为没有办法一起研究,才不得不分类.所以分类的原因和依据是研究问题的关键.

二、逻辑推理素养在各个数学学习环节中的渗透

逻辑推理素养作为高中数学六大核心素养之一,承载着落实数学学科严谨性特征的重要责任.在每一个数学学习的环节中,都可以将逻辑推理素养进行合理渗透,从而提高学生的逻辑推理能力.

【案例 3-13】数列的最值初步研究

1.预习演练

问题 1: 求下列数列 $\{a_n\}$ 的最值.

(1) 已知 $a_n = -n^2 + 7n\,(n \in \mathbf{N}^*)$,求 a_n 的最大值;

(2) 已知 $a_n = n + \dfrac{156}{n}\,(n \in \mathbf{N}^*)$,求 a_n 的最小值;

(3) 已知 $a_n = \sin\dfrac{n\pi}{2}\,(n \in \mathbf{N}^*)$,求 a_n 的最大值和最小值.

解 (1) $a_n|_{\max} = a_3 = a_4 = 12$;

(2) $a_n|_{\min} = a_{12} = a_{13} = 25$;

(3) $a_n|_{\max} = a_{4k+1} = 1$,$a_n|_{\min} = a_{4k+3} = -1\,(k \in \mathbf{N})$;

问题 2: 求下列数列 $\{a_n\}$ 的最值.

(1) 已知 $a_n = n^3 - 25n + 24\,(n \in \mathbf{N}^*)$,求 a_n 的最小值;

(2) 已知 $a_n = (n+1)\left(\dfrac{9}{10}\right)^n\,(n \in \mathbf{N}^*)$,求 a_n 的最大值.

解 (1) $a_n|_{\min} = a_3 = -24$;

(2) $a_n|_{\max} = a_8 = a_9 = \dfrac{9^9}{10^8} = 3.87420489$;

问题反思 ①类比函数的最值,如何定义数列的最值?②如何理解数列与函数的相互关系?③求数列最值有哪些常见方法?

归纳小结

(1) 已知数列 $\{a_n\}$,存在 $m \in \mathbf{N}^*$,对于任意的 $n \in \mathbf{N}^*$,有 $a_n \leq a_m\,(a_n \geq a_m)$,则称 a_m 为数列 $\{a_n\}$ 的最大(小)值.

(2) 数列可以看作是定义域为正整数集(或其子集)的函数.

(3) 研究数列最值的一些常用方法:①运用常见函数的特点(注意 $n \in \mathbf{N}^*$ 对问题的影响);②运用数列单调性的定义;

2. 问题探究

引入 在预习演练中，每个数列的通项公式皆已明确，可从函数解析式着手加以解决，若通项公式不明时又当如何解决呢？

问题： 设等差数列$\{a_n\}$的前n项和为S_n，已知$a_1<0$，$S_8=S_{13}$，则当n取何值时，S_n最小？

思路 (1) $a_1<0$对S_n的最值有何影响？

(2) $S_8=S_{13}$意义如何？

(3) 等差数列的前n项和S_n有何特征？

解法1 由$S_{13}-S_8=a_9+a_{10}+a_{11}+a_{12}+a_{13}=5a_{11}=0$，

可知$1\leqslant n\leqslant 10$时$a_n<0$，$n=11$时$a_n=0$，$n\geqslant 12$时$a_n>0$ ($n\in \mathbf{N}^*$)

所以$2\leqslant n\leqslant 10$时$S_n<S_{n-1}$，$n=11$时$S_n=S_{n-1}$，$n\geqslant 12$时$S_n>S_{n-1}$ ($n\in \mathbf{N}^*$)

由数列$\{S_n\}$的单调性知，当$n=10$或$n=11$时，S_n最小。

解法2 $S_n=\dfrac{d}{2}n^2+\left(a_1-\dfrac{d}{2}\right)n$ ($d>0$, $n\in \mathbf{N}^*$)，其对应的二次函数对称轴为$n=10\dfrac{1}{2}$.

$\because n\in \mathbf{N}^*$，所以当$n=10$或$n=11$时，$S_n$最小。

变式1 (1) 如果将$a_1<0$改为$a_1>0$的情况，其他条件不变，会对问题产生怎样的影响？

(2) 在$a_1<0$的情形下，如果将$S_8=S_{13}$推广到一般情况，即$S_p=S_q$ ($p,q\in \mathbf{N}^*$, $p<q$)，其他条件不变，如何求数列的最值？

思路 （以下为参考分析，具体情况根据学生的回答进行调整）：

(1) 研究S_n的最大值(可根据问题引入中思路的3个步骤进行分析)；

(2) $S_n=\dfrac{d}{2}n^2+\left(a_1-\dfrac{d}{2}\right)n$ ($d>0$, $n\in \mathbf{N}^*$)，其对应二次函数的对称轴为$n=\dfrac{p+q}{2}$.

$\because n\in \mathbf{N}^*$，$p,q\in \mathbf{N}^*$，$p<q$.

若p、q同奇同偶，则$n=\dfrac{p+q}{2}$时，S_n最小；

若p、q一奇一偶，则$n=\dfrac{p+q-1}{2}$和$n=\dfrac{p+q+1}{2}$时，S_n最小。

变式2 设等差数列$\{a_n\}$的前n项和为S_n，已知$a_1>0$，$S_k>0$，$S_{k+1}<0$ ($k\in \mathbf{N}^*$)，则当n取何值时，S_n最大？

思路1 $a_1>0$，公差$d<0$.

$\because S_n=\dfrac{(a_1+a_n)\times n}{2}$，由$S_k>0$得$a_1+a_k>0$，由$S_{k+1}<0$得$a_1+a_{k+1}<0$，

当k为奇数时，$a_1+a_k=2a_{\frac{k+1}{2}}>0$，得$a_{\frac{k+1}{2}}>0$，$a_1+a_{k+1}=a_{\frac{k+1}{2}}+a_{\frac{k+3}{2}}<0$，得$a_{\frac{k+3}{2}}<0$，

由$a_1>0$，$d<0$可知，当$1\leqslant n\leqslant \dfrac{k+1}{2}$时，$a_n>0$，当$n\geqslant \dfrac{k+3}{2}$时，$a_n<0$.

$\therefore n=\dfrac{k+1}{2}$时，$S_n$最大。

当k为偶数时，$a_1+a_k=a_{\frac{k}{2}}+a_{\frac{k+2}{2}}>0$，$a_1+a_{k+1}=2a_{\frac{k+2}{2}}<0$，得$a_{\frac{k+2}{2}}<0$，$\therefore a_{\frac{k}{2}}>0$.

由 $a_1>0,d<0$ 可知,当 $1\leqslant n\leqslant \frac{k}{2}$ 时,$a_n>0$,当 $n\geqslant \frac{k+2}{2}$ 时,$a_n<0$,

∴$n=\frac{k}{2}$ 时,S_n 最大.

思路2 设 S_n 对应的二次函数 $y=f(x)$ 的零点为 $x=x_0$,则 $x_0\in(k,k+1)$.

$y=f(x)$ 的对称轴 $x=\frac{x_0}{2}$,其中 $\frac{x_0}{2}\in\left(\frac{k}{2},\frac{k+1}{2}\right)$.

当 k 为奇数时,$\frac{k+1}{2}\in\mathbf{N}^*$,∴$n=\frac{k+1}{2}$ 时,S_n 最大;

当 k 为偶数时,$\frac{k}{2}\in\mathbf{N}^*$,∴$n=\frac{k}{2}$ 时,S_n 最大.

思考:通过对等差数列的前 n 项和为 S_n 的最值问题的探究,能否将该问题类比到各项均为正数的等比数列中,写出一个正确的命题,并加以证明.

3. 小结回顾

(1) 数列是定义域为正整数集(或其子集)的函数,所以研究数列的最值问题,常常从函数的思想和观点出发,借助函数的图像和性质来进行研究.

(2) 类比思想是研究等差数列和等比数列的常用方法,在研究数列最值的问题上也可运用此类思想方法.

(3) 数学内容中普遍存在着相互联系和相互转化的规律,了解这些规律可以帮助我们将所学的数学知识进行系统化,加深对数学知识的理解和认知.

案例 3-13 的内容是高三的数列复习课,属于拓展课,主要内容是对等差数列的最值研究以及等比数列最值的类比推广研究. 从知识体系上看,是通过经历从函数视角出发研究数列最值的过程,明确函数和数列在知识体系上的内在联系. 体会"从特殊到一般"以及"转化"的思维策略,知道数学内容中普遍存在着相互联系、相互转化的规律,体会温故而知新的道理,建立利用已有知识指导解决新问题的思想观念.

高二学生已经经历过"函数"章节的学习,对于函数的最值有比较全面的了解. 在学习数列知识之后,对于等差数列和等比数列的知识也相对比较熟悉. 但是函数和数列之间存在的内在联系是学生所容易忽略的,在如何将两者的知识体系和研究方法进行转化和贯通上,存在可以进一步引导的空间.

案例 3-13 选用了"一般到特殊"以及"变式"教学的模式,这是基于以学生为主体,希望学生在课堂中通过观察、发现和探究的方式得到正确结论."一般到特殊"的方式使得学生在研究这部分内容的时候,将一个比较抽象难懂的问题进行合理分层,在特殊问题研究的基础上,将研究方法推广到一般问题. 在"变式"教学的过程当中,通过将之前已经解决的问题的某些条件进行改变,从而产生新的问题,并且关注这些改变的条件对于问题的影响来解决新问题. 通过多次变式,将原先研究的问题进行进一步推广,发现并探究一系列问题. 在变式过程中,不仅让学生观察和探究了新问题,也为他们能够自己发现问题和提出问题提供了一定的启发.

三、逻辑推理素养在各个年级循序渐进中的渗透

逻辑推理素养的培养渗透在高中数学三年的教学中,应当循序渐进地推进逻辑推理能力

的培养.同时要关注各年级教学内容之间的内在联系,使得学生在数学学习的过程中体会数学知识的系统性和严密性.

【案例 3-14】函数的单调性与数列的单调性

问题 1: 已知函数 $y=x^2+ax+1$ 在 $x\in[1,+\infty)$ 单调递增,求实数 a 的取值范围.

分析 对称轴 $x=-\dfrac{a}{2}\leqslant 1\Rightarrow a\geqslant -2$,实数 a 的取值范围为 $[-2,\infty)$.

变式 1 设数列 $\{a_n\}$ 的通项 $a_n=n^2+\lambda n+1$,若对任意 $n\in \mathbf{N}^*$ 都有 $a_{n+1}>a_n$,则实数 λ 的取值范围是(   ).

A. $\lambda>-2$　　　　B. $\lambda\geqslant -2$　　　　C. $\lambda>-3$　　　　D. $\lambda\geqslant -3$

解法 1 对称轴 $x=-\dfrac{\lambda}{2}<\dfrac{3}{2}\Rightarrow \lambda>-3$.

解法 2 $a_{n+1}-a_n=2n+1+\lambda>0$ 对任意 $n\in\mathbf{N}^*$ 成立,$\therefore \lambda>-(2n+1)_{\max}\Rightarrow \lambda>-3$,故选 C.

问题 2: 函数 $y=f(x)$ 满足 $f(x)=\begin{cases}(3-a)x-3 & x\leqslant 7\\ a^{x-6} & x>7\end{cases}$,且 $y=f(x)$ 为单调递增函数,则实数 a 的取值范围是(   ).

A. $\left(\dfrac{9}{4},3\right)$　　　　B. $\left[\dfrac{9}{4},3\right)$　　　　C. $(1,3)$　　　　D. $(2,3)$

解 $\begin{cases}a<3\\ a>1\\ 7(3-a)-3\leqslant a\end{cases}\Rightarrow \dfrac{9}{4}\leqslant a<3$,故选 B.

变式 2 数列 $\{a_n\}$ 满足 $a_n=\begin{cases}(3-a)n-3 & n\leqslant 7\\ a^{n-6} & n>7\end{cases}$,且 $\{a_n\}$ 为递增数列,求实数 a 的取值范围.

解 $\begin{cases}3-a>0\\ a>1\\ a_7<a_8\end{cases}\Rightarrow \begin{cases}a<3\\ a>1\\ 7(3-a)-3<a^2\end{cases}\Rightarrow 2<a<3$,故实数 a 的取值范围为 $(2,3)$.

案例 3-14 将函数的单调性和数列的单调性之间进行了对比研究,通过逻辑推理的方式,将函数单调性的研究方法迁移到数列单调性的研究当中,使学生明确了他们之间的内在联系.同时,根据数列本身可列的特点,其在研究单调性的过程当中也有与研究函数单调性的不同之处,通过变式和比较的方式,学生能够比较明确地体会和理解.

4 第四节　信息技术助力逻辑推理素养的提升

一、基于图形计算器辅助逻辑推理素养的提升

图形计算器作为研究数学问题的一个工具，能够在学生开展数学学习的过程中提供过一定的辅助作用．尤其是它在作函数图像上的操作简便性，为学生从众多特殊情况中归纳和抽象出问题本质，并在此基础上进行演绎证明，提供了很好的帮助．

【案例 3-15】借助函数图像研究函数性质

问题 1：函数 $y=\log_a x$ 的相关性质．

如图 3-3 所示，利用动态图展示函数图像，能够明确当底数 a 取不同值时，函数单调性的变化，也能够明确无论底数如何变化，函数的定义域不变，且过定点．

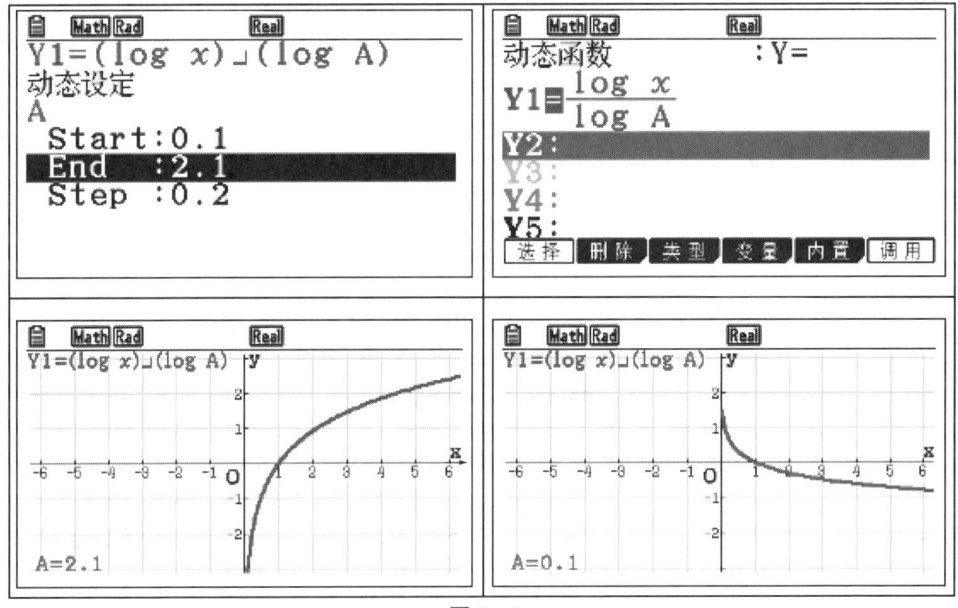

图 3-3

问题 2：研究函数 $y=\log_a x$ 与 $y=a^x$ 的关系．

通过图 3-4 所示动态观察函数图像关于直线 $y=x$ 对称，观察函数与其反函数在图像上的关系，明确两个函数的内在本质联系．

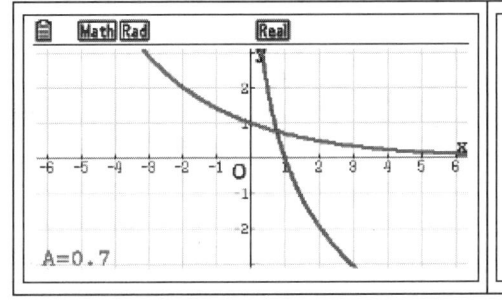

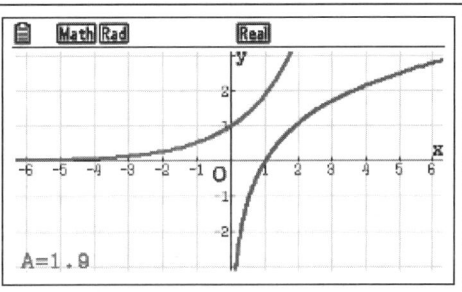

图 3-4

问题 3：研究函数 $y=\log_a x$ 与 $y=\log_a(-x)$、$y=-\log_a x$、$y=-\log_a(-x)$ 的关系.

经过观察可得函数 $y=\log_a x$ 与 $y=\log_a(-x)$ 的图像关于 y 轴对称,如图 3-5 所示.

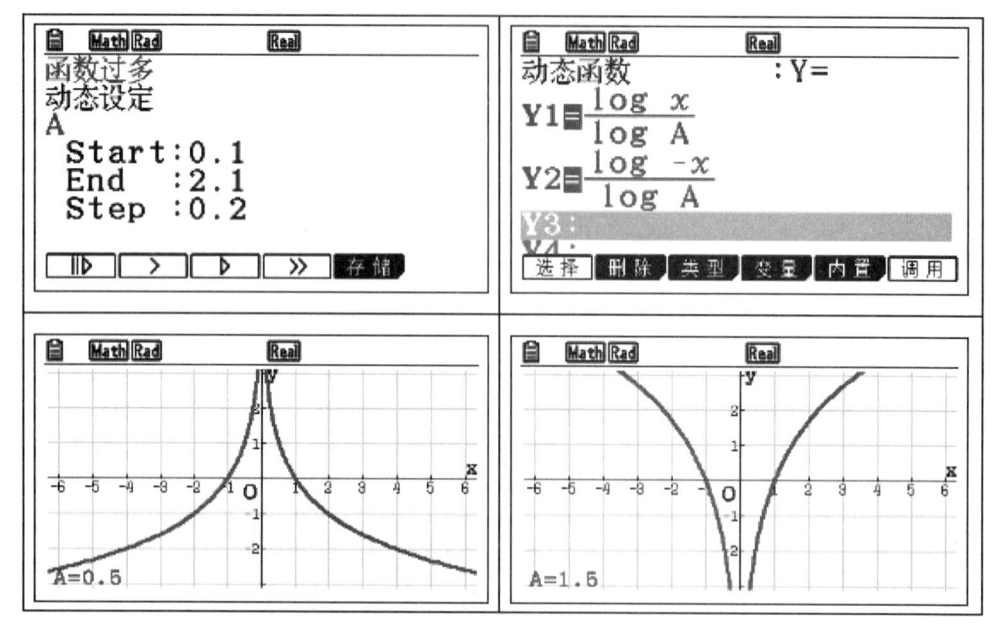

图 3-5

借助类似的活动,学生通过输入动态图,可以直观分析得到以下结论：

函数 $y=\log_a x$ 与 $y=-\log_a x$ 的图像关于 x 轴对称,如图 3-6 所示；函数 $y=\log_a x$ 与 $y=-\log_a(-x)$ 图像关于原点中心对称,如图 3-7 所示.

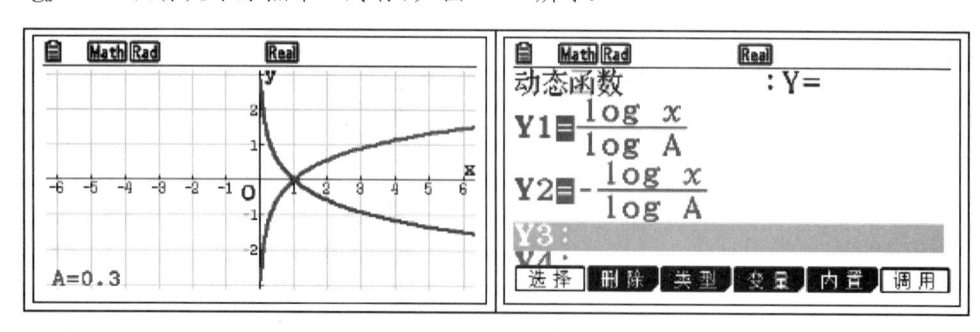

图 3-6

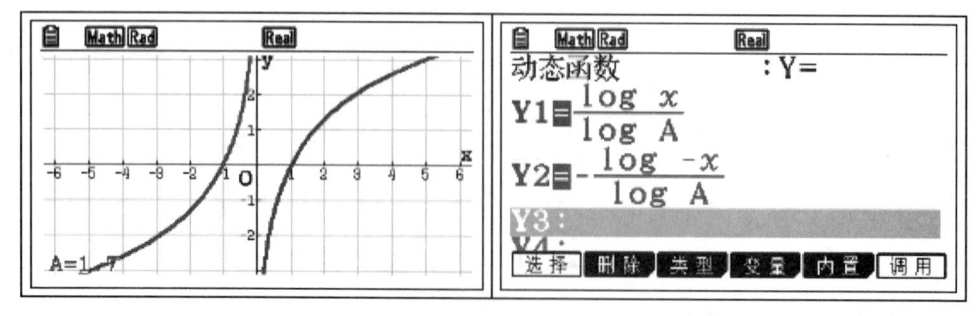

图 3-7

问题 3 当中的 3 个活动,是以对函数图像的变化为载体,通过直观地观察得到相应的函数图像的变化特点. 图像的变换研究是问题的表象,建议在活动开展的时候,将函数图像的变换归结到函数图像上的每个点坐标的变换,从而更加直观和清晰地明确函数图像变换的本质,并且把归纳得到的性质一般化,推广到 $y=f(x)$ 与 $y=f(-x)$、$y=-f(x)$、$y=-f(-x)$ 的函数图像之间的关系.

问题 4： 研究函数 $y=\log_a x$ 与 $y=\log_a|x|$、$y=|\log_a x|$、$y=\left|\log_a|x|\right|$ 的关系.

由于本问题中的函数图像可能出现部分重合的现象,建议采用图形功能,通过适当调整线型来帮助观察函数图像的变换.

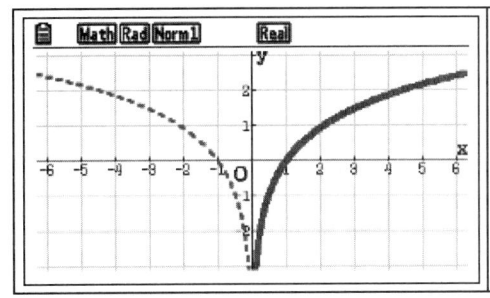

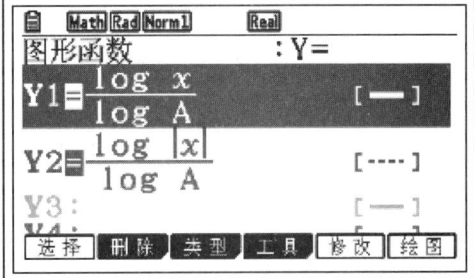

图 3-8

通过观察函数 $y=\log_a|x|$ 图像,可以发现当 $x>0$ 时,函数图像与 $y=\log_a x$ 重合,当 $x<0$ 时,图像与 $x>0$ 部分的函数图像关于 y 轴对称,如图 3-8 所示.这与函数 $y=\log_a|x|$ 是偶函数的性质一致.

通过观察函数 $y=|\log_a x|$ 的图像可以发现,函数 $y=\log_a x$ 的图像在 x 轴上方的部分被保留了,而在 x 轴下方的部分以 x 轴为对称轴向上翻折,得到了函数 $y=|\log_a x|$ 的图像,如图 3-9 所示.

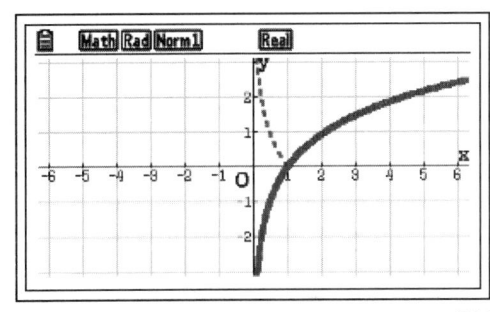

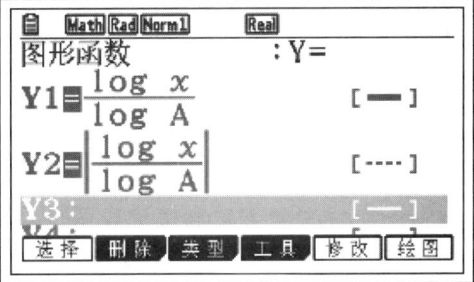

图 3-9

通过观察函数图像,并结合上两个活动的结果分析,可以直观地观察到函数 $y=\left|\log_a|x|\right|$ 是由函数 $y=\log_a x$ 经过多次翻折得到的,如图 3-10 所示.

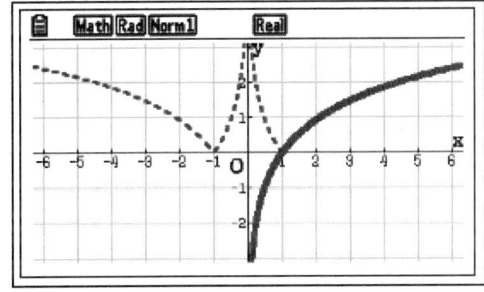

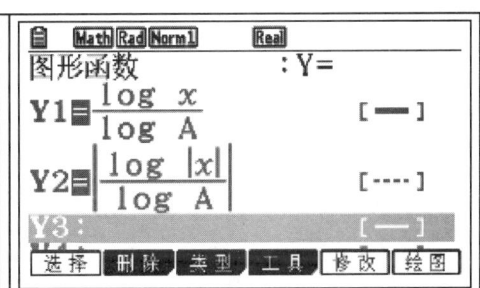

图 3-10

问题 4 中的 3 个活动都是从函数图像的变换角度出发,研究解析式中的绝对值对于函数图像产生的影响.在活动开展的过程当中,可以从图像观察入手,经过分析后得出规律.为了帮助学生深入理解问题,在研究图像变换的表象之后,建议对这些变换为什么会发生进行研究.绝对值对于函数图像的影响并非对数函数独有,活动之所以采用对数函数图像作为载体,其原因在于对数函数图像形状相对简单,能够更加清晰直观地看出函数图像的变换,便于总结归纳性质.在研究对数函数图像的基础上,可将问题推广到函数 $y=f(x)$ 与函数 $y=f(|x|)$、$y=|f(x)|$、$y=|f(|x|)|$ 之间的关系.

从案例 3-15 中可以看出,随着信息技术的发展,数学学科中的逻辑推理可以将信息技术的直观展示等内容作为逻辑推理的辅助手段.数学学科中的逻辑推理可以基于观察的前提进行归纳,并在此基础上对归纳的结果进行严格的演绎证明.信息技术正是为我们提供了多渠道多方面直观展示问题的平台和媒介,为学生进行归纳提供了基础和帮助.

二、基于简单数学游戏辅助逻辑推理素养的提升

数学史上一系列经典例题的引入、求解和推广,不仅可以提高学生学习兴趣,使学生明确逻辑推理在学习数学时的重要性,还能够让学生学会将学习所获应用到实际经典问题的研究中,从而提升其逻辑推理能力.现代教育技术可以将逻辑推理的思想与计算机算法进行结合,让历史与现代科技亲密接触.

【案例 3-16】斐波纳契数列

问题: 第一个月有一对刚诞生的兔子,第二个月之后它们可以生育,每月每对可生育的兔子会诞下一对新兔子,假设兔子都不会死去,问一年之后共有多少对兔子?

分层目标(可以让学生根据自己的能力以及实际情况选择层次):

(1) 第一层,是否能找到一个规律来描述兔子的数量变化.

(2) 第二层,是否能尝试利用流程图来设计一个推算某个月兔子数量的算法.

(3) 第三层,是否能在课后尝试计算兔子的数量与月之间的关系.

解 斐波纳契数列:1,1,2,3,5,8,13,21,34,55,89,144,…

可知一年之后有 144 对兔子.

用 a_n 表示第 n 个月兔子的数量,则数列 $\{a_n\}$ 满足 $a_1=1, a_2=1, a_n=a_{n-1}+a_{n-2}(n\in \mathbf{N}^*, n>2)$.

通项公式为(学生课后拓展作业)$a_n = \frac{\sqrt{5}}{5}\left[\left(\frac{1+\sqrt{5}}{2}\right)^n - \left(\frac{1-\sqrt{5}}{2}\right)^n\right]$.

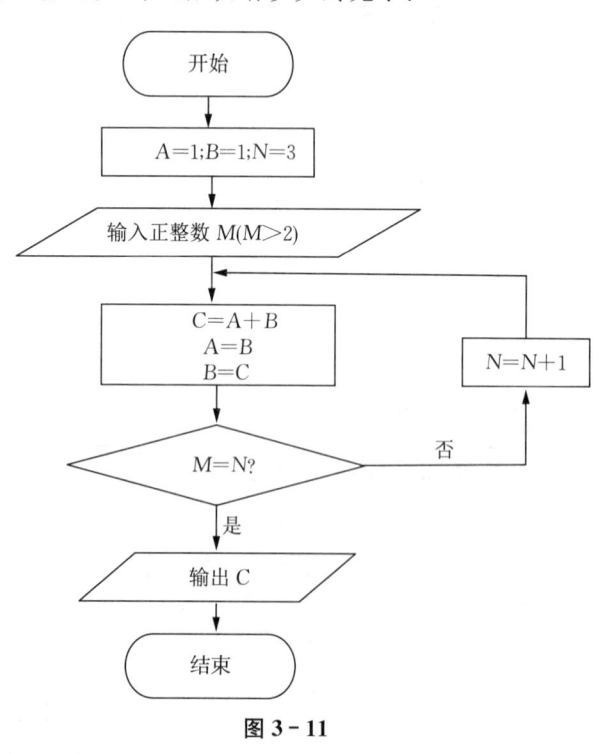

图 3-11

算法程序框图如图 3-11 所示.

案例 3-16 旨在让学生充分体会递推思想,同时弥补教材上对斐波纳契数列介绍的不足. 斐波纳契数列充分体现了递推思想的特点,是用来加深学生对递推思想理解的好例子,并且在数列的发展史上有着重要的意义,对现实生活中的许多问题也有重要的指导作用. 目前教材仅将其作为课外的英语教材,使用不少学生在无意中错过了如此美妙精彩的东西.

递推的思想在算法中也有重要价值,许多循环语句的设计都要利用到递推的思想. 将斐波纳契数列引入递推思想的教学中,既能用历史经典问题有效反应递推思想,又能将这个重要思想深入到现代科技中,做到以递推思想为媒介,将数学史与现代技术完美结合.

三、基于动态教学软件辅助逻辑推理素养的提升

随着学科技术的进步,各类教学辅助软件的发展也日新月异. 教学软件的进步,对我们的日常教学方式形成了一定的冲击,也带来了巨大的改变. 通过动态软件展示问题,使得学生能够首先建立一个直观的体验,并在此基处上抽象和归纳出引起问题变化的本质,继而运用逻辑推理的方式来进行验证,也是教学过程中经常采用的方式.

【案例 3-17】圆锥曲线

动态软件中圆锥曲线的不同类型如图 3-12 所示.

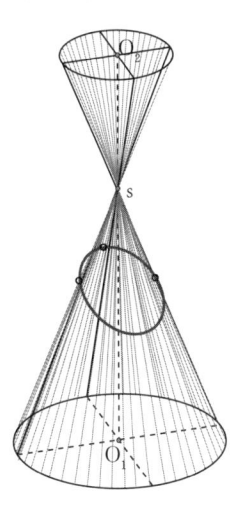

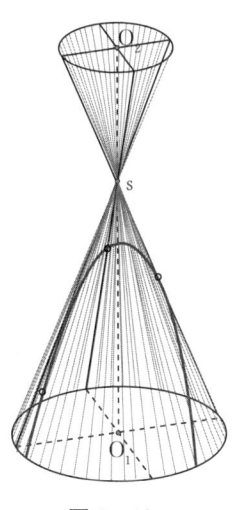

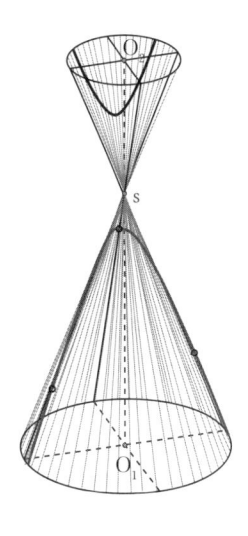

图 3-12

案例 3-17 通过动态教学软件的展示,为学生提供给了一个直观的感受和体验,让他们明白圆锥曲线名称的由来,并且思考是什么原因导致了圆锥曲线形成不同的类型,进一步在此基础上进行证明. 以动态教学软件为引入,在直观的基础上引导学生深思并进行严格证明,为学生归纳、解决问题提供了渠道,也为提升学生逻辑推理素养提供了积极的帮助.

第五节 逻辑推理素养怎么考？

一、从思维品质角度考查逻辑推理素养

高中数学学科六大核心素养都是数学学科育人价值的集中体现,其中逻辑推理素养尤其在数学学科严谨性特征上有独特价值.提升学生的逻辑推理素养,对提高学生的思维品质有积极意义.在数学学科考查逻辑推理素养的方面,考查思维品质是一个重要纬度.

表 3-1 为《普通高中数学课程标准(2017 年版)》中对于逻辑推理素养的水平划分.

表 3-1

水平	素养
	逻辑推理
水平一	能够在熟悉的情境中,用归纳或类比的方法,发现数量或图形的性质、数量关系或图形关系; 能够在熟悉的数学内容中,识别归纳推理、类比推理、演绎推理,知道通过归纳推理、类比推理得到的结论是或然成立的.通过演绎推理得到的结论是必然成立的; 能够通过熟悉的例子理解归纳推理、类比推理和演绎推理的基本形式,了解熟悉的数学命题的条件与结论之间的逻辑关系,掌握一些基本命题与定理的证明,并有条理地表述论证过程; 能够了解熟悉的概念、定理之间的逻辑关系; 能够在交流过程中,明确所讨论问题的内涵,有条理地表达观点
水平二	能够在关联的情境中、发现并提出数学问题,用数学语言予以表达; 能够理解归纳、类比是发现和提出数学命题的重要途径; 能够对与学过的知识有关联的数学命题,通过对其条件与结论的分析,探索论证的思路,选择合适的论证方法予以证明,并能用准确的数学语言表述论证过程; 能够通过举反例说明某些数学结论不成立; 能够理解相关概念、命题、定理之间的逻辑关系,初步建立网状的知识结构; 能够在交流的过程中,始终围绕主题,观点明确,论述有理有据
水平三	能够在综合的情境中,用数学的眼光找到合适的研究对象,提出有意义的数学问题; 能够掌握常用逻辑推理方法的规则,理解其中所蕴含的思想,对于新的数学问题,能够提出不同的假设前提,推断结论,形成数学命题,对于较复杂的数学问题,能够通过构建过渡性命题、探索论证的途径,解决问题,并会用严谨的数学语言表达论证过程; 能够理解建构数学体系的公理化思想; 能够合理地运用数学语言和思维进行跨学科的表达与交流

【案例 3-18】解析几何推广

和平面解析几何的观点相同,在空间中,空间平面和曲面可以看作是适合某种条件的动点

的轨迹,在空间直角坐标系 O-xyz 中,空间平面和曲面的方程是一个三元方程 $F(x,y,z)=0$.

(1) 类比平面解析几何中直线的方程,写出①过点 $P(x_0,y_0,z_0)$,法向量为 $\vec{n}=(A,B,C)$ 的平面的点法式方程;②平面的一般方程;③在 x、y、z 轴上的截距分别为 a、b、c 的平面的截距式方程(不需要证明).

(2) 设 F_1,F_2 为空间中的两个定点,$|F_1F_2|=2c$,我们将曲面 Γ 定义为满足 $|PF_1|+|PF_2|=2a(a>c)$ 的动点 P 的轨迹,试建立一个适当的空间直角坐标系 O-xyz,求曲面 Γ 的方程.

(3) 对(2)中的曲面 Γ,指出和证明曲面 Γ 的对称性,并画出曲面 Γ 的直观图.

解 (1)① $A(x-x_0)+B(y-y_0)+C(z-z_0)=0$;
② $Ax+By+Cz+D=0$;③ $\dfrac{x}{a}+\dfrac{y}{b}+\dfrac{z}{c}=1$.

(2) 以两个定点 F_1、F_2 的中点为坐标原点 O,以 F_1,F_2 所在的直线为 y 轴,以线段 F_1F_2 的垂直平分线为 x 轴,以与 xOy 平面垂直的直线为 z 轴,建立空间直角坐标系 O-xyz.

设 $F_1(0,c,0)$,$F_2(0,-c,0)$,设 P 的坐标为 (x,y,z),
可得 $|F_1F_2|=2c>0$,$|\overrightarrow{PF_1}|+|\overrightarrow{PF_2}|=2a(a>c)$.

$\therefore \sqrt{x^2+(y+c)^2+z^2}+\sqrt{x^2+(y-c)^2+z^2}=2a$.

移项得 $\sqrt{x^2+(y+c)^2+z^2}=2a-\sqrt{x^2+(y-c)^2+z^2}$,

两边平方,得 $a\sqrt{x^2+(y-c)^2+z^2}=a^2-cy$,

两边平方,整理得 $\dfrac{x^2}{a^2-c^2}+\dfrac{y^2}{a^2}+\dfrac{z^2}{a^2-c^2}=1$,

令 $\sqrt{a^2-c^2}=b$,得 $\dfrac{x^2}{b^2}+\dfrac{y^2}{a^2}+\dfrac{z^2}{b^2}=1$. ①

因此,可得曲面 Γ 的方程为 $\dfrac{x^2}{b^2}+\dfrac{y^2}{a^2}+\dfrac{z^2}{b^2}=1$.

(3) 由于点 (x,y,z) 关于坐标原点 O 的对称点 $(-x,-y,-z)$ 也满足①式,说明曲面 Γ 关于坐标原点 O 对称;由于点 (x,y,z) 关于 x 轴的对称点 $(x,-y,-z)$ 也满足①式,说明曲面 Γ 关于 x 轴对称;同理,曲面 Γ 关于 y 轴对称;关于 z 轴对称.由于点 (x,y,z) 关于 xOy 平面的对称点 $(x,y,-z)$ 也满足①式,说明曲面 Γ 关于 xOy 平面对称;同理,曲面 Γ 关于 xOz 平面对称;关于 yOz 平面对称.

由以上的讨论,可得曲面 Γ 的直观图,如图 3-13 所示.

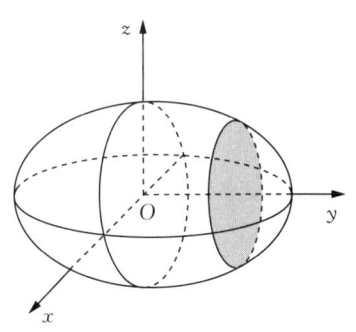

图 3-13 曲面 Γ 的直观图

案例 3-18 充分考查了学生在已有知识学习的基础上,将研究方法进行迁移的能力,更考查了学生在合情逻辑推理的前提下,开展新知识学习的能力.

二、从学科素养角度考查逻辑推理素养

逻辑推理素养的凝练,是在中国学生发展核心素养的基础上,结合数学学科的特点进行挖

掘的,是对党的教育方针的具体化、细化.数学学科具有一般性、严谨性和广泛的应用性的特点.在考查逻辑推理素养的过程中,数学学科素养是十分重要的一个维度.

【案例 3-19】等价转换

问题: 已知 $f(x)=2x^2+2x+b$ 是定义在 $[-1,0]$ 上的函数,若 $f[f(x)]\leqslant 0$ 在定义域上恒成立,而且存在实数 x_0 满足 $f[f(x_0)]=x_0$ 且 $f(x_0)\neq x_0$,则实数 b 的取值范围是_____.

解 $f(x)=2x^2+2x+b$, $x\in[-1,0]$,对称轴为 $x=-\dfrac{1}{2}$,

可得 $f(x)$ 的最小值为 $f\left(-\dfrac{1}{2}\right)=b-\dfrac{1}{2}$, $f(x)$ 的最大值为 $f(0)=f(-1)=b$;

由题意 $f(f(x))\leqslant 0$,可得 $\begin{cases} -1\leqslant b-\dfrac{1}{2}\leqslant 0 \\ -1\leqslant b\leqslant 0 \end{cases}$ 可得 $-\dfrac{1}{2}\leqslant b\leqslant 0$,

设 $y_0=f(x_0)$,可得 $f(y_0)=x_0$ 且 $y_0\neq x_0$,即有 $f(x)$ 存在两点关于直线 $y=x$ 对称.

令直线 $l:y=m-x$,与 $y=2x^2+2x+b$,联立可得 $2x^2+3x+b-m=0$,设 $M(x_1,y_1)$, $N(x_2,y_2)$,中点为 $E(x_0,y_0)$,即有 $\begin{cases} \Delta=9-8(b-m)>0, \\ x_1+x_2=-\dfrac{3}{2}, \end{cases}$ 即 $E\left(-\dfrac{3}{4},m+\dfrac{3}{4}\right)$ 在直线 $y=x$ 上,解得 $m=-\dfrac{3}{2}$.

∴ $2x^2+3x+b+\dfrac{3}{2}=0$ 在 $[-1,0]$ 上有两个不等实根.

设 $h(x)=2x^2+3x+b+\dfrac{3}{2}$,

可得 $\begin{cases} \Delta=9-8\left(b+\dfrac{3}{2}\right)>0, \\ h(-1)=b+\dfrac{1}{2}\geqslant 0, \\ h(0)=b+\dfrac{3}{2}\geqslant 0, \\ -1<-\dfrac{3}{4}<0, \end{cases}$ 解得 $-\dfrac{1}{2}\leqslant b<-\dfrac{3}{8}$,即实数 b 的取值范围为 $\left[-\dfrac{1}{2},-\dfrac{3}{8}\right)$.

案例 3-19 考查了学生在逻辑推理的基础上,将问题进行等价转化的能力.通过将问题进行合理转化,从而解决问题.

三、从关键能力角度考查逻辑推理素养

逻辑推理素养作为高中数学学科核心素养之一,从培养和发展学生关键能力的角度出发,也是其考查标准的重要维度之一.

【案例 3-20】数形结合

问题: 若实系数一元二次方程 $x^2+ax+2b=0$ 有两个根,一个根在区间 $(0,1)$ 内,另

一个根在区间(1,2)内,求:(1)点(a,b)对应的区域的面积;(2)$\dfrac{b-2}{a-1}$的取值范围;(3)$(a-1)^2+(b-2)^2$的值域.

解 可将$\dfrac{b-2}{a-1}$看作点(a,b)和$(1,2)$连线的斜率,$(a-1)^2+(b-2)^2$则表示点(a,b)与定点$(1,2)$之间的距离的平方.

方程$x^2+ax+2b=0$的两根在区间$(0,1)$和$(1,2)$上的几何意义分别是:函数$y=f(x)=x^2+ax+2b$与x轴的两个交点的横坐标分别在区间$(0,1)$和$(1,2)$内,且$x_1x_2=2b>0$,

由此可得不等式组$\begin{cases}f(0)>0,\\f(1)<0,\\f(2)>0,\end{cases}\Rightarrow\begin{cases}b>0,\\a+2b+1<0,\\a+b+2>0.\end{cases}$

∴在如图3-14所示的aOb坐标平面内,满足约束条件的点(a,b)对应的平面区域为$\triangle ABC$(不包括边界).

由$\begin{cases}a+2b+1=0,\\a+b+2=0,\end{cases}$解得$A(-3,1)$,

由$\begin{cases}a+b+2=0,\\b=0,\end{cases}$解得$B(-2,0)$,

由$\begin{cases}a+2b+1=0,\\b=0,\end{cases}$解得$C(-1,0)$.

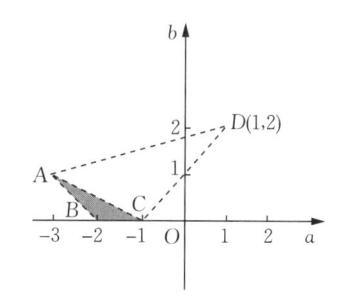

(1) $\triangle ABC$的面积为$S_{\triangle ABC}=\dfrac{1}{2}|BC|h=\dfrac{1}{2}$($h$为$A$到$Oa$轴的距离).

图3-14

(2) $\dfrac{b-2}{a-1}$几何意义是点(a,b)和点$D(1,2)$连线的斜率.

∵$k_{AD}=\dfrac{2-1}{1+3}=\dfrac{1}{4}$,$k_{CD}=\dfrac{2-0}{1+1}=1$,由图3-14可知$k_{AD}<\dfrac{b-2}{a-1}<k_{CD}$,

∴$\dfrac{1}{4}<\dfrac{b-2}{a-1}<1$,即$\dfrac{b-2}{a-1}$的取值范围为$\left(\dfrac{1}{4},1\right)$.

(3) ∵$(a-1)^2+(b-2)^2$表示区域内的点(a,b)与定点$(1,2)$之间距离的平方,由图3-14可知,当取点$C(-1,0)$时有最小值8,当取点$A(-3,1)$时有最大值17,∴$(a-1)^2+(b-2)^2$的值域为$(8,17)$.

案例3-20在学生逻辑推理的基础上,将问题合情转化,借助几何手段对代数问题进行研究,充分考查了学生运用数形结合的能力.

四、从必备知识角度考查逻辑推理素养

数学学科知识的掌握情况也是高中数学学科教学的一个重要内容,知识的储备为学生继续深造提供了必要条件.考查必备数学学科知识,也是考查逻辑推理素养落实情况的一个维度.

【案例3-21】必备数学学科知识

问题:已知方程$mx^2+2y^2=m+1(m\in\mathbf{R})$,对于不同范围的$m$值,请分别指出方程

所表示的图形.

解 要对 $m=0$ 和 $m=-1$ 的情况进行讨论;当 $m\neq 0$ 且 $m\neq -1$ 时,方程变形为 $\dfrac{x^2}{\dfrac{m+1}{m}}+\dfrac{y^2}{\dfrac{m+1}{2}}=1$,由 $\dfrac{m+1}{2}=\dfrac{m+1}{m}$ 得 $m=2$,这样 $-1,0,2$ 把数轴分成 4 个区间,所以要分多种情况讨论.

i 当 $m=0$ 时,方程为 $2y^2=1$,$y=\pm\dfrac{\sqrt{2}}{2}$,图形为两条平行直线;

ii 当 $m=-1$ 时,方程为 $-x^2+2y^2=0$,即 $y=\pm\dfrac{\sqrt{2}}{2}x$,图形为两条相交直线;

iii 当 $m\neq 0$ 且 $m\neq -1$ 时,方程化为 $\dfrac{x^2}{\dfrac{m+1}{m}}+\dfrac{y^2}{\dfrac{m+1}{2}}=1$.

$m<-1$ 时,$\dfrac{m+1}{m}>0$,$\dfrac{m+1}{2}<0$,图形为焦点在 x 轴上的双曲线;

$-1<m<0$ 时,$\dfrac{m+1}{m}<0$,$\dfrac{m+1}{2}>0$,图形为焦点在 y 轴上的双曲线;

$0<m<2$ 时,$0<\dfrac{m+1}{2}<\dfrac{m+1}{m}$,图形为焦点在 x 轴上的椭圆;

$m=2$ 时,方程为 $x^2+y^2=\dfrac{3}{2}$,图形为圆心在原点,半径为 $\dfrac{\sqrt{6}}{2}$ 的圆;

当 $m>2$ 时,$0<\dfrac{m+1}{m}<\dfrac{m+1}{2}$,图形为焦点在 y 轴上的椭圆.

案例 3-21 从曲线的标准方程定义角度出发,以数学学科知识为分类依据,考查了学生逻辑推理的能力.

第四章
直观想象

　　直观想象是指借助几何直观和空间想象感知事物的形态与变化,利用空间形式特别是图形,理解和解决数学问题的素养.主要包括:借助空间形式认识事物的位置关系、形态变化与运动规律;利用图形描述、分析数学问题;建立形与数的联系,构建数学问题的直观模型,探索解决问题的思路.

　　直观想象是发现和提出问题、分析和解决问题的重要手段,是探索和形成论证思路、进行数学推理、构建抽象结构的思维基础.

　　直观想象主要表现为:建立形与数的联系,利用几何图形描述问题,借助几何直观理解问题,运用空间想象认识事物.

　　通过高中数学课程的学习,学生能提升数形结合的能力,发展几何直观和空间想象能力;增强运用几何直观和空间想象思考问题的意识;形成数学直观,在具体的情境中感悟事物的本质.

1 第一节 直观想象核心素养的内涵与外延解读

一、直观想象素养的历史脉络

【案例4-1】筹算

春秋末年,人们已经普遍掌握了完备的十进制记数法,使用了筹算这种先进的计算方法,谙熟九九乘法表、整数四则运算,并能使用分数.所谓筹算,是以可有数字的竹筹(即算筹)来计算数目.在《汉书·律历志》中有算筹形状与大小的记载:"其算法用竹,径一分,长六寸,二百七十一枚而成六觚(gu),为一握."算筹记数规则最早载于《孙子算经》:"凡算之法,先识其位.一纵十横,百立千僵.千十相望,万百相当."

图4-1所示为中国古代算筹;图4-2所示为算筹横式与纵式比较图.

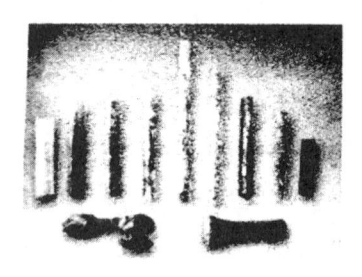

图4-1

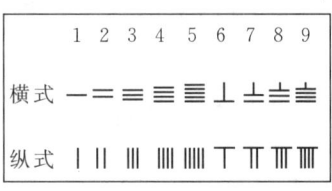

图4-2

"数学抽象"与"直观想象"如同数学研究中观察世界的两翼,是我们窥视数学奥秘的钥匙.显然,从案例4-1中,我们看到了中国古代数学研究的一种工具,而工具的产生既帮助我们记数,又能帮助我们运算,成为继续研究问题的重要手段.工具是抽象的,工具又是具体的,有形的工具,给我们更多验算、推广的依据,"直观""想象",显然是我们研究数学极为重要的素养之一.

【案例4-2】泰勒斯的测量法

亚里士多德(Aristotle)的弟子欧得姆斯(Eudemus)在其《几何史》中描述了古希腊"七贤"之一、被誉为希腊几何学的鼻祖的泰勒斯(Thales)是如何求出海上轮船到海岸的距离的方法,但文献已失传.法国数学家坦纳里(P. Tannery)认为,泰勒斯应该是用如图4-3所示的方法来求船到海岸的距离的:设A为海岸上的观察点,作线段AC垂直于AB,取AC的中点D,过C作AC的垂线,在垂线上取点E,使得B、D和E三点共线.利用角边角定理,CE的长度即为所求的距离.这种方法据说为后来的罗马土地丈量员所普遍采用.

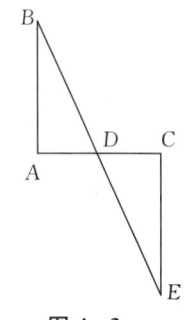

图4-3

在原始社会,人们就开始对图形进行研究,它作为工具,在实际问题的解决中有着举足轻重的地位.随着时代的发展,我们逐渐发现,几何在培养人的素质方面,除了熟知的理性精神和逻辑思维能力外,它还可以发展我们的直观能力和借助几何直观地进行推理论证的能力.

数学中的很多问题的解决灵感往往来自几何直观.数学家总是力求把他们研究的问题变成可借用的几何直观问题,使它们成为数学发现的向导,正如弗赖登塔尔所说,"几何直观能告诉我们什么是可能重要、可能有意义和可接近的,并使我们在课题、概念与方法的荒漠之中免于陷入歧途之苦."

【案例 4-3】虚数

16 世纪的数学家对负数还持怀疑态度,负数的平方根当然更是荒谬绝伦.意大利数学家卡尔达诺(Gerolamo Cardano)对三次方程的解法作出重大贡献,他在解三次方程的过程中几次用到了复数,但最终他还是把它们放弃了.人们对复数的疑虑也反映在莱布尼兹的一段话中:"神灵在分析的奇观中找到了超凡的显示,这就是那个理想世界的征兆,那个介于存在与不存在的两栖物,我们称之为虚数的(−1 的平方根)."直到 19 世纪,数学家才逐渐接受了它,而由韦塞尔(Wesssi)和高斯(Gauss)等给出了复数的几何表示,使复数的运算从直观角度来看更为自然,并使其在数学和物理中得到广泛应用,如电学、流体力学、弹性力学等领域.

数学中的抽象性带有理论和哲学色彩,而几何直观则带有经验和感情因素.比如复数概念的引入就是一个很好的例证,复数的概念全因逻辑上的需要而直接引进"理想元素",在它被引入后的最初两个半世纪中一直给人"虚无缥缈"的感觉,直至韦塞尔、高斯等人以几何直观为中介,相继对它作出几何解释与代数解释,把它与平面向量或数偶对应,才帮助人们直观地理解了它的真实意义,并取得了实际应用,提高了复数的可信性.

20 世纪 60 年代,我国中小学数学教育便形成了以"双基"(基础知识和基本技能)和"三大能力"(运算能力、空间想象能力、逻辑思维能力)为基础的优良教育传统.2003 年,《普通高中数学课程标准(实验)》明确提出空间想象能力、抽象概括能力、推理论证能力、运算求解能力、数据处理能力五大能力.空间想象能力既属于 20 世纪 60 年代"三大能力"范畴,又属于 21 世纪"五大能力"范畴,凸显出其在学生数学素养体系中的重要价值.

2012 年初,教育部颁布的《义务教育数学课程标准(2011 年版)》明确指出:"在数学课程中,应当注重发展学生的数感、符号意识、空间观念、几何直观、数据分析观念、运算能力、推理能力和模型思想.……还要特别注重发展学生的应用意识和创新意识."马云鹏教授认为,《义务教育数学课程标准(2011 年版)》中提到的这 10 个关键词就是义务教育阶段学生所必须具备的数学学科核心素养."空间观念"与"几何直观"的价值得到充分认可.

《普通高中数学课程标准(2017 年版)》提出的"直观想象"这一数学学科核心素养,来自"空间想象能力",是对《义务教育数学课程标准(2011 年版)》中的"空间观念"与"几何直观"两个关键词的新发展,具体体现在《普通高中数学课程标准(2017 年版)》中对直观想象的描述:"直观想象是指借助几何直观和空间想象感知事物的形态与变化,利用空间形式特别是图形,理解和解决数学问题的素养."图 4-4 所示为直观想象素养的发展历程.

从《普通高中数学课程标准(2017 年版)》的描述中,可以发现"几何直观""空间想象""空间形式""图形"等关键词,这显然是从几何学的视角来描述直观想象的.从直观想象素养的外延来看,《普通高中数学课程标准(2017 年版)》突出强调借助空间形式,来认识现实世界事物

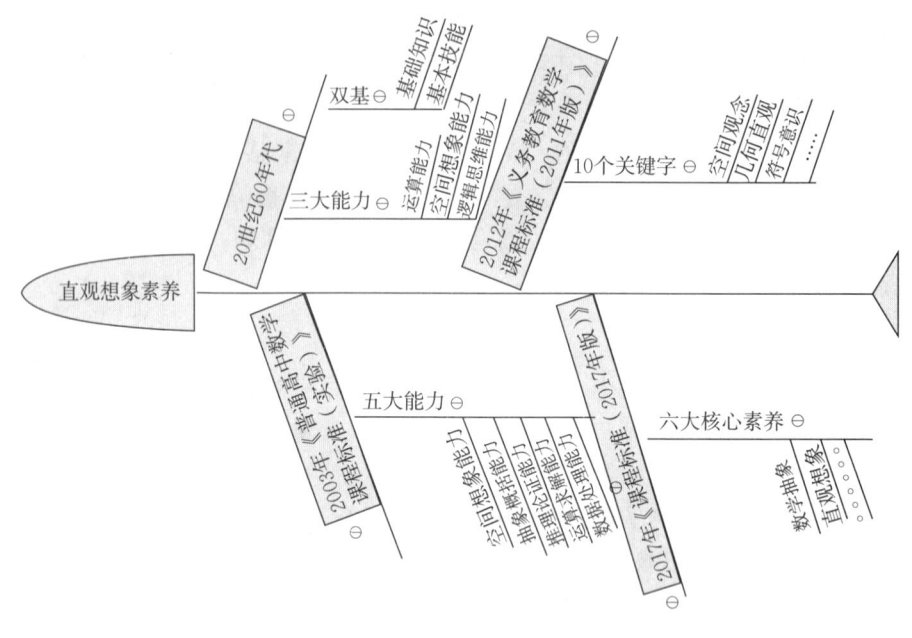

图 4-4

的位置关系、形态变化与运动规律;突出利用几何图形来描述、分析和解决数学问题;强化建立形与数的联系,从而构建数学问题的直观模型,探索解决问题的思路.因此,在《普通高中数学课程标准(2017年版)》中,无论是直观想象的内涵还是外延,均呈现出显著的几何特征.

二、直观想象素养的内涵与外延

和抽象一样,直观想象是认识事物的基本方式.和抽象不同,直观想象简单、直接(付诸感官),容易掌握和使用.而且,直观想象是进一步抽象的必要基础.作为直观与想象的重要结果,图形是数学研究的基本对象之一(另一个是数字,包括用字母表示的数字),图形表示则是数学研究的一个重要方法(尤其是在非几何领域,对非图形问题).在数学教学中,利用图形可以更简单、直接地刻画和描述问题,探索和形成思路,寻找和发现结论,记忆和理解知识以及建立良好直觉,把握本质规律.因此,《义务教育数学课程标准(2011年版)》将几何直观和空间观念作为十大核心概念之二,而高中数学课程标准修订组的专家也将直观想象视为数学核心素养之一.

《普通高中数学课程标准(2017年版)》指出:直观想象是指借助几何直观和空间想象感知事物的形态与变化,利用空间形式特别是图形,理解和解决数学问题的素养.主要包括:借助空间形式认识事物的位置关系、形态变化与运动规律;利用图形描述、分析数学问题;建立形与数的联系,构建数学问题的直观模型,探索解决问题的思路.

我们不应该把直观想象素养看成几何直观加上空间想象的一个组合.显然,它不是初中提出"空间观念"和"几何直观"的两大核心概念的简单合并,而是高中阶段在此基础上的提升,是我们从高中学生年龄特点、认知水平出发从数学眼光看世界的角度来认识事物的基本能力.简单地说,直观想象就是看图想事,看图说理.

其实,直观是相对的,有不同的层面和表现:眼前的美景难以描摹时,拍下照片是一种直观;抽象的道理难以领悟时,讲个故事也是一种直观;复杂的关系难以梳理时,画个结构或流程图还是一种直观.而且,直观虽然含有可视化(Visual)的意思,但是作为一个隐喻,意味着感官可以直接感知,并不局限于视觉,比如相较于文字的描绘,声音、颜色、气味、味道等可以直接作用于感官的东西都可以构成一种直观.所有的思考都起源于观察.直观是思维的基础,想象是思维的方式.直观是一种感性认识,与之相对的应该是理性认识.人们的认识一般总是从感性到理性再到感性再到理性往复循环、螺旋式上升提高的过程.而想象是创造形象的心理操作过程,它们属于认识的不同的层面,直观属于认识过程,想象属于认识方法,它们没有共同的最近的属概念,因此,两者没有矛盾、对立、并列等关系,更没有从属关系.

无论是数学概念还是原理都涉及无穷多个对象,而人的感官是有限的,因而要理解数学需要依赖直观与想象的协调发展.数学的探索依赖直观基础上的猜想,因而关注直观基础上的想象是提升学生数学素养的重要途径.

三、直观想象素养的主要表现形式

《普通高中数学课程标准(2017年版)》指出:直观想象主要表现为:建立数与形的联系,利用几何图形描述问题,借助几何直观理解问题,运用空间想象认识事物.

建立图形与数学问题的联系,有助于学生对事物关系产生更为直接的感知和认识.比如,在学习函数的过程中,无论是为了帮助学生理解函数的概念,还是解决与函数有关的问题,我们都会主动运用将图形作为理解与运用的手段的方式,从概念层面看,丰富了表征,完善了结构,便于理解抽象的概念;从思想层面看,以形助数、数形沟通,实现了数形结合;从学习心理学角度看,用图形思考,形象直观,有助于建立学习者的学习信心.

2 第二节 直观想象核心素养的育人价值

直观想象的教育价值体现在学生身上即是应达到的目标要求.《普通高中数学课程标准（2017 年版）》提出：通过高中数学课程的学习，学生能提升数形结合的能力，发展几何直观和空间想象能力；增强运用几何直观和空间想象思考问题的意识；形成数学直观，在具体的情境中感悟事物的本质.

我们可以看到上述教育价值及目标要求有 3 个指向：①在能力方面，指向数形结合、几何直观、空间想象等 3 个能力；②在意识方面，强调主动运用直观想象去思考问题；③在感悟事物方面，能借助数学直观，依托情境去感悟事物的本质. 这里要注意有一个提法，就是"形成学生的数学直观".

一、直观想象核心素养的数学学科价值

观察一下我们这个世界：太阳的东升西落，月亮的阴晴圆缺，大海的潮涨潮落，每天都在有规律地变化着. 人们对事物的了解通常是一个从感性到理性的过程，在熟悉的环境中通过直观想象抽象出事物的几何图形或几何模型，从中体会事物的位置关系、对称特性、运动规律和形态变化，提出数学问题，建立图形与数量的关系，探索解决问题的途径. 在一些复杂的经济和社会问题中，人们通过统计和大数据分析来建立直观数学模型，利用几何图形描述和阐释经济增长或社会发展状态和趋势，应用数学理论对经济和社会的未来走势和发展进行合理的评估和判断. 由此可以看到："直观想象是发现和提出问题、分析和解决问题的重要手段."

二、直观想象核心素养在培养人的思维方面的价值

在数学研究的探索中，通过直观手段的运用以及借助直观展开想象，从而发现结论、做出猜想的例子比比皆是. 数学思维不是仅仅在抽象层面展开，而是在很多场合中借助直观手段展开的. 所以，直观想象在数学活动中"是探索和形成论证思路、进行数学推理、构建抽象结构的思维基础".

【案例 4-4】多面体欧拉公式的发现

问题 1： 如图 4-5 所示为 6 个多面体，分别数出它们的顶点数 V、面数 F 和棱数 E，填入表 4-1.

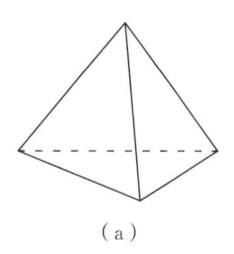

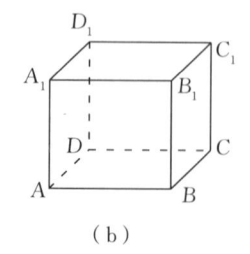

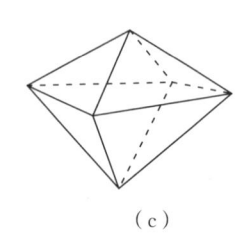

(a)   (b)   (c)

(d)   (e)   (f)

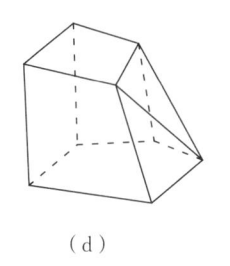

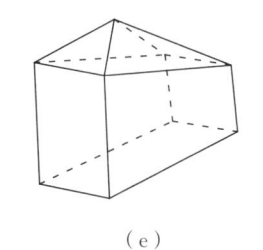

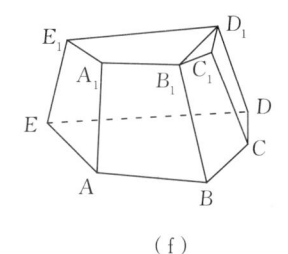

图 4 - 5

表 4 - 1

图形编号	顶点数 V	面数 F	棱数 E
图 4 - 5(a)			
图 4 - 5(b)			
图 4 - 5(c)			
图 4 - 5(d)			
图 4 - 5(e)			
图 4 - 5(f)			

观察表 4 - 1 中各组数据,猜想 V、F、E 之间的规律:_____.并思考是否任意一个多面体都有上述规律.

(问题 1 旨在让学生在解决问题的过程中去观察、猜想、探索,培养和锻炼学生的探究能力.)

问题 2: 图 4 - 6 所示为 3 个多面体,分别数出它们的顶点数 V、面数 F 和棱数 E,填入表 4 - 2.

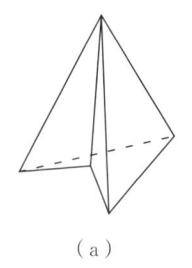

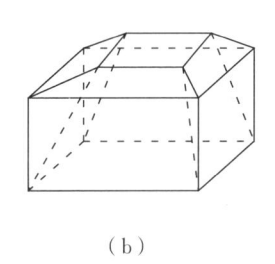

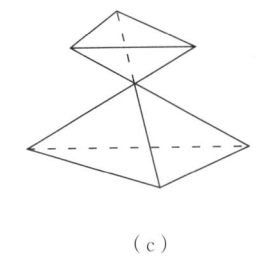

(a)   (b)   (c)

图 4 - 6

表 4 - 2

图形编号	顶点数 V	面数 F	棱数 E
图 4 - 6(a)			
图 4 - 6(b)			
图 4 - 6(c)			

(问题 2 旨在用简单直观的问题情景激发学生探索兴趣)

问题 3: 比较前面问题 1 和问题 2 中的图形,如果这些多面体的表面都是用橡皮膜制成的,并且可以向它们的内部充气,那么其中哪些多面体能够连续变形(不破裂、不粘连),最后其表面可变为一个球面?哪些能变为一个环面?哪些可变为两个对接球面?

(问题 3 旨在引导学生通过收集数据,观察数据,处理数据,直观想象,提出假设.)

引入"简单多面体"的概念:假设多面体的表面是橡皮膜制成的,可以向它们的内部充气,那么能够连续变形(不破裂、不粘连),表面能变为一个球面的多面体,叫做简单多面体.

猜想:观察表中各组数据,对于简单多面体,V、F、E之间的关系是_____.

引入欧拉(L. Euler)公式:(拓展阅读)著名数学家、物理学家和天文学家欧拉(Léonard Euler),生于瑞士巴塞尔,1720年进入巴塞尔大学学习神学和希伯来语,因数学才能突出受到约翰·贝努利的赏识与特别指导,曾获得硕士学位.1727年应邀到俄国讲学.1733年任彼得堡科学院数学教授.1741年移居柏林,任柏林科学院物理数学所所长.1766年再次到俄国.1783年卒于彼得堡.

欧拉19岁开始发表论文,半个多世纪里始终以充沛的精力,不倦地工作.他28岁时右眼失明,59岁后左眼也视力减退,渐至失明.在失明的十多年里,欧拉以惊人的毅力,凭着记忆和心算,仍然坚持富有成果的研究,直到生命的最后一刻.欧拉的工作涉及数学的各个领域,他是历史上最多产的数学家之一,后人计划出版他的全集多达72卷.

欧拉是变分法的奠基人和研究复变函数的先驱者,对牛顿、莱布尼茨的微积分学和傅立叶级数的发展起了相当大的推动作用.

问题4: 任意一个简单多面体,假设它们的表面是橡皮膜制成的,将它们压缩到其底面所在的平面,如何画出压缩后的平面图形?

问题5: 在压缩前后哪些量发生了变化,而哪些量没有发生变化?

(问题4和问题5旨在通过课件强化学生多种感官对数学问题的感知.)

问题6: 怎样用棱数E和面数F表示多面体所有多边形的内角和?

(1) 在假设多面体的F个面分别是$n_1,n_2,n_3,\cdots,n_F$边形,则各个面的内角和是_____.

(2) 其中$n_1+n_2+n_3+\cdots+n_F$和多面体的棱数E的关系为_____.

所以多面体的各个面的内角和是_____.

问题7: 怎样用顶点数V表示平面图形中所有多边形的内角和?

图4-7(b)中所有多边形的内角和是_____.

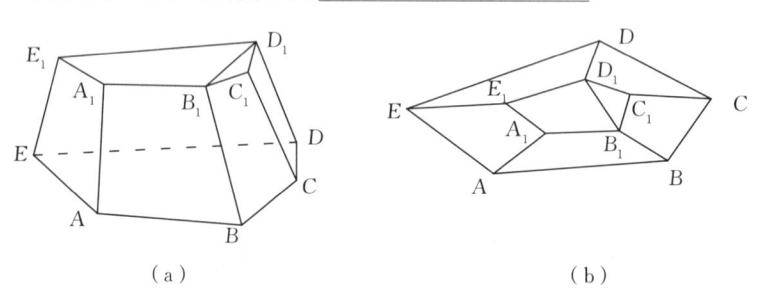

图4-7

$(E-F)\times 360°=(V-2)\times 360°$,由此得到欧拉公式$V+F-E=2$.

(问题7旨在通过引导学生回忆证明过程,来体会所用到的数学思想方法.)

案例4-4中,采用降维思想和转化策略将空间问题转化为平面问题来研究,这种处理问题的方法是立体几何中的重要思想方法,在降维和升维(如翻折)过程中关键要弄清不变量与变量.从案例4-4中可以看到,转化策略是解决数学问题的主要方法之一,如何转化是关键.

三、直观想象核心素养在认知事物之间关联方面的价值

提升学生直观想象核心素养,在帮助他们认知事物之间的关联方面具有非同一般的价值.

通过直观想象素养的培养,帮助学生通过数学间的内在联系,将数学问题图像化,分析问题的本质关联,从而将问题理解得更为深入,问题的解决得以顺利进行.

【案例 4-5】三角函数的周期性

1. 问题的提出

(1)"离离原上草,一岁一枯荣,野火烧不尽,春风吹又生"蕴含了什么数学知识?

(2)转动的摩天轮:任意一点 P 的位置转动一圈以后回到原来的位置.

(3)我们为什么只需排出一个星期的课表,而不是按日期排出每天课表?

教师引导学生分析后,再让学生找出生活中许多周而复始的例子:时钟、季节、月、日、天体运动等,体验生活中的周期性.

2. 问题的研究

(1)以星期为例,解决这样一个问题,"今天是星期一,10 天后将是星期几,1000 天后将是星期几",从而引出 $f(x+T)=f(x)$ 的含义及应用

(2)观察三角函数线的变化规律:①正弦函数值、余弦函数值是有规律不断重复出现的;②规律是每隔 2π 重复出现一次(或者说每隔 $2k\pi, k \in \mathbf{Z}$ 重复出现);③这个规律由诱导公式 $\sin(2k\pi+x)=\sin x$, $\cos(2k\pi+x)=\cos x$ 也可以说明.

结论:像这样的函数叫做周期函数.

3. 概念的应用

问题: 若钟摆的高度 h(mm)与时间 t(s)之间的函数关系如图 4-8 所示.

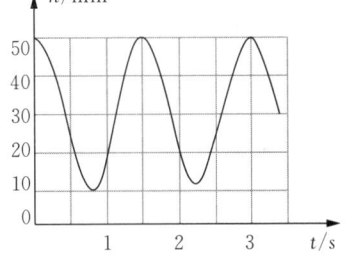

(1)求该函数的周期;

(2)求 $t=10$s 时时钟摆的高度.

图 4-8

从案例 4-5 中可以看出,数学源于生活,高于生活. 在教学中,借助生活情境,通过具体现象能让学生通过观察、类比、思考、交流、讨论,感知周期现象的存在,深入浅出地阐明周期性.

四、直观想象核心素养在形成理性精神方面的价值

数学是求真的学问,尽管直观想象更多地通过直观的事物去感知数学问题,通过猜想获得数学结论,但是最终仍然需要通过数学求解或论证加以检验,而多视角多维度的深入研究和思考,也是直观想象素养在理性精神方面的价值体现.

【案例 4-6】直线与圆锥曲线之最值问题

问题: 直线 $y=kx(k>0)$ 与椭圆 $\dfrac{x^2}{4}+y^2=1$ 交于 P、Q 两点,A、B 分别是椭圆的右顶点和上顶点,求四边形 $APBQ$ 面积的最大值.

设计意图 本题的目标量是四边形的面积,需要借助三角形的面积,转化为距离问题进行求解. 由此产生不同的策略.

教学策略 讨论基本求解方法,不要求完成求解过程.

课堂实录

师:谈谈你的解题思路,并与同学议一议,了解一些不同的思路.

生1：$S = S_{\triangle PQA} + S_{\triangle PQB} = \dfrac{1}{2}|PQ|(d_{A-l} + d_{B-l})$，以 k 为参数构建目标函数.

解 $\begin{cases} x^2 + 4y^2 = 4, \\ y = kx, \end{cases} \Rightarrow (1+4k^2)x^2 - 4 = 0$，

设交点坐标 $P(x_1, y_1), Q(x_2, y_2)$，则 $|PQ| = \dfrac{4\sqrt{1+4k^2}}{1+4k^2} \cdot \sqrt{1+k^2}$.

点 A 到直线 PQ 的距离 $d_1 = \dfrac{|2k|}{\sqrt{1+k^2}}$；点 B 到直线 PQ 的距离 $d_2 = \dfrac{1}{\sqrt{1+k^2}}$.

故 $S_{APBQ} = \dfrac{1}{2}|PQ|(d_1 + d_2) = \dfrac{2\sqrt{1+4k^2}}{1+4k^2} \cdot \sqrt{1+k^2} \cdot \left(\dfrac{2k}{\sqrt{1+k^2}} + \dfrac{1}{\sqrt{1+k^2}}\right) = \dfrac{2(2k+1)}{\sqrt{1+4k^2}}$

$= 2\sqrt{\dfrac{(2k+1)^2}{4k^2+1}} = 2\sqrt{\dfrac{4k^2+4k+1}{4k^2+1}} = 2\sqrt{1 + \dfrac{4}{4k + \dfrac{1}{k}}} \leqslant 2\sqrt{2}$，当且仅当 $k = \dfrac{1}{2}$ 时等号成立.

故四边形 $APBQ$ 面积的最大值为 $2\sqrt{2}$.

生2：$S = S_{\triangle ABP} + S_{\triangle ABQ} = \dfrac{1}{2}|AB|(d_{P-AB} + d_{Q-AB})$，以 P 点的坐标为参数建立目标函数.

解 由 $A(2,0)$、$B(0,1)$ 可得，$\overrightarrow{AB} = (-2, 1)$（或者截距式 $\dfrac{x}{2} + y = 1$），

∴ AB 所在的直线方程为 $\dfrac{x-2}{-2} = \dfrac{y}{1} \Rightarrow x + 2y - 2 = 0$.

设点 $P(x_0, y_0)$，则根据椭圆的对称性可得 $Q(-x_0, -y_0)$，且不妨设 $x_0 > 0, y_0 > 0$.

则点 P 到直线 AB 的距离为 $d_1 = \dfrac{|x_0 + 2y_0 - 2|}{\sqrt{5}}$；点 Q 到直线 AB 的距离为 $d_2 = \dfrac{|-x_0 - 2y_0 - 2|}{\sqrt{5}}$.

根据有向距离的概念可得 $x_0 + 2y_0 - 2 > 0, -x_0 - 2y_0 - 2 < 0$.

所以 $S = S_{\triangle ABP} + S_{\triangle ABQ} = \dfrac{1}{2}|AB|(d_{P-AB} + d_{Q-AB})$

$= \dfrac{1}{2} \times \sqrt{5} \times \left(\dfrac{x_0 + 2y_0 - 2}{\sqrt{5}} + \dfrac{x_0 + 2y_0 + 2}{\sqrt{5}}\right) = x_0 + 2y_0$.

又因为点 P 在椭圆上，且满足在第一象限，所以 $P(x_0, y_0)$ 满足 $\dfrac{x_0^2}{4} + y_0^2 = 1$，且 $x_0 \in (0, 2), y \in (0, 1)$.

解法 1 根据线性规划方法，目标函数为 $S = x_0 + 2y_0 \Rightarrow y_0 = -\dfrac{1}{2}x_0 + \dfrac{1}{2}S$. 求 S 的最大值，即求直线方程 $y_0 = -\dfrac{1}{2}x_0 + \dfrac{1}{2}S$ 在 y 轴上截距的最大值，可得

$\begin{cases} \dfrac{x^2}{4} + y^2 = 1, \\ 2y = -x + S, \end{cases} \Rightarrow x^2 + (S-x)^2 = 4 \Rightarrow 2x^2 - 2Sx + S^2 - 4 = 0$

根据图像特征,直线与椭圆相切时在 y 轴上的截距最大,故 $\Delta=4S^2-8(S^2-4)=0\Rightarrow S^2=8\Rightarrow S=2\sqrt{2}$.

解法 2(椭圆的参数方程):点 $P(x_0,y_0)$ 满足 $\begin{cases}x_0=2\cos\theta,\\ y_0=\sin\theta,\end{cases}\theta\in\left(0,\dfrac{\pi}{2}\right)$,

所以,$S=x_0+2y_0=2\cos\theta+2\sin\theta=2\sqrt{2}\sin\left(\theta+\dfrac{\pi}{4}\right)$.

因为 $\theta\in\left(0,\dfrac{\pi}{2}\right)$,所以 $\theta+\dfrac{\pi}{4}\in\left(\dfrac{\pi}{4},\dfrac{3\pi}{4}\right)$,即 $\sin\left(\theta+\dfrac{\pi}{4}\right)\in\left(\dfrac{\sqrt{2}}{2},1\right]$.

所以,当 $\theta=\dfrac{\pi}{4}$ 时,$S|_{\max}=2\sqrt{2}$.

师:除此之外,我们还有另外的求解方法,即

$S=(S_{\triangle POB}+S_{\triangle QOB})+(S_{\triangle POA}+S_{\triangle QOA})=\dfrac{1}{2}|OB|(2x_P)+\dfrac{1}{2}|OA|(2y_P)$,以 P 点坐标为参数,建立目标函数. 可以通过几何直观判断面积的最大值,即求 P、Q 两点到直线 AB 的距离之和的最大值,即为平行于 AB 且与椭圆相切的两直线之间的距离.

解 由 $A(2,0)$、$B(0,1)$ 可得,$\overrightarrow{AB}=(-2,1)$.

AB 所在的直线方程为 $\dfrac{x-2}{-2}=\dfrac{y}{1}\Rightarrow x+2y-2=0$.

根据 $S=S_{\triangle ABP}+S_{\triangle ABQ}=\dfrac{1}{2}|AB|(d_{P\text{-}AB}+d_{Q\text{-}AB})$ 可得若 S 最大,只需点 P、Q 到直线 AB 的距离之和最大,即为平行于 AB 且与椭圆相切的两直线之间的距离.

设平行于直线 AB 的直线方程为 $x+2y+c=0$.

$\begin{cases}x^2+4y^2=4,\\ x+2y+c=0,\end{cases}\Rightarrow x^2+(x+c)^2=4\Rightarrow 2x^2+2cx+c^2-4=0$.

$\triangle=4c^2-8(c^2-4)=0\Rightarrow c^2=8\Rightarrow c=\pm 2\sqrt{2}$.

所以,两平行线间的距离为 $d=\dfrac{2\sqrt{2}+2\sqrt{2}}{\sqrt{1+4}}=\dfrac{4\sqrt{2}}{\sqrt{5}}$.

又因为 $|AB|=\sqrt{5}$,

所以,$S=\dfrac{1}{2}|AB|d=\dfrac{1}{2}\times\sqrt{5}\times\dfrac{4\sqrt{2}}{\sqrt{5}}=2\sqrt{2}$.

五、直观想象核心素养在培养学生创造能力方面的价值

直观想象素养的提升,对于学生创造能力方面的培养有着非常重要的作用. 学生在学习过程中,通过直观表征入手,将数学问题与直观图表或者事物相联系,形成创造的基础. 并在不断的变式中,形成富有创建的数学结果.

【案例 4-7】圆锥曲线的焦点弦问题

问题 1:过抛物线焦点的一条直线与它交于两点 P、Q,通过点 P 和抛物线顶点的直线交准线 l 于点 M,则直线 MQ 平行于抛物线的对称轴.

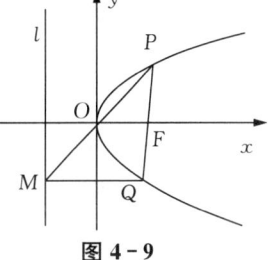

图 4-9

探究 1: 如图 4-9 所示,设抛物线 $y^2=2px(p>0)$ 焦点为 F,顶点为 O,本题题意可分成 3 部分:①P、F、Q 共线;②P、O、M 共线;③MQ 平行于 x.若将任意两个作为条件,是否可以导出第 3 个?

组合 1 由 $\begin{cases}① \\ ②\end{cases} \Rightarrow ③$,此即本题.

组合 2 由 $\begin{cases}① \\ ③\end{cases} \Rightarrow ②$,即若经过 F 的直线交抛物线于 P、Q 两点,点 M 在抛物线的准线上,且 $MQ // x$ 轴,则 P、O、M 三点共线.

组合 3 由 $\begin{cases}② \\ ③\end{cases} \Rightarrow ①$,即 P、Q 为抛物线上的两点,过 P 点与抛物线顶点 O 的连线交准线于 M 点,且满足 $MQ // x$ 轴,则直线 PQ 过抛物线焦点 F.

以上 3 个组合,证明皆可成立,见图 4-10,此处证略.

探究 2: 椭圆、双曲线是否具有上述 3 个组合的性质呢?

答案是否定的.事实上,在探究 1 中,点 O 既是抛物线的顶点,又是线段 EF 的中点,其中 E 为抛物线的准线与对称轴的交点,探究 2 表明:点 O 作为抛物线的顶点时,探究 1 的结论不适宜椭圆和双曲线,那么点 O 作为线段 EF 的中点,又如何?(证略)

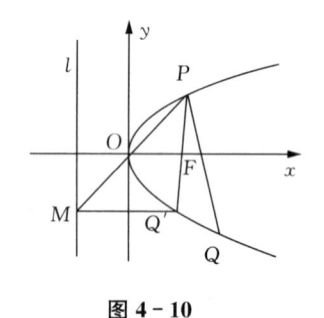

图 4-10

问题 2: 设椭圆(双曲线)的一个(左或右)焦点为 F,对应的准线为 l,l 与 x 轴交于 E 点,EF 中点为 L,过 F 点的直线与椭圆(双曲线)交于 P、Q 点,Q 点在 l 上的射影为 M,记:①P、F、Q 共线;②P、L、M 共线;③MQ 平行于 x 轴.

探究 3: 椭圆、双曲线是否具有组合 1 的性质?

探究 4: 椭圆、双曲线是否具有组合 2 的性质?

探究 5: 椭圆、双曲线是否具有组合 3 的性质?

探究 6: 若将焦点 F 改为 x 轴上的点 $F_1(x_0,0)$(在曲线内,且 $x_0 \neq 0$),对应准线改为直线 $x = \dfrac{a^2}{x_0}$,则圆、椭圆、双曲线是否同样具有组合 1、2、3 的性质?

探究 7: 若将焦点 F 改为点 $F_2(x_0,y_0)$(在曲线内),对应准线改为直线 $l: \dfrac{x_0 x}{a^2} + \dfrac{y_0 y}{b^2} = 1$,则圆、椭圆是否具有组合 1、2、3 的性质?

探究 8: 若将焦点 F 改为点 $F_2(x_0,y_0)$(在曲线内),对应准线改为直线 $l: \dfrac{x_0 x}{a^2} - \dfrac{y_0 y}{b^2} = 1$,则双曲线是否具有组合 1、2、3 的性质?

事实上,点 $F_2(x_0,y_0)$ 是直线 l 的极点,直线 l 是点 $F_2(x_0,y_0)$ 的极线.

(1) 给定圆或圆锥曲线 Γ,当极点在 Γ 内时,其对应的极线与 Γ 相离;当极点在 Γ 上时,其对应的极线与 Γ 相切;当极点在 Γ 外时,其对应的极线与 Γ 相交.

(2) 由极点和对应的极线,可得一系列的调和点列.

3　第三节　直观想象核心素养在课堂教学中的落实策略

高中数学是一门实践性强、应用性很强的自然科学,学生在学习的过程中往往会投入较大的学习精力.在传统的数学教学中,教师往往注重对学生灌输数学的概念以及定理,却不引导学生深入地去思考和分析概念的来源,导致学生在解题时无法正确地选择定理,构造简便的解题思路,导致了高中数学的教学质量普遍低下."直观想象"是指学生能够利用空间想象的能力去感知事物的形态发展以及操作之后的变化,并可以结合数学图形来解决数学问题的一种素养和能力.在高中数学教学中,培养学生的直观想象核心素养可以帮助学生更准确地理解数学知识,有效地提升学生的学习效果.

一、直观想象素养在各个学习内容板块中的渗透

《普通高中数学课程标准(2017年版)》对培养学生直观想象素养的要求体现在多个方面.比如,在必修课程与选择性必修课程中,突出几何直观与代数运算之间的融合,即通过形与数的结合,感悟数学知识之间的关联,加强对数学整体性的理解.必修课程如图 4-11 所示,选择性必修课程如图 4-12 所示.

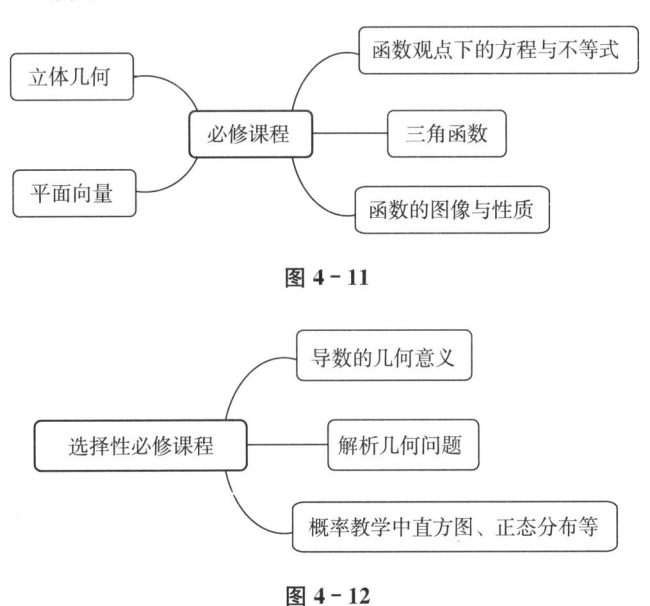

图 4-11

图 4-12

在必修课程中,从函数观点看一元二次方程和一元一次不等式的教学,让学生逐渐养成借助直观理解概念的习惯.在三角函数教学中,用几何直观和代数运算的方法研究三角函数的周期性、对称性、单调性和最大(小)值等性质,探索和研究三角函数之间的一些恒等关系.在函数的应用中,利用函数图像的几何直观认识函数概念,借助单位圆的直观,探索三角函数的有关性质.在平面向量及应用教学中,通过几何直观,了解平面向量投影的概念及其意义.在立体几何初步教学中,运用直观感知、操作确认、推理论证、度量计算等方法认识和探索空间图形的性

质,建立空间观念;用斜二测法画出简单空间图形(长方体、球、圆柱、圆锥、棱柱及其简单组合)的直观图;借助长方体,在直观认识空间点、线、面的位置关系的基础上,抽象出空间点、线、面的位置关系的定义,了解基本事实和定理;借助长方体,通过直观感知,了解空间中直线与直线、直线与平面、平面与平面的平行和垂直的关系.

在选择性必修课程中,一元函数导数及应用通过函数图像直观理解导数的几何意义.结合实例,借助几何直观了解函数的单调性与导数的关系.在"平面解析几何"的教学中,引导学生经历以下过程:首先,通过实例了解几何图形的背景,如通过行星运行轨道、抛物运动轨迹、探照灯的镜面,使学生了解圆锥曲线的背景与应用;其次,结合情境清晰地描述图形的几何特征与问题,如两点决定一条直线,椭圆是到两个定点的距离之和为定长的点的轨迹等;再次,结合具体问题合理地建立坐标系,用代数的语言描述这些特征与问题;最后,借助几何图形的特点,形成解决问题思路,通过直观想象和代数运算得到结果,并给出几何解释,解决问题.在概率教学中,可以通过具体实例,借助频率直方图的几何直观,了解正态分布的特征.

二、直观想象核心素养在各种教学活动过程中的渗透

在数学素养的生成教学策略上,许多国家都倡导用数学活动促进学生数学素养的生成.不少专家提倡,数学学习活动应当具有愉快感和充实感,能体现学生学习过程中的多样性和个性化,给予学生更多的自由发展空间.

【案例4-8】立体几何序言课

课堂实录

师:请同学们用6根长度相等的牙签(或火柴)搭正三角形,试试看,最多搭成几个正三角形?

生1:开始在桌面上摆,有的摆成两个余下一根牙签;有的在桌面上摆成塔形,塔底为三角形,出现4个三角形.学生兴趣很浓,积极探索摆法,最后都探索到,在空间,可搭成四个正三角形.

师:在平面内(桌面)最多只能搭成两个,而在空间能搭成四个正三角形.

同时,向学生展示正四面体骨架模型,再让学生看图4-13(a)所示的图形.

师:请同学们想一想,是否存在3条直线两两互相垂直的情况?若存在,请举出实际中的例子.

生2:有的在纸上画;有的用笔、直尺等演示;有的在教室四周观察.议论纷纷,有的说不存在,有的说存在,各持己见,争论不休.

师:在两种不同意见的学生中各选一人,让他们陈述理由.

生3:不存在.因为若 $a \perp c$, $b \perp c$,则 $a // b$.

生4:存在.如教室墙角处的三条直线两两互相垂直.

师:在同一平面内不存在,如生3的理由;但在空间是存在的,如生4同学所举的实例,教室墙角处的3条直线 AB、AC、AD 两两互相垂直,见图4-13(b).请同学们观察正方体(向学生展示正方体模型)中一个顶点处的3条棱之间的关系,也是两两互相垂直,见图4-13(c).

师:现实世界中许多问题,只在平面内研究是很不够的,还需要在空间这个更广阔的领域内来考虑和研究,这就是我们将要学习的"立体几何".

(a)　　　　　　　　(b)　　　　　　　　(c)

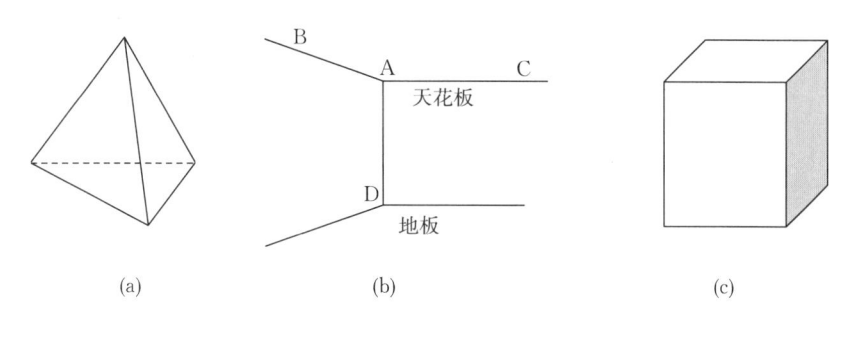

图 4－13

案例 4－8 中,课程的引入从学生已有的平面几何知识入手,利用模型和投影图形,启发、引导学生积极探索,大胆实践,极大地激发了学生学习的积极性和创造性,使抽象的序言课上得具体、生动,内容丰富.既使学生获得了知识,又培养了学生的能力.为学生学习立体几何创造了良好的开端,成功地拉开了立体几何教学的帷幕.

三、 直观想象核心素养在各个数学学习环节中的渗透

课堂是学生学习知识的主阵地,教学的任何一个环节都要步步推进,层层深入,看似平常的 40 分钟,却暗藏玄机、奥妙无穷.如何使教学目的明确,任务具体? 如何创设有趣的数学情景,令学生感受数学魅力? 如何设置有效问题,在问题解决中提升数学素养? 如何引导学生做好课后反思,使学习的效率更上一层楼? 都需要教师精心设计,及时调整和把握.

【案例 4－9】 几何体表面最小路径求解

问题: 如图 4－14 所示,有一个透明玻璃做成的长方体密封盒,其中 $AB=5$,$BC=4$,$CC_1=3$.在 A 处的蜘蛛欲捕捉位于 C_1 处的苍蝇,请各组讨论一下,怎样为蜘蛛制定行走方案,并画图说明.

课堂实录

生 1:连接 AC_1,用长方体对角线公式 $AC_1=\sqrt{3^2+4^2+5^2}=5\sqrt{2}$.

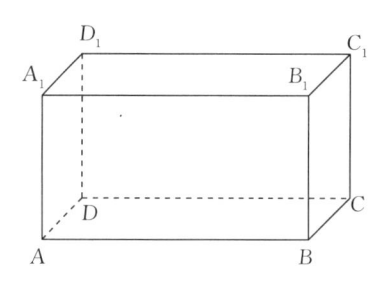

图 4－14

师:在你提出方案之前,你考虑了哪些问题?

生 1:路程最短.

师:想法很好,点 A、C_1 之间,确实线段 AC_1 最短.但想想看,这"航空"方案蜘蛛能执行吗? (学生摇头示意明白)

生 2:长方体是封闭的,不能进入内部,而且蜘蛛也不能从 A 飞到 C_1.所以,蜘蛛的行走路线只能是在长方体表面.

师:有道理,我赞同.表面上两点间的最短路程怎么实现? 还将考虑哪些问题?

生 3:因为 A、C_1 不在长方体的同一表面上,直接寻找最短路径不方便,所以,展开表面使点 A、C_1 落在同一平面,从而,问题转化为平面内两点间的距离问题解决.

师:听起来是一个可行的思路,请把你的思路转化路径方案,我们斟酌一下,是否有借鉴意义.

生4：经过检验，真正的最佳方案只有一个，就是 AC_2. 因为由勾股定理可知，
$$AC_2=\sqrt{AB^2+(BB_1+B_1C_1)^2}=\sqrt{5^2+7^2}=\sqrt{74},$$
$$AC_3=\sqrt{(AB+BE)^2+EC_3^2}=\sqrt{9^2+3^2}=3\sqrt{10}.$$
故 $AC_2<AC_3$

所以，在长方体表面上连 AM、MC_1 所得的折线，为所寻求的最佳路径(见图4-15).

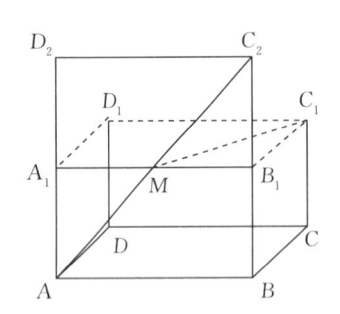

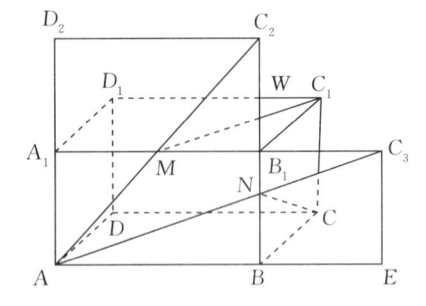

图 4-15

师：这位同学补充得很精彩，完整周密，有理有据，这是一个可行的方案．还有同学要补充吗？

师：在刚才的蜘蛛路径问题的讨论中，涉及到一个几何体表面最小路径问题．请回顾，你都想到或用到了哪些知识和方法，还有什么疑惑要和同学们探讨？或有哪些结果值得总结？

同学们通过积极的讨论，提出各种问题及想法大致为如下几个方面．

(1) 在长方体中，展开方式的不同将影响最小路径的求解，值得注意．

(2) 几何体表面路径问题与两点间的距离的关系．

(3) "蜘蛛路径问题"的方法，是否可以推广．

(4) 几何体表面路径最值问题求解的思想方法．

(5) 几何体是否都能够把表面展开？哪些能展开？

(6) 球面不能展开，球面上两点间的距离怎么求解？

师：刚才同学们在讨论中提出的问题，有很多值得我们大家思考，并且相信大家凭借彼此协作，就能解决其中不少疑问．

习题1：有一个圆锥如图4-16所示，它的底面半径为 r，母线长为 l，且 $l>2r$. 在母线 SB 上有一点 B，$AB=a$. 求由 A 绕圆锥侧面一周到 B 的最短路程．

生5：(立刻回答)利用侧面展开图(见图4-17)，将空间问题平面化，将所求问题转化为平面上两点间的距离去解决．

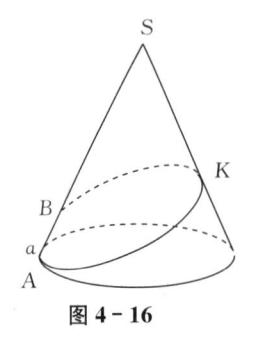

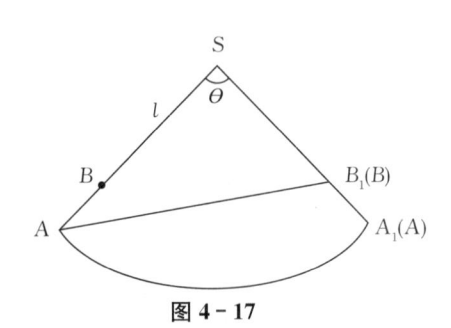

图 4-16   **图 4-17**

师：思路很好，请将完整求解过程交上来.

（约5分钟，解答陆续交上来了，虽然有些解答因为疏忽显得不够完善，但总体思路都较为合理）

如图4-17所示，其数量关系多数表达如下：

设$\angle A_1 SA=\theta$，则$\theta=\dfrac{r}{l}\cdot 360°$，又$SA=l$，$SB=l-a$，故$AB_1=\sqrt{l^2+(l-a)^2-2l(l-a)\cos\dfrac{r\cdot 360°}{l}}$.

师：同学们都做得不错，思路也很清晰，即通过侧面展开，实现了空间问题平面化. 进而利用平面三角形中余弦定理实现了问题的解决. 同学们有异议吗？

生6：题目中给出的条件$l>2r$有什么意义吗？为什么前面的解答中都没有利用到它？

师：如果将条件改为$l\leqslant 2r$的话，对刚才的展开图及求解有什么影响？

生7：我们的结论是，如果$l\leqslant 2r$，圆锥侧面展开图的中心角$\theta=\dfrac{r}{l}\cdot 360°\geqslant 180°$，则圆锥侧面展开图如图4-18所示.

师：对，图形确实变了，我们的求解有没有相应方案呢？请观察图形.

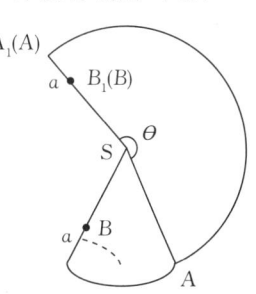

图4-18

生8：那么，原先解答过程中的三角形即余弦定理都不适用了，所求距离就不是两点间的距离，而是$AS+SB_1=2l-a$.

生9：我认为生7的说法有问题. 如果是这样的话，就是从A到S，又从S到B. 这都是在同一母线上来回，并没有绕侧面走.

师：说得都有道理，事实上，因为顶点是所有母线的公共点，如果我们广义地把"从A到S，又从S到B"理解为从侧面走过，则学生7的答案正确，否则，这时不存在最小值，但可以确定最短路程无限接近于$2l-a$.

四、直观想象核心素养在各个年级循序渐进中的渗透

直观想象核心素养的培养应根据不同阶段学习内容的不断展开而逐步深化. 从工具性的应用，如学习集合时的文氏图的应用，不等式组解法中数轴的应用，到函数背景下的函数性质的应用，再到解析几何中方程与曲线深刻理解后，对函数图像进一步的深刻理解. 在教学中，应根据学习者自身能力，不断而有序地渗透，方能使学习者真正理解和提升直观想象素养的能力.

第四节 信息技术助力直观想象核心素养的提升

在数学教学中,利用信息技术可以创设丰富的教学情境,可以帮助学生自主探究和解决问题,可以将一些抽象的数学内容通过直观演示变得直观可视等.可见,信息技术对改进和完善数学教学活动具有重要作用.因此,《普通高中数学课程标准(2017年版)》对如何运用信息技术提高教学实效性,从认识信息技术对数学教学的影响及其价值、重视信息技术并合理运用等方面提出了建议.

在函数概念、指数函数、对数函数、三角函数、统计、立体几何初步、曲线与方程等内容中,课程标准明确建议借助计算器或计算机进行教学.这就需要我们深入研究包括这些内容在内的数学教学中,如何恰当地使用信息技术,帮助学生理解和掌握知识、增强学习兴趣、改善学习方式.

一般来说,在教学中运用现代信息技术,既要考虑数学内容的特点,又要考虑信息技术的特点与局限性,把握好两者的有机结合,利用计算器和计算机的优势,确实地对学生的学习、教师的教学起到促进作用,这是一个基本原则.

一、基于图形计算器辅助直观想象核心素养的提升

图形计算器作为研究数学问题的一个工具,能够在学生开展数学学习的过程中提供一定的辅助作用.尤其是它在通过函数图像研究函数性质、解析几何的问题研究方面,能通过直观而动态的变化,方便学生更好地理解问题的本质.

【案例 4-10】用 TI 图形计算器解一道解析几何压轴题

问题: 已知椭圆 $\frac{x^2}{a^2}+\frac{y^2}{b^2}=1(a>b>0)$,半焦距为 $c(c>0)$,且满足 $(2a-3c)+(a-c)\mathrm{i}=\mathrm{i}$(其中 i 为虚数单位),经过椭圆的左焦点 $F(-c,0)$,斜率为 $k_1(k_1\neq 0)$ 的直线与椭圆交于 A,B 两点,O 为坐标原点.

(1) 求椭圆的标准方程;

(2) 当 $k_1=1$ 时,求 $S_{\triangle AOB}$ 的值;

(3) 设 $R(1,0)$,延长 AR、BR 分别与椭圆交于 C,D 两点,直线 CD 的斜率为 k_2.求证:$\frac{k_1}{k_2}$ 为定值.

利用 TI 的解决方案:

(1) 如图 4-19 所示,利用解方程组功能解出 a,b,考虑到 $a>0,b>0$,得 $a=3,b=\sqrt{5}$,所以椭圆 Γ 的方程为 $\frac{x^2}{9}+\frac{y^2}{5}=1$.

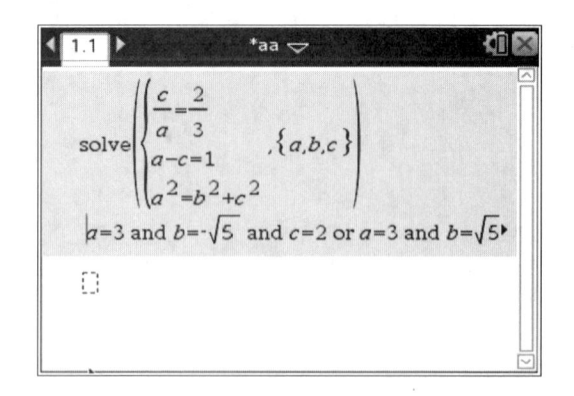

图 4-19

(2) 接着，在页面 1.2 中作椭圆 $\dfrac{x^2}{9}+\dfrac{y^2}{5}=1$，直线 $y=x+2$，并交椭圆于 A、B 两点，构造三角形 OAB，并测量面积为 3.03，如图 4-20 所示.

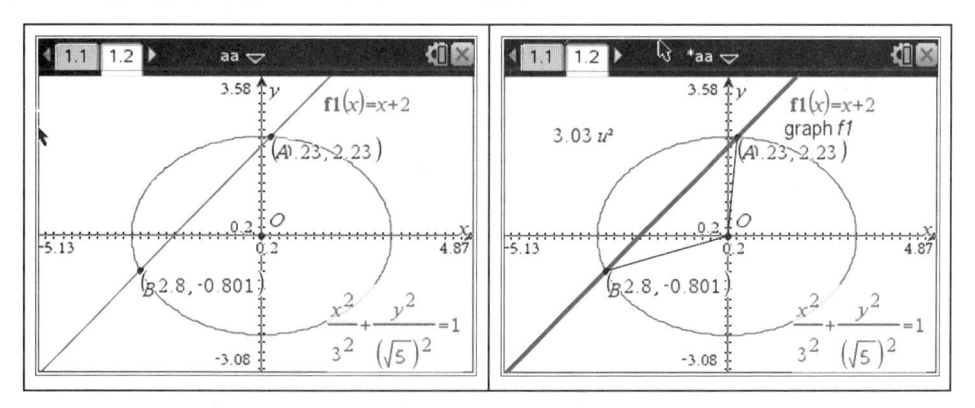

图 4-20

实际操作非常简单，但是，这样做的结果并不是一个精确值，于是，我们尝试求出 AB 的长度以及 O 点到 AB 的距离，再进行计算．回到页面 1.1，通过解方程组将两个交点 A、B 的坐标解出来，再计算出 AB 的长度为 $\dfrac{30}{7}$，如图 4-21 所示.

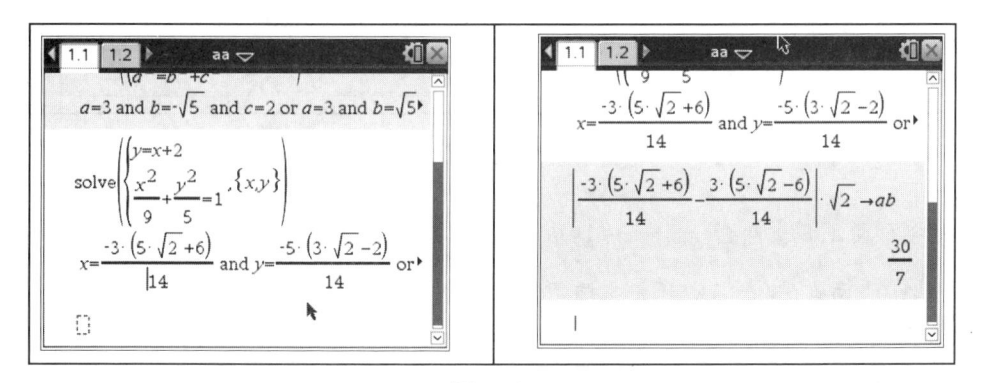

图 4-21

下面我们作 O 到 AB 的距离，先过 O 点作 AB 的垂线得到垂足 C，测量 OC 距离得 1.41，再计算面积得 3.02143，如图 4-22 所示.

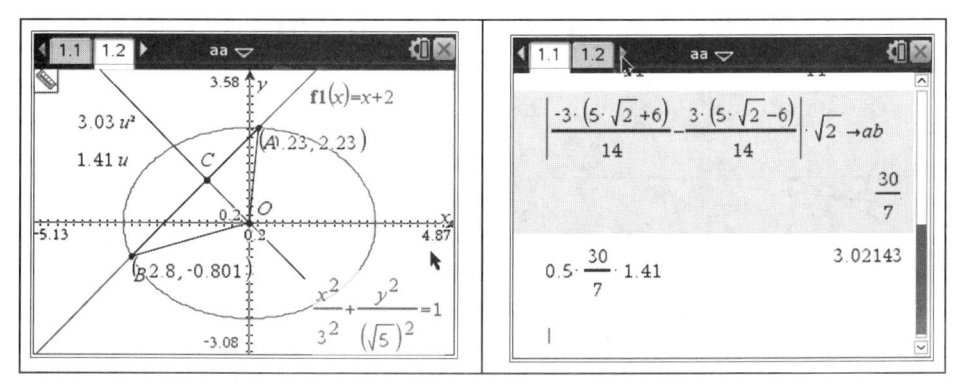

图 4-22

对比发现,这仍然不是一个精确值,问题在于 OC 的距离,为了能得到更精确的值,我们试着通过求直线方程来解决.因为直线 OC 与直线 AB 垂直并且过原点,所以直线 OC 的方程为 $y=-x$,接着求两直线的交点,即解方程组得 C 点坐标为 $(-1,1)$,这样 OC 距离为 $\sqrt{2}$ 就显而易见了.再计算面积得 $S_{\triangle AOB}=\frac{1}{2}|OC||AB|=\frac{1}{2}\times\sqrt{2}\times\frac{30}{7}=\frac{15\sqrt{2}}{7}$,这样我们终于得到了一个精确值,如图 4-23 所示.

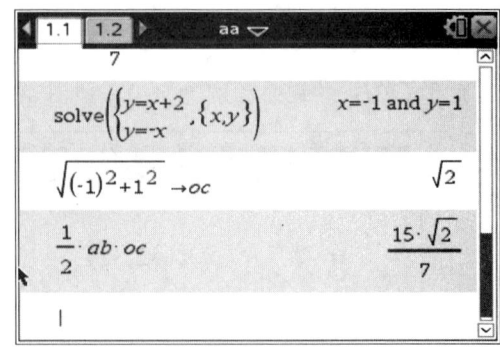

图 4-23

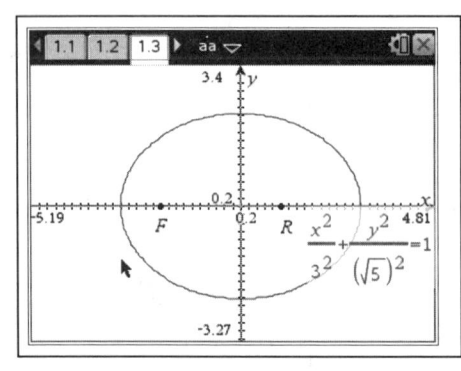

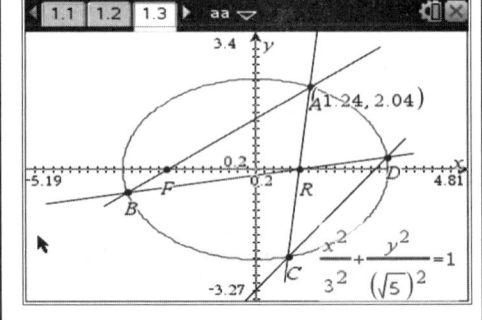

图 4-24

(3) 在页面 1.3 作椭圆 $\frac{x^2}{9}+\frac{y^2}{5}=1$,取点 F、点 R.在椭圆上取动点与点 F 连接构成直线交椭圆于 A、B 两点,连接 AR 延长交椭圆于点 C,连接 BR 延长交椭圆于点 D,连接直线 CD.分别测量直线 AB 和 CD 的斜率记为 k_1 和 k_2,计算 k_1 与 k_2 的比值,拖动椭圆上的动点改变两条直线的斜率,发现随着动点在椭圆上移动,两条直线的斜率会有变化,但比值不变,始终是 0.571,如图 4-24 所示.虽然它仍然是一个近似值,不过我们得到了一个直观的认识,就是这个比值不会因为 k_1 的变化而变化,它始终是一个定值,如图 4-25 所示.

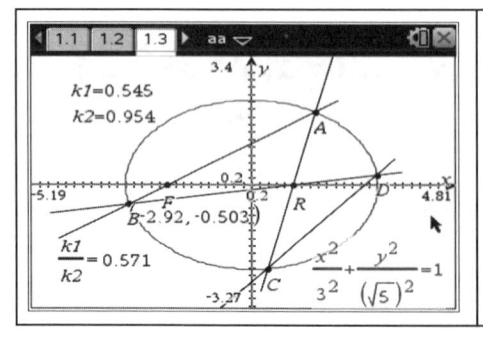

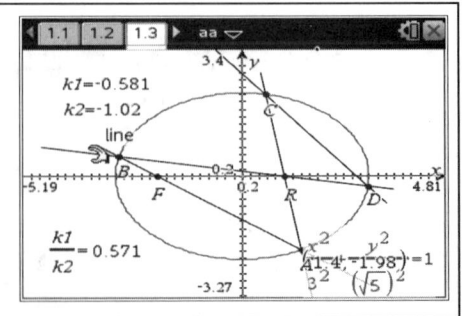

图 4-25

更进一步,也可以参照常规解法,利用图形计算器的解方程功能将 k_1 和 k_2 用 x_1,y_1、x_2,

y_2 表示,最终得到比值为一个定值.

从案例 4-10 中可以看出,信息技术在教学中的优势主要表现在:快捷的计算功能、丰富的图形呈现与制作功能、大量数据的处理功能;提供交互式的学习和研究环境等方面.因此,在教学中,应重视数学教学与现代信息技术的有机结合,恰当地使用现代信息技术,发挥现代信息技术的优势,帮助学生更好地认识和理解数学,增强学生对数学学习的兴趣,同时也提高几何直观和空间想象的能力.

二、 基于简单数学游戏辅助直观想象核心素养的提升

人们对数学有一个严重的误解,认为它只是枯燥无味的计算.这种观点完全是错误的,事实上,数学是关于想象力、洞察力和直觉的学科,真正的数学灵感正是来自这三者.数学是抽象游戏的集合,是科学,也是一种看待事物的角度.在这个抽象规则构成的数学游戏小世界里,有精彩的解题思路、巧妙的解题技巧、标准的序列、有力的方法、熟悉的布阵、致胜的奇招和杰出的组合等.

【案例 4-11】用复数找宝

虚数闯进数学领地之后,足足有几个世纪之久,一直披着神秘的、不可思议的面纱.直到两个业余数学爱好者给虚数作出了几何解释以后,面纱才被揭去.这两个有功之人是挪威测绘员威塞尔人和法国会计师阿尔刚.

按照他们的解释,一个复数,如 3+4i,可以像图 4-26 那样地标出来,其中 3 是水平方向的坐标,4 是垂直方向的坐标.

所有的实数都对应于横轴上的点;而纯虚数则对应于纵轴上的点.当实数 3 乘以虚数单位 i 时,就将得到位于纵轴上的纯虚数 3i.由此可见,一个数乘以 i,在集合上就相当于逆时针旋转 90°.

这个规则同样适用于复数,把 3+4i 乘以 i,得到 $i(3+4i)=3i+4i^2=3i-4=-4+3i$.

从图 4-26 中立即可以看出,-4+3i 正好相当于 3+4i 这个点绕原点按逆时针方向旋转了

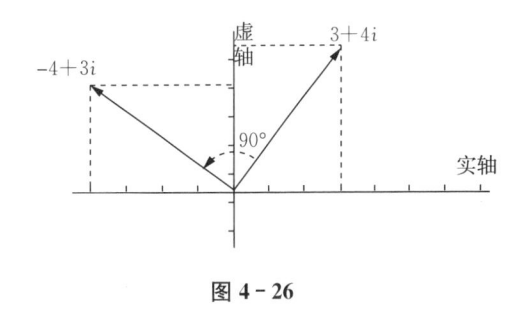

图 4-26

90°.同样的道理,一个数乘上 -i 就是它绕原点按顺时针方向旋转了 90°.

从前,有一位富于冒险精神的青年,在他曾祖父的遗物中发现了一张羊皮纸,上面写着一些刺激眼球的语句:

乘船至北纬_____,西经_____,即可找到一座荒无人烟的小岛.岛的北岸有一大片草地,草地上有一株橡树和一株松树.还有一座绞架,那是我们以前用来吊死叛徒的.从绞架走到橡树,记住走了多少步;到了橡树后向右拐个直角,再走同样的步数,在这里打个桩.然后回到绞架,朝松树走去,也记住所走的步数;走到松树后向左拐个直角,再走同样的步数后,在这里也打个桩,在两个桩的正当中挖掘下去,就可以找到宝藏.

羊皮纸上的叙述非常清楚、明白,说得头头是道,于是这位青年就去租了一条船开往目的地.果然发现了荒岛,也找到了岛上的橡树和松树,但使他大失所望的是:绞架无影无踪,不知去向.原来,经过长时间的风吹、日晒、雨淋,绞架已经朽烂成土,一点痕迹都看不出来了.

年轻的冒险家陷入绝望.在狂乱中,他在地上乱掘起来.但是,地方太大了,一切努力只是徒劳.他只好两手空空,启帆回程,一文钱都未捞到,反而亏损了路费.

这是一个令人伤心的故事.然而,更令人伤心的是,倘若这个小伙子懂点复数,他本来是有可能找到他曾祖父埋下的宝藏的.现在我们怎么帮他找找呢,尽管为时已晚,于事无补.

我们把这个荒岛看成复数平面.通过两棵树干画一条轴线(实轴),再过两棵树之间的中点与实轴垂直作虚轴,如图 4-27 所示,并以两树距离之半作为长度单位.这样一来,橡树位于实轴的 -1 点上,松树则在 $+1$ 点上.我们不知道绞架在何处,不妨用大写的希腊字母 Γ(它的样子倒是很像绞架!)表示它的假设位置.这个位置不一定在两根轴上,因此,Γ 应该是个复数,即 $\Gamma=a+bi$.

由于绞架在 Γ,橡树在 -1,于是两者的距离与方位就是 $-1-\Gamma$.同理,绞架与松树相距 $1-\Gamma$.把这两个距离分别按顺时针与逆时针方向旋转 $90°$,也就是分别乘以 $-i$ 和 i,这就得出了两根桩的位置为 $(-i)[-(1+\Gamma)]+1=i(\Gamma+1)+1$;
$i(1-\Gamma)-1=i(1-\Gamma)-1$.

宝藏在两根桩的正中间,因此,我们应该求出上述两个复数之和的一半,即

$$\frac{1}{2}[i(\Gamma+1)+1+i(1-\Gamma)-1]=\frac{1}{2}(2i)=i$$

图 4-27

现在可以看出,Γ 所代表的绞架位置已在运算过程中自然消失了.由此可见:不论绞架位于何处,宝藏都在 i 这个点上.也就是说,倘若这位青年能做一点点数学运算,那么他就无须在整个荒岛上挖来挖去,他只要在图中打"×"处一挖,就可以把珍宝弄到手了.

法国大数学家帕斯卡指出:"数学这一学科是如此的严肃,我们应当千方百计地把它趣味化."创设简单的数学,激发学生由"兴趣"到"创造"再到"兴趣"的过程,必将推动数学的发展,往小里讲,也能提升学生数学的综合素养.

三、基于动态教学软件辅助直观想象核心素养的提升

在函数概念、指数函数、对数函数、三角函数、统计、立体几何初步、曲线与方程等内容中,课程标准明确建议借助计算器或计算机进行教学.这就需要我们深入研究包括这些内容在内的数学教学中,如何恰当地使用信息技术,帮助学生理解和掌握知识、增强学习兴趣、改善学习方式.

【案例 4-12】模拟撒豆试验计算 π 的近似值

人类对圆的探索,可以追溯到上古时期,尽管圆有大有小,但圆的周长 l 与直径 d 之间存在着比例常数圆周率 π. 公元前 3 世纪,古希腊学者阿基米德用圆内接或外切正多边形来近似代替圆,得到近似圆周率.到了 5 世纪,祖冲之在刘徽"割圆术"的基础上,使用更加精密的方法,给出不足近似值 3.1415926 和过剩近似值 3.1415927,还得到两个近似分数值密率 $\frac{355}{113}$ 和约率 $\frac{22}{7}$ 来表示 π 的近似值,极大地简化了计算.随着无穷乘积式、无穷连分数、无穷级数等各

种 π 值表达式纷纷出现，尤其是计算机的出现，使得 π 值计算精度迅速增加．在教学中，如果运用几何画板，随机迭代功能来模拟撒豆试验，不仅可以获取大数据，而且统计和计算可以即时呈现，既可以手动试验也可高速模拟试验，非常方便，如图 4-28 所示．

$n=75$
$n'=0$
$\dfrac{p'Q}{m_1}=59$
$4\cdot\dfrac{\dfrac{p'Q}{m_1}}{n}=3.14667$

撒了75个豆子，其中有59个落在圆内（或圆上），
计算得到π的近似值为3.14667．

（a）

$n=627$

清除
开始

撒了627个豆子，其中有493个落在圆内（或圆上），
计算得到π的近似值为3.14514．

（b）

图 4-28

在进行统计教学时，计算器和计算机对大量数据的处理功能就凸现出来了，教师可以通过对实际问题的解决，或恰当的案例，指导学生运用计算器或计算机，通过学生自己的操作、观察、思考、比较、分析，给出判断，充分利用计算器和计算机快捷的计算功能，提高学习效率．

需要注意的是，当我们鼓励学生运用现代信息技术学习数学时，应该让他们认识到现代信息技术的飞速发展，方便了我们的数学教学，为我们的教与学注入了新的活力，但是，现代信息技术不能替代艰苦的学习和人脑精密的思考，它只是作为达到目的的一种手段、一种重要的工具，从而使学生能合理而非盲目地使用信息技术．

第五节 直观想象核心素养怎么考?

直观想象不但是"四能"(发现、提出、分析和解决问题的能力)的基础,它也是探索和形成论证思路、进行数学推理、构建抽象结构的思维基础,也是数学抽象和数学建模的基础.

直观想象素养水平的描述是通过情境与问题、知识与技能、思维与表达、交流与反思 4 个方面展开的,分为 3 个水平:水平一是高中毕业应当达到的要求,也是高中毕业的数学学业水平考试的命题依据;水平二是高考的要求,也是数学高考的命题依据;水平三是基于必修、选择性必修和选修课程的某些内容对数学学科核心素养的达成提出的要求,可以作为大学自主招生的参考.其中,直观想象水平二(高考)的要求为:①能够在关联情境中,想象并构建相应的几何图形,并借助图形提出数学问题,发现图形与图形、图形与数量的关系,探索图形的运动规律;②能够掌握研究图形与图形、图形与数量之间关系的基本方法,能够借助图形性质探索数学规律,解决实际问题或数学问题;③能够通过直观想象提出数学问题,能够用图形探索解决问题的思路,能够形成数形结合的思想,体会几何直观的作用和意义;④在交流的过程中,能够利用直观想象探讨数学问题.

一、从思维品质角度考查直观想象核心素养

直观想象从思维角度看,就是通过建构数学问题的直观模型,在观察、分析直观模型的基础上,对事物的空间形式,特别是图形进行进一步的想象,把握其位置关系、形态变化与运动规律.

【案例 4-13】利用几何直观形成论证思路

问题 1: 设函数 $f(x)$ 的定义域为 $\mathbf{R}$,满足 $f(x+1)=2f(x)$,且当 $x\in(0,1]$ 时,$f(x)=x(x-1)$.若对任意 $x\in(-\infty,m]$,都有 $f(x)>-\dfrac{8}{9}$,则 m 的取值范围是_____.

分析 此题能较好地考查学生关于函数概念、函数与不等式的关系,以及建立几何模型和借助几何模型解决问题的能力.由 $f(x+1)=2f(x)$ 可知,$f(x)$ 图像每向右平移 1 个单位,图像上点的纵坐标扩大为原来的 2 倍,如图 4-29 所示.由 $x\in(0,1]$ 时,$f(x)=x(x-1)$ $=\left(x-\dfrac{1}{2}\right)^2-\dfrac{1}{4}\in\left[-\dfrac{1}{4},0\right]$ 知,$x\in(1,2]$ 时,$f(x)\in\left[-\dfrac{1}{2},0\right]$;$x\in(2,3]$ 时,$f(x)\in[-1,0]$,故 $m\in(2,3]$.

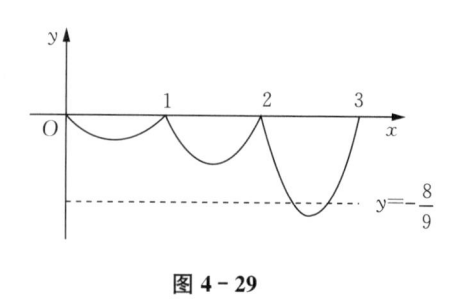

图 4-29

由 $m\in(2,3]$ 时,$f(m)=4(m-2)[(m-2)-1]=-\dfrac{8}{9}$,得 $m=\dfrac{7}{3}$ 或 $\dfrac{8}{3}$.

又 $f\left(\dfrac{5}{2}\right)=-1$,结合图可知,$m$ 的取值范围为 $\left(-\infty,\dfrac{7}{3}\right]$.

此题思维的难点与关键在于如何把握图形的变化规律及图形背后所蕴含的数量关系,是借助几何直观形成解题思路.

问题2: 设 $f(x)$、$g(x)$ 是定义在 **R** 上的两个周期函数,$f(x)$ 的周期为 4,$g(x)$ 的周期为 2,且 $f(x)$ 是奇函数,当 $x\in(0,2]$ 时,$f(x)=\sqrt{1-(x-1)^2}$,$g(x)=\begin{cases}k(x+2), & 0<x\leqslant 1, \\ -\dfrac{1}{2}, & 1<x\leqslant 2,\end{cases}$ 其中 $k>0$.若在区间 $(0,9]$ 上,关于 x 的方程 $f(x)=g(x)$ 有 8 个不同的实数根,则 k 的取值范围是 _____.

分析 此题能较好地考查学生的周期函数、分段函数等概念,以及建构几何模型和借助几何模型解决问题的能力.由于此题是关于方程根的个数问题而不是根的大小问题,并且从方程 $f(x)=g(x)$ 有 8 个不同的实数根可知,单纯从"数"的视角考虑可能难以解决问题,应先从"形"的视角搞清楚方程根的大致分布情况.由 $f(x)=\sqrt{1-(x-1)^2}$,$x\in(0,2]$ 可得 $(x-1)^2+y^2=1$,$(y\geqslant 0)$.由 $f(x)$ 是奇函数且它的周期为 4,得知它在区间 $(0,9]$ 上的图像如图 4-30 所示,由题意,$f(x)$ 与 $g(x)$ 的图像有 8 个交点,而 $x\in(1,2]\cup(3,4]\cup(5,6]\cup(7,8]$ 时,$f(x)$ 与 $g(x)$ 的图像有 6 个交点.由 $f(x)$ 与 $g(x)$ 的周期性知,$x\in(0,1]$ 时,$f(x)$ 与 $g(x)$ 的图像有 2 个交点,即线段 $y=k(x+2)$,$(0<x\leqslant 1)$ 与圆弧 $(x-1)^2+y^2=1$,$(0<x\leqslant 1$,$y\geqslant 0)$ 有 2 个交点.因此,点 $(1,0)$ 到直线 $y=k(x+2)$ 的距离小于 1,且 $g(1)\geqslant f(1)$,解得 $\dfrac{1}{3}\leqslant k<\dfrac{\sqrt{2}}{4}$,即 k 的取值范围是 $\left[\dfrac{1}{3},\dfrac{\sqrt{2}}{4}\right)$.

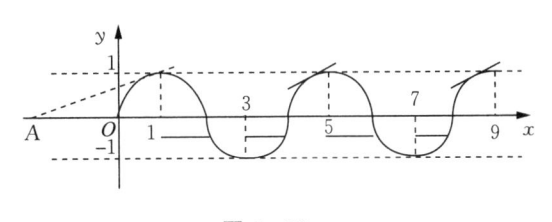

图 4-30

此题的难点在于如何利用已知条件建立几何直观和利用几何直观形成解题思路,是如何通过"看"寻找解题思维的突破口.搞清楚 $f(x)$ 与 $g(x)$ 图像之间的关系,具体运算只是小事一桩.

二、从学科素养角度考查直观想象核心素养

直观想象在数学核心素养体系中具有重要的地位,与其他数学学科核心素养密不可分.在复杂情境中发现问题、解决问题,通常需要先通过直观想象对问题进行分析、探寻问题实质,再通过数学抽象、数学建模将其转化为数学问题.在复杂的逻辑推理或数学运算中,也需要运用直观想象来理清思路、简化运算;在大数据分析时,有时也要借助图表使数据更加直观.

【案例 4-14】 把数学问题直观化、图形化

问题: 在平面四边形 $ABCD$ 中,$\angle ADC=90°$,$\angle A=45°$,$AB=2$,$BD=5$.

(1) 求 $\cos\angle ADB$;

(2) 若 $DC=2\sqrt{2}$,求 BC.

分析 此题是解三角形中比较常见的题型,命题思路非常清晰,主要考查正弦定理及余弦定理.第(1)问在 $\triangle ABD$ 中,已知一个角与两边的长,求另一边的对角,很显然,直接运用正弦

定理求解;第(2)问在△CBD中增加已知两边,借助第(1)问可求夹角,于是可以直接用余弦定理求解.

解法1 (1)在△ABD中,由正弦定理得 $\dfrac{BD}{\sin\angle A}=\dfrac{AB}{\sin\angle ADB}\Rightarrow\dfrac{5}{\sin 45°}=\dfrac{2}{\sin\angle ADB}\Rightarrow$ $\sin\angle ADB=\dfrac{\sqrt{2}}{5}$.

由题设知 $\angle ADB<90°$,所以,$\cos\angle ADB=\sqrt{1-\dfrac{2}{25}}=\dfrac{\sqrt{23}}{5}$.

(2) 由题设及(1)知,$\cos\angle BDC=\sin\angle ADB=\dfrac{\sqrt{2}}{5}$.

在△CBD中,由余弦定理得 $BC^2=BD^2+DC^2-2BD\cdot DC\cdot\cos\angle BDC=25+8-2\times 5\times 2\sqrt{2}\times\dfrac{\sqrt{2}}{5}=25$.

所以 $BC=5$.

解法2 如图4-31所示,过点B分别作 $BG\perp AD$ 于点 G,$BF\perp CD$ 于点 F,

(1) 因为 $AB=2,\angle A=45°$,所以 $BG=\sqrt{2}$.

因为 $BD=5$,所以 $DG=\sqrt{5^2-(\sqrt{2})^2}=\sqrt{23}$.

所以 $\cos\angle ADB=\dfrac{\sqrt{23}}{5}$.

(2) 因为 $\angle ADC=90°$,$BG\perp AD$,$BF\perp CD$,所以四边形 $BGDF$ 是矩形.

所以 $BF=DG=\sqrt{23}$,$DF=BG=\sqrt{2}$.

因为 $DC=2\sqrt{2}$,所以 $FC=2\sqrt{2}-\sqrt{2}=\sqrt{2}$,所以 $BC=\sqrt{(\sqrt{2})^2+(\sqrt{23})^2}=5$.

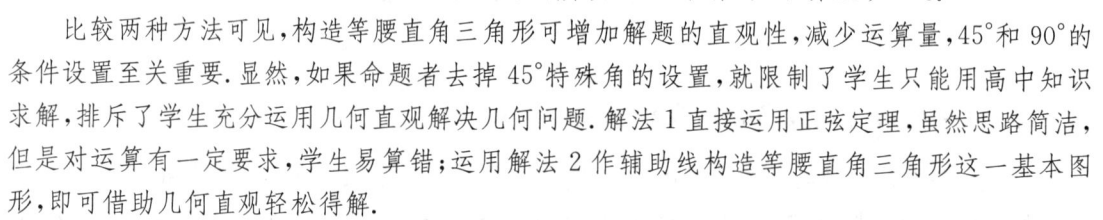

图 4-31

比较两种方法可见,构造等腰直角三角形可增加解题的直观性,减少运算量,45°和90°的条件设置至关重要.显然,如果命题者去掉45°特殊角的设置,就限制了学生只能用高中知识求解,排斥了学生充分运用几何直观解决几何问题.解法1直接运用正弦定理,虽然思路简洁,但是对运算有一定要求,学生易算错;运用解法2作辅助线构造等腰直角三角形这一基本图形,即可借助几何直观轻松得解.

从案例4-14中可以看到在解题教学中,不妨多思考、多观察,培养运用几何直观理解问题的意识和能力,对提高学生的解题能力大有裨益.

三、从关键能力角度考查直观想象核心素养

通过图形的表征与变换,理解图形的特征、简化运算过程、将"数"与"形"的问题自由转化,都体现了直观想象核心素养在数学问题解决过程中关键能力的作用.

【案例4-15】构造几何模型,破解思维瓶颈

问题:设点 P 是函数 $y=-\sqrt{4-(x-1)^2}$ 的图像上的任意一点,点 $Q(2a,a-3)$,$(a\in\mathbf{R})$,

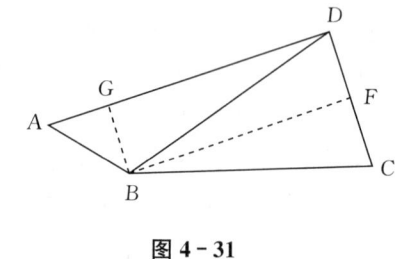

则 $|PQ|$ 的最小值为_____.

解：函数 $y=-\sqrt{4-(x-1)^2}$ 的图像是以 $C(1,0)$ 为圆心，半径等于 2 的圆在 x 轴以下的半圆，含点 $(-1,0)$，$(3,0)$. 点 $Q(2a,a-3)(a\in\mathbf{R})$ 为直线 $l:x-2y-6=0$ 上的动点，所以，$|PQ|$ 的最小值等于圆心 $C(1,0)$ 到直线 $l:x-2y-6=0$ 的距离 d 减去圆的半径 r，即 $d-r=\dfrac{|1-2\times 0-6|}{\sqrt{5}}-2=\sqrt{5}-2$.

变式：已知 $a=3c$，$bd=-3$，求 $(a-b)^2+(d-c)^2$ 的最小值.

解：根据题意，点 $A(a,c)$ 是直线 $y=3x$ 上的动点，点 $B(b,d)$ 是曲线 $y=-\dfrac{3}{x}$ 上的动点，所以 $(a-b)^2+(d-c)^2=|AB|^2$，如图 4-32 所示，将直线 $y=3x$ 平移，假设与曲线 $y=-\dfrac{3}{x}$ 相切于点 B_0，过 B_0 作直线 $y=3x$ 的垂线，设垂足为 A_0，则 $|AB|^2$ 的最小值等于 $|A_0B_0|^2$，即点 B_0 到直线 $y=3x$ 的距离（点线距离）的平方. 设 $B_0(x_0,y_0)$，由 $y=-\dfrac{3}{x}$，得 $y'=\dfrac{3}{x^2}$，则 $\begin{cases}y_0=-\dfrac{3}{x_0},\\ \dfrac{3}{x_0^2}=3,\end{cases}$ 解得 $B_0(1,-3)$ 或 $B_0(-1,3)$.

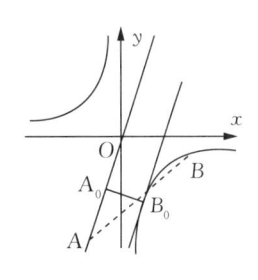

图 4-32

所以，当 $B_0(1,-3)$ 时，B_0 到直线 $y=3x$ 的距离为 $d=\dfrac{|3+3|}{\sqrt{10}}=\dfrac{3\sqrt{10}}{5}$.

当 $B_0(-1,3)$ 时，B_0 到直线 $y=3x$ 的距离为 $d=\dfrac{|3+3|}{\sqrt{10}}=\dfrac{3\sqrt{10}}{5}$.

所以，$(a-b)^2+(d-c)^2=|AB|^2\geqslant|A_0B_0|^2=\dfrac{18}{5}$，即 $(a-b)^2+(d-c)^2$ 的最小值为 $\dfrac{18}{5}$.

从案例 4-15 中可以看出，数形结合是基本的数学思想方法，面对某些"代数"问题，如果直接去解，运算难度大，甚至难以得到结果，这时，我们会尝试挖掘问题的几何背景，构造恰当的几何模型，然后借助几何模型思考，通常可以破解思维的瓶颈，克服运算的障碍，化难为易，使问题顺利得到有效解决.

四、从必备知识角度考查直观想象核心素养

在必修课程与选择性必修课程中，课程标准突出几何直观与代数运算之间的融合，即通过形与数的结合，感悟数学知识之间的关联，加强对数学整体性的理解. 在必备知识的考查中，除了涉及立体几何、解析几何相关内容外，不等式、函数、三角、复数、向量、数据分析等内容也都有效地考查了直观想象素养.

【案例 4-16】不等式中的应用

问题：已知函数 $f(x)=|x+1|-|x-2|$.

(1) 求不等式 $f(x)\geqslant 1$ 的解集；

(2) 若不等式 $f(x)\geqslant x^2-x+m$ 的解集非空，求 m 的取值范围.

解 (1) 依题意两边构造函数 $y=1$ 和 $f(x)=\begin{cases}3, & x\geqslant 2\\ 2x-1, & -1<x<2\\ -3, & x\leqslant -1\end{cases}$

令 $2x-1=1$，得 $x=1$（见图 4-33），得原不等式的解集是 $\{x|x\geqslant 1\}$.

(2) 构造函数 $g(x)=x^2-x+m=\left(x-\dfrac{1}{2}\right)^2+m-\dfrac{1}{4}$,

其对称轴 $x=\dfrac{1}{2}\in(-1,2)$ 如图 4-34 所示.

则 $\begin{cases}y=2x-1,\\ y=x^2-x+m,\end{cases}\Rightarrow x^2-3x+m+1=0.$

$\Delta=9-4(m+1)\geqslant 0\Rightarrow m\leqslant\dfrac{5}{4}.$

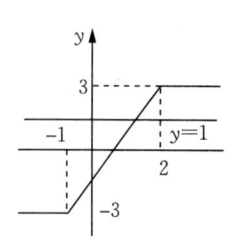

图 4-33

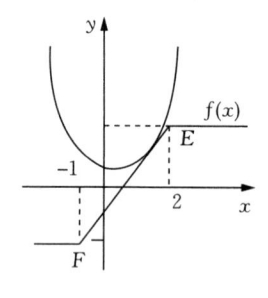

图 4-34

处理第(2)问时，首先要弄清楚抛物线与线段 EF 刚接触时，是相切接触还是非相切接触，这决定着求 m 临界值的方案. 显然，根据图像及二次函数对称轴 $x=\dfrac{1}{2}\in(-1,2)$ 可获得结论.

第五章
数学建模

《普通高中数学课程标准(2017年版)》指出：数学建模是对现实问题进行数学抽象，用数学语言表达问题、用数学方法构建模型解决问题的素养.数学建模过程主要包括：在实际情境中从数学的视角发现问题、提出问题，分析问题、建立模型，确定参数、计算求解，检验结果、改进模型，最终解决实际问题.

1 第一节 数学建模核心素养的内涵与外延解读

一、数学建模素养的内涵

从核心素养的角度认识数学建模,我们特别要注意第一句话所揭示的数学建模素养的属性,把握其在"属性"上的定位.这中间有 3 个意思:①对现实问题的数学抽象;②用数学语言表达问题;③用数学方法构建模型解决问题.数学建模聚焦学生数学学科核心素养的几个关键点:基于现实情境,构建数学模型,经历"发现、提出、分析、解决问题"的过程,进而发展"四能"(发现、提出、分析、解决问题能力),达到"三会"(会用数学眼光看、会用数学思维想、会用数学语言表达现实世界).从这几个点去体会,可以感觉到数学建模素养的内涵是极其丰富的,它与其他 5 个数学学科核心素养直接关联,它不仅仅是一个数学知识应用的问题,而且蕴含着方法、思想、价值判断与选择,乃至数学的精神与态度.数学建模对中国学生发展核心素养体系中的若干素养(如创新精神、实践能力、科学精神、问题解决等)也有直接的支撑作用.

数学建模是将某一领域或者某一问题,经过抽象、简化、明确变量和参数,并根据某种规律建立变量和参数间的一个明确的数学模型,然后求解该问题,并对此结果进行解释和验证.简单地说数学建模就是把数学当作工具来解决现实生活中的实际问题的过程.

数学建模的大致流程如图 5-1 所示.

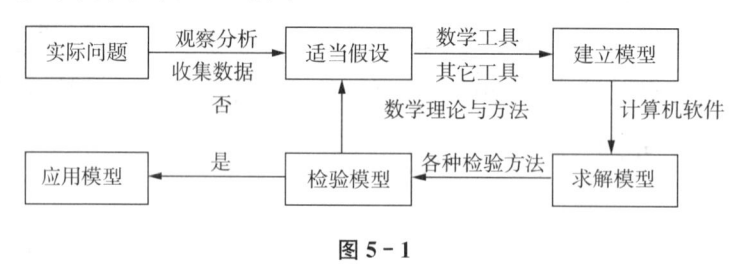

图 5-1

数学建模理解为:先把现实生活情境削枝去干,并充分抽象化、形式化、符号化,理想化,构建成相应的数学模型,然后运用数学模型回应生活,同时再修改完善数学模型.具体的建模过程可从 5 个方面入手.

(1) 分析实际问题.教学中要让学生认清问题中所涉及的常量、变量以及已知量和未知量.

(2) 适当假设化简.让学生对问题进行化简,并用精确的数学语言来描述.

(3) 建立模型.在假设的基础上,让学生利用各种数学工具、其他工具、公式、方法,去解决学习中遇到的问题.

(4) 求解模型.让学生运用所得到的数学模型,适当借助计算机软件等工具进行数学演算,求出所需的答案.

(5) 检验解释应用.联系实际问题,让学生对所得到的解答进行深入讨论,并作出评价和解释.

【案例 5-1】糖水加糖变甜了

以"糖水加糖变甜了"生活常识为背景提炼出一个数学命题,然后给出严格的数学证明. 这是一个好问题,理由如下.

(1) 来源于日常生活中的常识,"糖水"里有数学吗? 能提炼出数学命题吗? 能提炼出什么数学命题呢? 思维的齿轮启动了,趣味性、启发性与探究性都有了.

(2) 提供了一个简单而又典型的"数学建模"过程:①怎样进行"变甜、变淡"状态的数学描述——用不等式;②怎样进行"甜、淡"本身的数学描述——用浓度;③怎样进行"加糖"的数学描述——分子、分母同时加一个正数. 可以得到:若 $b>a>0,m>0$,则 $\frac{a}{b}<\frac{a+m}{b+m}$. 由此还可得,$f(x)=\frac{1+x}{2+x}$ 在 $x>0$ 上是增函数.

(3) 针对上面不等式有分析法、综合法、放缩法、构造图形、构造定比分点、构造函数等多种证明方法,非常典型.

(4) 情境本身有很大的拓展空间:①将 3 小杯浓度相同的糖水混合成一大杯后,浓度还相同,由这一情境可得等比定理 $\frac{a_1}{b_1}=\frac{a_2}{b_2}=\frac{a_3}{b_3} \Rightarrow \frac{a_1+a_2+a_3}{b_1+b_2+b_3}=\frac{a_1}{b_1}=\frac{a_2}{b_2}=\frac{a_3}{b_3}$;②将两杯浓度不相同的糖水混合成一大杯后,大杯糖水的浓度一定比淡的浓而又比浓的淡. 用数学符号语言抽象表示为对 $b_1>a_1>0,b_2>a_2>0$,有 $\frac{a_1}{b_1}<\frac{a_2}{b_2} \Rightarrow \frac{a_1}{b_1}<\frac{a_1+a_2}{b_1+b_2}<\frac{a_2}{b_2}$;③在一次考试后,如果按顺序去掉一些高分,那么班级的平均分将降低;反之,如果按顺序去掉一些低分,那么班级的平均分将提高. 这两个事实可以用数学语言描述为:若有限数列 $a_1,a_2,\cdots,a_n$ 满足 $a_1\leqslant a_2\leqslant\cdots\leqslant a_n$ 则 $\frac{a_1+a_2+\cdots+a_m}{m}\leqslant\frac{a_1+a_2+\cdots+a_n}{n}$ ($1\leqslant m<n$) 和 $\frac{a_{m+1}+a_{m+2}+\cdots+a_n}{n-m}\geqslant\frac{a_1+a_2+\cdots+a_n}{n}$ ($1\leqslant m<n$).

二、数学建模素养的外延

"数学建模"中"数学"是"建模"的限制词,因此需要先考察"建模","建模"中,动词"建"指建立、建构或者构造;名词"模"指模型,因此建模就是建立模型或者建构模型的意思.

(一) 模型

《辞海》(2009)对"模型"一词有 3 项释义.

(1) 与"原型"相对研究对象的替代物原型,即客观存在的对象客体;模型是具有原型相似特征的替代物,是系统或过程的简化、抽象或类比表示.

(2) 根据实物、设计图或设想,按比例、形态或其他特征制成的同实物相似的物体供展览、观赏、绘画、摄影、试验或观测等用,常用木材、石膏、混凝土、塑料、金属等材料制成.

(3) 如果一个数学结构使得形式理论(形式系统中的一组公理或公式)中的每个公式在这个结构内部都解释为真,那么这个数学结构就成为这个理论的一个模型.

其中第(2)项释义指的是客观存在的实物构成的模型,与数学模型差异较大;第(3)项虽然可以说是数学模型,但属于数学的一个分支学科—数理逻辑或者数学基础的专业内容. 所以,我们所说的数学建模所指的模型应该是第(1)项释义意义下的模型.因而可以定义:模型是对要研究的对象客体,如系统和过程经过同化、抽象或类比表示得到的具有与我们要研究的原型的特征相似的特征的替代物.

(二)数学模型

按《辞海》第(1)项释义的后文,模型"根据代表原型的不同方式,可分为实体模型和理想模型;根据模型与原型的关系,可分为物理模型和数学模型".

实体模型指的是运用拥有体积及质量的物理形态的实际存在的物体做成的模型,第②项释义定义的就是一类实体模型,叫作外形相似模型;材质和功能与原型一样只是大小不同的模型,如用于风洞试验的飞机模型,叫作实质相似模型;还有不同质材但功能相似的模拟模型.理想模型是一种理论模型,是由于理论的需要或者理论的推演而成的模型,如原子结构研究的"太阳系模型",经济学的"理性经济人模型",生物学的"双螺旋模型",物理学的"刚体模型"等,数学模型也是一种理想模型.

物理模型指的是运用具有客观存在的物质建构的模型,除了实体模型外,所有涉及具体物质的模型都是物理模型,前面举出的各学科理论模型包括用电流电场甚至电子流电磁场建构的仿真模型都涉及物质客体,所以都是物理模型.只有运用不涉及物质客体的空间形式和数量关系建构的模型才不是物理模型,那就是数学模型.

(三)数学建模

【案例 5-2】尽快走出雪地到草地

世界级数学家、《纽约时报》专栏作者史蒂夫斯托加茨的《X的奇幻之旅》第17章中讲述了一个关于如何尽快走出雪地到草地的故事,涉及到建模的数学思想,指出了用微分求导求函数最值的思想方法,同时也谈到了最优路径的解答服从光的折射定律.

基本几何模型

基本几何模型为利用轴对称求最短距离问题.

问题: 在直线 l 上确定一点 P,使 $PA+PB$ 的值最小.

原理:如图 5-2 所示,作点 A 关于直线 l 的对称点 A',连接 $A'B$ 交 l 于点 P,则 $PA+PB=A'B$ 的值最小(证明略).

利用此模型可解决如下 3 个问题.

问题 1: 如图 5-3 所示,沿河边 AB 建一水站 P 供甲、乙两个学校共同使用,已知学校乙离河边 1 千米,学校甲离河边 2 千米,而甲乙两校相距 $\sqrt{10}$ 千米,如果两校决定用同一种造价的水管送水.问水站建在什么地方,购买水管的费用最低?

问题 2: 求函数 $y=\sqrt{x^2-2x+2}+\sqrt{x^2-4x+8}$ 的最小值.

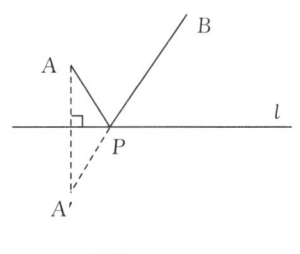

解 $y = \sqrt{x^2-2x+2} + \sqrt{x^2-4x+8} = \sqrt{(x-1)^2+1^2} + \sqrt{(x-2)^2+2^2}$.

图 5-2

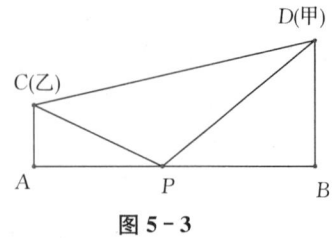

图 5-3

故几何意义为：在平面直角坐标系下，函数值为 x 轴上的点 $(x,0)$ 与 $A(1,1)$，$B(2,-2)$ 的距离之和，如图 5-4 所示，从而可知 $y \geqslant |AB| = \sqrt{10}$，即三点共线时，函数最小值为 $\sqrt{10}$。

问题 3：求函数 $y = \sqrt{(x-a)^2+b^2} + \sqrt{(x-c)^2+d^2}$ 的最小值。

此式子的几何意义：表示 x 轴上点 P 到两点 $A(a,b)$、$B(c,d)$ 的距离之和。

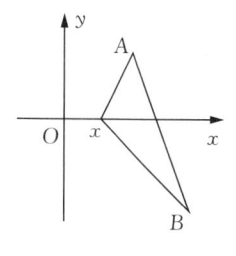

图 5-4

模型的深化

问题： 如何在直线 l 上确定一点 P，使 $mPA + PB(m>0)$ 的值最小。

要回答这个问题，首先从一个富有实际意义的问题始研究，如图 5-5 所示，设铁路 $AB=50$ 单位距离，B、C 距离为 10 单位距离，现将货物从 A 运往 C，已知单位距离铁路费用为 2 单位费用，公路费用为 4 单位费用，问在 AB 上何处修筑公路至 C，使得运费由 A 到 C 最省？

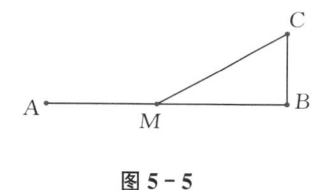

图 5-5

简述如下：设 $MB=x$，则 $AM=50-x$，$CM=\sqrt{10^2+x^2}$。

于是，$y=2(50-x)+4\sqrt{10^2+x^2}$ $(0 \leqslant x \leqslant 50)$。如何求最值是重点、难点，这里介绍几种方法。

1. 判别式 Δ 法

看作含参数 y 关于 x 的方程 $y+2x-100=4\sqrt{10^2+x^2}$，化简为 $12x^2-4x(y-100)+1600-(y-100)^2=0$ 在 $(0 \leqslant x \leqslant 50)$ 内有解。

$\therefore \Delta = 16(y-100)^2-48[1600-(y-100)^2] \geqslant 0$，得到 $y \geqslant 100+20\sqrt{3}$。

$y=100+20\sqrt{3}$ 时 $x=\dfrac{10\sqrt{3}}{3}$。$\therefore x=\dfrac{10\sqrt{3}}{3}$，$y_{\min}=100+20\sqrt{3}$。

2. 三角法

观察目标函数的结构特征，即 $y=2(50-x)+4\sqrt{10^2+x^2}$ $(0 \leqslant x \leqslant 50)$，考虑到 $1+\tan^2\theta=\sec^2\theta$，则可作三角变换，令 $x=10\tan\theta$，能得到 $y=100-20(\tan\theta-2\sec\theta)$，然后用所学三角知识去求解 $\tan\theta-2\sec\theta = \dfrac{\sin\theta-2}{\cos\theta}$ 的最值。

设 $\angle C=\theta$，$BM=10\tan\theta$，$AM=50-10\tan\theta$，$CM=4\sqrt{10^2+(10\tan\theta)^2}$，$y=100-20(\tan\theta-2\sec\theta)$，$\theta \in [0,\arctan 5]$。

下面用 3 种解法探索 $\dfrac{\sin\theta-2}{\cos\theta}$ $(\theta \in [0,\arctan 5])$ 的最大值。

解法 1（换元法）：

$t = \dfrac{\sin\theta-2}{\cos\theta} = \dfrac{\dfrac{2\tan\dfrac{\theta}{2}}{1+\tan^2\dfrac{\theta}{2}}-2}{\dfrac{1-\tan^2\dfrac{\theta}{2}}{1+\tan^2\dfrac{\theta}{2}}} = \dfrac{2\tan\dfrac{\theta}{2}-2-2\tan^2\dfrac{\theta}{2}}{1-\tan^2\dfrac{\theta}{2}} = \dfrac{2\tan\dfrac{\theta}{2}-4}{1-\tan^2\dfrac{\theta}{2}}+2,$

令 $2\tan\dfrac{\theta}{2}-4=m$,

$\because 0<\theta\leqslant\arctan 5, \therefore 0<\tan\dfrac{\theta}{2}\leqslant\dfrac{-2+\sqrt{104}}{10}, \therefore m\in\left(-4,\dfrac{-22+\sqrt{104}}{5}\right]$,

$t=2+\dfrac{4m}{-m^2-8m-12}=2+\dfrac{4}{(-m)+\left(-\dfrac{12}{m}\right)-8}\leqslant 2+\dfrac{4}{2\sqrt{12}-8}\leqslant-\sqrt{3}$,

当且仅当 $m=-2\sqrt{3}$ 时等号成立,即 $\tan\dfrac{\theta}{2}=2-\sqrt{3}, \tan\theta=\dfrac{\sqrt{3}}{3}, BM=\dfrac{10\sqrt{3}}{3}, \therefore y_{\min}=100+20\sqrt{3}$.

解法 2 (三角函数辅助角法):

$t\cos\theta=\sin\theta-2, \sin\theta-t\cos\theta-2=0, \sqrt{1+t^2}\sin(\theta-\arctan t)=2, t=\dfrac{\sin\theta-2}{\cos\theta}<0$,

$\sin(\theta-\arctan t)=\dfrac{2}{\sqrt{1+t^2}}, \dfrac{2}{\sqrt{1+t^2}}\leqslant 1$ 解得 $t\geqslant\sqrt{3}$(舍去), $t\leqslant-\sqrt{3}$.

$\therefore \theta=\dfrac{\pi}{6}, y_{\min}=100+20\sqrt{3}$.

解法 3 (几何意义斜率求解法):

$t=\dfrac{\sin\theta-2}{\cos\theta}(\theta\in[0,\arctan 5])$ 看成点 $A(\cos\theta,\sin\theta)$、$B(0,2)$ 连线的斜率,点 A 是圆弧 $x^2+y^2=1\left(\dfrac{1}{\sqrt{26}}\leqslant x\leqslant 1, 0\leqslant y\leqslant\dfrac{5}{\sqrt{26}}\right)$ 上的点,

设直线方程 $y=kx+2(k<0)$,直线与相切, $d=\dfrac{2}{\sqrt{k^2+1}}=1, k=-\sqrt{3}$,数形结合可知 $t\leqslant-\sqrt{3}$,如图 5-6 所示.

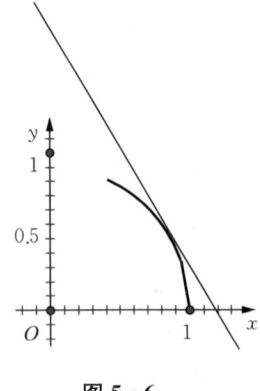

图 5-6

3. 柯西不等式法

两个二维柯西不等式如下.

$(ac+bd)^2\leqslant(a^2+b^2)(c^2+d^2)$, ① $(ac-bd)^2\geqslant(a^2-b^2)(c^2-d^2)$, ②

(当且仅当 $bc=ad$ 时取等号成立) $a=4, b=2, c=\sqrt{100+x^2}, d=x$,

用 $(ac-bd)^2\geqslant(a^2-b^2)(c^2-d^2)$ 这个公式得 $(4\sqrt{100+x^2}-2x)^2\geqslant(4^2-2^2)(100+x^2-x^2)$,当 $4x=2\sqrt{100+x^2}$ 时,即 $x=\dfrac{10\sqrt{3}}{3}$ 时有 $y_{\min}$.

4. 平面几何法

联系平面几何中利用三点共线求两条线段距离和最小值的方法,关键是将系数化为相等关系. 观察 $y=2|AM|+4|CM|$ 中的系数 $1:2$,将系数转化为同系数. 故可做如下变换:以 AM 为斜边构造直角三角形 ADM,使 $\angle A=30°$,则可得 $y=|DM|+|CM|\geqslant|DC|$,当仅当 D、C、M 三点共线时取最小值(见图 5-7). 再根据 $\angle CMB=$

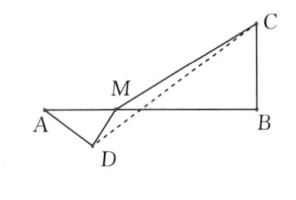

图 5-7

$60°$,易得$|BM|=\dfrac{10}{3}\sqrt{3}$.

5. 基本不等式法

变形 $y=3(\sqrt{100+x^2}-x)+(\sqrt{100+x^2}+x)+100$,

$y=\dfrac{300}{\sqrt{100+x^2}+x}+(\sqrt{100+x^2}+x)+100\geqslant 100+20\sqrt{3}$,

当且仅当 $\dfrac{300}{\sqrt{100+x^2}+x}=(\sqrt{100+x^2}+x)$,$x=\dfrac{10\sqrt{3}}{3}$ 等式成立.

6. 解析几何数形结合法

$y=4\sqrt{100+x^2}-2x+100$.

令 $u=4\sqrt{100+x^2}$,$v=2x$,则 $\dfrac{u^2}{1600}-\dfrac{v^2}{400}=1$,这样点$(u,v)$在双曲线 $\dfrac{u^2}{1600}-\dfrac{v^2}{400}=1$ 的上半部分上,如图 5-8 所示,而 $y=u-v-100$,从而当直线 $y=u-v-100$ 与 $\dfrac{u^2}{1600}-\dfrac{v^2}{400}=1$ 相切有最小值 $100+20\sqrt{3}$,即原函数的最小值为 $100+20\sqrt{3}$.

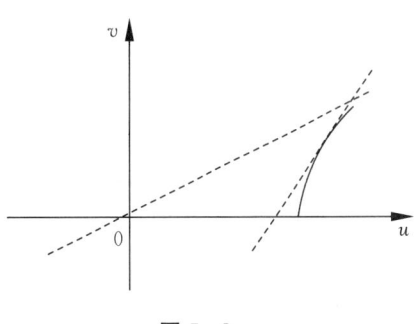

图 5-8

7. 导数法

令 $y'=-2+\dfrac{4\times 2x}{2\sqrt{x^2+1}}$,$y'=0$,得 $x=\pm\dfrac{10}{\sqrt{3}}$(舍去负值),经检验,其中正值为唯一极值点,故为最小值点. $\therefore y_{\min}=100+20\sqrt{3}$.

8. 费尔马光线折射定理

1661年费马首先指出,光在不同媒质中传播时,所走路程取极值,即遵从费马原理. 即是说,光从空间的一点到另一点,是沿着光程为极值(最小、最大或常量)的路程传播的.

用数学解释如下:如图 5-9 所示,已知 A 和 B 两点,隔着 A、B 的直线 l 以及正数 u 和 v,使得 $\dfrac{AD}{u}+\dfrac{DB}{v}$ 最小的条件是

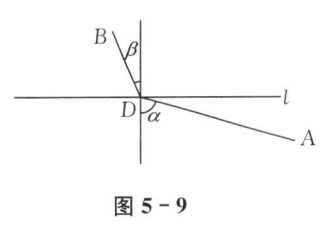

图 5-9

$\dfrac{\sin\alpha}{\sin\beta}=\dfrac{u}{v}$,其中 u、v 分别是光在第一种和第二种介质的速度,α、β 分别是入射角和折射角.

根据这个原理,这个问题解释如下,如图 5-10 所示,$\because y=2|AM|+4|CM|=\dfrac{|AM|}{\dfrac{1}{2}}+\dfrac{|CM|}{\dfrac{1}{4}}$,要使总施工费用最小,可用光的折射定理解决,设$\angle BMC=\alpha$,$EF$ 为界面,$\dfrac{\sin\dfrac{\pi}{2}}{\sin\alpha}=\dfrac{\dfrac{1}{2}}{\dfrac{1}{4}}=2$,$\therefore \alpha=30°$.

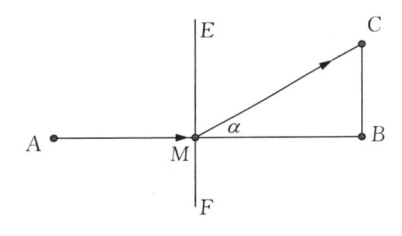

图 5-10

模型的推广

1. 数学式子代数化

角度联想到：如何求一些特殊函数如 $y=A\sqrt{a_1x^2+b_1x+c_1}+B\sqrt{a_2x^2+b_2x+c_2}$ 的最值（A、B、a_1、a_2 均大于 0，$b_1^2-4a_1c_1\leqslant 0$，$b_2^2-4a_2c_2\leqslant 0$），这里介绍一种几何解法：将此式子变形为 $y=a\sqrt{(x-m)^2+n}+b\sqrt{(x-u)^2+v}$（$a>0,b>0,u>0,v>0$），即可转化为求 $a|AM|+b|CM|$ 的最值，$b\left(\dfrac{a}{b}|AM|+|CM|\right)(a<b)$，或 $a\left(|AM|+\dfrac{b}{a}|CM|\right)(a>b)$。

这里以 $a<b$ 为例，作如下变换：以 AM 为斜边构造直角三角形 ADM，使角 $\sin A=\dfrac{a}{b}$，$\dfrac{a}{b}|AM|=MD$，则连接 CD，交 AB 于 M'，当且仅当 D、C、M' 三点共线时取最小值。

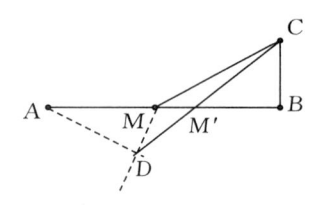

图 5-11

2. 变直线为曲线

利用定义，实现抛物线上的点到焦点的距离与到准线的距离之间的转换。如点 P 在抛物线 $y^2=4x$ 上，求点 P 到点 $Q(2,-1)$ 的距离与点 P 到抛物线焦点距离之和的最小值。

解 过点 P 作准线的垂线 l 交准线于点 R，由抛物线的定义知，$PQ+PF=PQ+PR$，当 P 点为抛物线与垂线 l 的交点时，$PQ+PR$ 取得最小值，最小值为点 Q 到准线的距离，因准线方程为 $x=-1$，故最小值为 3。

可以改编如下数学建模题：南北方向的公路 L，A 地在公路正东 2 千米，B 地在 A 地北偏东 $60°$ 方向 $2\sqrt{3}$ 千米处，河流沿河 PQ（曲线）上任一点到公路 L 和到 A 地距离相等。现要在 PQ 上选一处 M 建码头，向 A、B 转运货物，经测算从 M 到 A，M 到 B 修建公路每千米费用均为 a 万元，求修建两条公路总费用的最低价为多少？

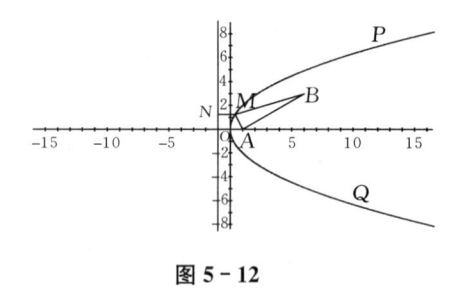

图 5-12

分析 如图 5-12 所示，曲线 PQ 符合抛物线的定义，可得其方程为 $y^2=4x$，本题即求 $|MA|+|MB|$ 的最小值，由抛物线定义知 $|MA|=|MN|$，

∴$|MA|+|MB|=|MN|+|MB|\geqslant|BN|$。

当且仅当 B、M、N 三点共线时取最小值。

3. 改变曲线和系数

如图 5-13 所示，A 村在 B 地正北 $\sqrt{3}\,km$ 处，C 村与 B 地相距 $4km$，且在 B 地的正东方向。已知公路 PQ 上任一点到 B、C 的距离之和都为 $8km$。现在要在公路旁建造一个变电房 M，分别向 A 村，C 村送电，但 C 村有一村办工厂，用电须用专用线路，因此向 C 村要架两条线路分别给村民和工厂送电。要使得所用电线最短，变电房 M 应建在 A 村的什么方位？并求出 M 到 A 村的距离。

图 5-13

解 由题意知，$|MC|+|MB|=8>4=|BC|$，故点 M 在以 B、C 为焦点的椭圆上。依题意要求 $|MA|+2|MC|$ 的最小值。

如图 5-14，建立平面直角坐标系 xOy，则 $B(-2,0)$，$C(2,0)$，$A(-2,\sqrt{3})$，所以点 M 的轨迹方程为 $\dfrac{x^2}{16}+\dfrac{y^2}{12}=1$. 过 M 作 $MN\perp l$ 于 N，由椭圆的第二定义可知 $|MN|=2|MC|$，则即求 $|MA|+|MN|$ 的最小值，由平面几何知识可知，当 M、A、N 共线时，$|MA|+|MN|$ 最小. 所以 $M(2\sqrt{3},\sqrt{3})$，$N(8,\sqrt{3})$，即变电房应建在 A 村的正东方向且距 A 村 $2\sqrt{3}+2$ km 处.

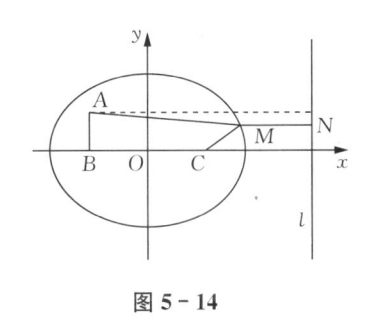

图 5-14

案例 5-2 中可以看到，对于同一个问题可以用不同方法去探索，这些方法涉及到很多的数学分科领域，有方程判别式法，有函数单调性求导法，也有三角换元法，有基本不等式求最值，也有从式子结构特征出发，用柯西不等式法构造求解，也有构造直线与曲线解法的，甚至涉及到跨学科光的折射定律. 可见，数学问题诸多解法于思维其实是相通的，关键是我们如何去发现、挖掘和利用.

案例 5-2 是对最值进行系统总结，对拓展学生的视野，提升数学解题能力是十分有益的. 其中三角函数的最值问题也是高中数学重要的题型，设元变换法和数形结合法较为典型，无形之中也对常规的三角变换技巧以及数形结合的思想作了很好地回顾与总结.

三、数学建模素养的主要表现形式

建模素养有多种不同的表现形式，厘清建模素养不同的表现形式，有助于教师对学生所处建模水平进行界定与划分，以更有效的方式实施建模教学.

（一）精简提纯：把生活问题转化为数学问题

数学课程很多内容可以在学生的生活实际中找到背景或原型，真正的数学知识是关于抽象对象的研究，数学学习只有深入到抽象的层面，才是一种真正的数学学习.

面对信息纷繁复杂、形态各异的生活问题，能否把它抽象转化为数学问题，是考量学习者建模素养的关键一环. 经过信息筛选、提纯、组合、精简等思维加工过程，把生活问题抽象转化为数学问题，这是数学建模的第一步.

数学史上著名的哥尼斯堡七桥问题，就是典型的把生活问题转化为点与线"一笔画"的数学问题. 当数学学习深入到"建模"层面，才能有后续深入学习研究的可能.

（二）勾勒架构：抽取问题情境中的数学骨架

问题情境在数学教学中承载着重要的学习功能. "情境"是一个具有多重含义的词汇，在数学教学语境下，包含着激发学生学习动机、诱发学生探究所要学习的内容信息，经常有大段的文字叙述. 能否从文字叙述背后勾勒出其基本的数学骨架是对学生建模素养的考量.

（三）建立模型：用数学符号形式化表达数量关系

面对形态各异、千变万化的问题情境，知识水平高的学生能较顺畅地用自己熟悉的数学符号、图形图像及其他方式表示所发现的数量关系或数学规律. 教师要引导学生充分经历建模的过程，尝试用数学符号进行数学模型的形式化表达.

（四）检验模型：把模型嵌入情境加以检验

问题复杂程度的不同决定了建模的难易程度.多种数量关系综合运用的问题或思维含量较密集的问题,其数学建模过程往往艰辛曲折,不可能一蹴而就,有的需要经过反复修改、补充才能让模型变得更为简约精准.数学模型建立后,将其放回原来的问题情境加以检验,反思建模过程的利弊得失或重新调整模型,使之更简约凝练,这也是建模素养的体现.

第二节 数学建模核心素养的育人价值

《普通高中数学课程标准(2017年版)》中提到:"数学教育帮助学生掌握现代生活和进一步学习所必须的数学知识、技能、思想和方法;提升学生的数学素养,引导学生学会用数学眼光观察世界,用数学思维思考世界,用数学语言表达世界;促进学生思维能力、实践能力和创新意识的发展,探寻事物变化规律".

数学建模包含3个步骤:①对现实问题的数学抽象;②用数学语言表达问题;③用数学方法构建模型解决问题.在数学建模的过程中,它与其他5个数学学科核心素养直接关联,蕴含着丰富的育人价值.数学建模不仅蕴含着数学方法、思想、价值判断与选择,有着数学核心素养的数学学科价值,而且在培养人的思维、认知事物之间关联、形成理性精神、培养学生创造能力等方面也蕴含着丰富的育人价值.

一、数学建模素养的数学学科价值

现代科学的的知识体系以观察和数学为中心,为了获得新知,绝大部分科学研究都是通过收集各种观察值,再用数学建模工具整理连接,形成全面的理论数学模型,搭建了数学与外部世界联系的桥梁,是数学应用的重要形式.数学建模素养的数学学科价值不仅在于它是应用数学解决实际问题的基本手段,并且它也是推动数学发展的动力.

荷兰著名数学教育家弗赖登塔尔认为,人们在观察,认识和改造客观世界的过程中,运用数学的思想和方法来分析和研究客观世界的种种现象并加以整理和组织的过程,就叫做数学化.数学化的主要成分包括公理化、形式化、图式化、模式化等,其中公理化和形式化最为常见.一般认为,公理化是对数学知识内容进行重组,形式化是对数学语言表达进行修整.数学建模素养体现在数学化的过程之中,具体化了"数学抽象性""实践—理论—实践"的一般公式,构建了人们形成数学的概念、扩展数学知识的实际过程.数学建模也就是应用数学的知识与方法,通过建立数学模型去解决问题.数学模型使数学走出了自我封闭的世界,构建了数学与现实世界的桥梁.对此,研究者布鲁姆和莱斯给出了如图5-15所示的建模周期.

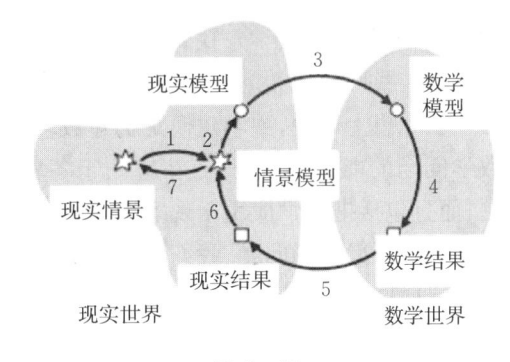

图 5-15

数学模型侧重于用数学的概念、原理和思想方法描述现实世界中那些规律性的东西.通俗地说,数学模型是借用数学的语言讲述现实世界中与数量、图形有关的故事.在这个意义上看,数学模型的出发点不仅仅是数学,还包括现实世界中的那些我们将要讲述的东西.数学模型的研究手法也不是单向的,而是需要从数学和现实这两个出发点开始,规划研究路径、构建描述用语、验证研究结果、解释结果含义,从而得到与现实世界相容的、可以描述现实世界的结论.数学建模使得数学几乎渗透到日常生活的方方面面,每个人都享受到了数学建模带来的便利.

二、数学建模素养在培养人的思维方面的价值

什么是数学的思维方式?观察客观世界的现象,抓住其主要特征,抽象出概念或者建立模型;进行探索,通过直觉判断或者归纳推理,类比推理以及联想等做出猜测;然后进行深入分析,逻辑推理以及计算,揭示事物的内在规律,从而使纷繁复杂的现象变得井然有序,这就是数学的思维方式.

培根曾说过,数学是锻炼思维的体操.随着计算机的广泛使用,现代社会生活中"有用"的数学发生了变化,对计算的要求降低了,计算器可以在上海高考中使用正是体现了这一点.但相应地,对数据的收集、归纳以及分析、解释或做出判断的要求提高了.这也就是说,数学教育对问题解决过程中演算的要求降低了,而对实际问题模型化以及运用模型解释生活现象、解决实际问题的思维要求提高了.数学不仅仅只是做几道枯燥的抽象题目,重要的是,数学建模的方法能让我们更好地认识现实世界,更能让我们变得聪明.学数学就是为了培养逻辑思维能力,发展人的思维.

数学建模从实际问题出发,最后回到实际问题.数学建模活动可看作是按下述模式进行:①经验材料的数学组织化,即借助于观察、试验、归纳、类比、概括积累事实材料;②数学材料的逻辑组织化,由积累的材料中抽象出原始概念和公理体系并在这些概念和体系的基础上演绎地建立理论;③数学理论的应用.数学建模过程中处处体现着数学思维的优越性,处处锻炼着学生的思维能力.

三、数学建模素养在认知事物之间关联方面的价值

数学建模就是要培养学生用事物相互联系和发展变化的观点来分析问题,从而认识事物之间是相互联系和有规律地变化着的.数学建模是数学与其他领域之间建立联系的方法.数学建模的过程就是提出一个问题,然后细化问题,最后以精确的数学术语表述.一旦问题变成数学问题,就要使用数学来找到答案,并且最后必须逆转这一过程(这是很多人忘记的部分),将数学解转换回对原始问题的可理解的、有意义的答案.

从思想上来说,数学建模是构建数学与其他学科之间的桥梁.数学教育的核心是培养解决数学问题的能力,数学只有在应用于各种情况才是有意义的,不仅包括解决日常生活中的问题,而且包括把数学应用于现实世界,服务于当代和新生科学的理论和实践,并解决数学科学本身前沿所得出的问题.我们所谓的交叉学科,很大概率就是以数学、统计学、物理学作为理论基础,计算机作为计算或可视化利器,对某些学科进行定量分析.在人们构建数学模型和实际应用的过程中,必然会从数学的角度汲取"创造数学"的灵感,从而促进数学自身的发展.就事物的本质而言,数学建模的价值取向往往不是数学本身,而是对所描述学科起到的实际作用,包括对不同事物之间关联所起到的认知作用.

从技术的角度上来说,数学建模从来都不是强迫症的乐园.数学模型本身是不完美的,因此我们要容忍一定程度上模型对原型的"失真",这使我们对事物之间的关联有了更深的认知.由于对事物的认知选择的侧重点不同,很有可能两个团队使用了不同数学领域的方法对问题进行分析并建立不同的模型,有时候答案不一定是唯一的,但正是这些存在些许误差的模型,解决了我们生活中很多方方面面的问题,帮助我们认识事物之间的关联.

【案例 5-3】身高与体重

问题：表 5-1 所示为某地不同身高的未成年男性的体重平均值表.

表 5-1

身高 x/cm	60	70	80	90	100	110	120	130	140	150	160	170
体重 y/kg	6.13	7.90	9.99	12.15	15.02	17.50	20.92	26.86	31.11	38.85	47.25	55.05

(1) 根据表 5-1 中各组对应的数据,能否从我们学过的函数 $y=ax+b$,$y=a\ln x+b$,$y=ab^x$ 中找到一种函数,使它比较近似地反映该地未成年男性体重 y 关于身高 x 的函数关系,试写出这个函数的解析式,并求出 a、b 的值.

(2) 若体重超过相同身高男性平均值的 1.2 倍为偏胖,低于 0.8 倍为偏瘦,那么该地某校一男生身高 175 cm 体重 78 kg,他的体重是否正常?

分析 根据表 5-1 的数据描点画出图像,观察这个图像,发现各点的连线是一条向上弯曲的曲线,如图 5-16 所示.因此,可以判断它不能用函数 $y=ax+b$ 来近似反映.根据这些点的走向趋势,可以考虑用函数 $y=a \cdot b^x$ 来近似反映.

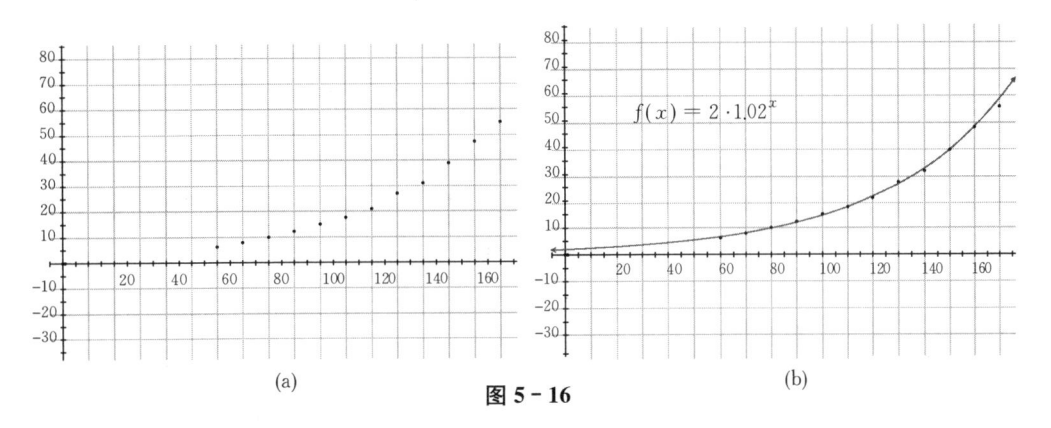

图 5-16

解 (1) 以身高为横坐标,体重为纵坐标,在直角坐标系中画出散点图,见图 5-16(a).

根据图 5-16(a),选择函数 $y=a \cdot b^x$ 进行拟合.

把 (x_i, y_i),(x_j, y_j) $(i,j \in \mathbf{N}, i,j \in [1,12], i \neq j)$ 代入 $y=a \cdot b^x$. 将已知数据代入所得函数关系式,或作出所得函数的图像,如果保留两位小数,通过比较,取 $(70, 7.90)$,$(160, 47.25)$ 可得 $a=2, b=1.02$.

所以,该地区未成年男性体重关于身高的函数关系式可以选为 $y=2 \cdot 1.02^x$.

作出所得函数的图像,见图 5-16(b).可知所求函数能较好地反映该地区未成年男性体重与身高的关系.

(2) 将 $x=175$ 代入 $y=2 \cdot 1.02^x$ 得 $y=2 \cdot 1.02^{175}$.

计算得 $y=63.98$,由于 $\dfrac{78}{63.98} \approx 1.22 > 1.2$,所以,这个男生体重偏胖.

四、数学建模素养在形成理性精神方面的价值

数学建模是利用系统化的符号和数学表达式对问题的一种抽象描述.数学建模可看作是把问题定义转换为数学模型的过程,在这一过程中,可以帮助学生形成理性精神——我们用了

"模型",就产生了因"仿真"而"失真"的风险.随着时代的发展,数学演变出一个结果是可以有严格解和数值解的.数值解意味着只要有个计算器,不停地试,总能得出一个最好的答案,这个答案在有些范围内是有效并且真实的.因为严格解是有弊端的,且有些未知数的求解是没有严格解的(或者说暂时无能力求解).数学建模离不开各种模拟,不断地拟合、更深入地逼近不同的建模方式以及研究角度,有时候得出的答案也不唯一.这与常规的数学计算题有着明显的不同,在不断的研究、分析、求解、质疑、验证的过程中,逐渐就能形成理性精神.

所界定的数学模型必然有其适用范围,这个适用范围通常表现于模型的假设前提,表现于模型不同初始值对事物变化的影响,或者表现于对模型参数的某些限制.数学建模常常需要一般化地解决一类问题,初始条件的变动常常给解决问题的模型带来随参数变动的不同结果,确定模型参数的可能取值或变化范围,说清楚模型参数和结果的关系,是用数学模型方法解决问题的标志性手法.

数学建模不仅可以帮助我们更好地认识自然,了解世界,适应生活;它还可以促进我们有条理地思考,有效地表达与交流,运用数学建模去分析问题和解决问题.日本数学教育家米山国藏在从事了多年数学教育之后,说过一段意味深长的话:学生们在初中或高中所学到的数学知识,在进入了社会之后,如果没有什么机会应用,那么这种作为知识的数学,通常在出校门后不到一两年就会忘掉;然而他们不管从事什么工作,那种铭刻在人脑中的理性精神和数学思想方法,会长期地在他们的工作和生活中发挥着重要作用.

创造能力是产生新思想、新发现和创造新事物的能力,是个体成功地完成某种创造活动所必需的能力及品质.人的创造能力,不仅以其知识和智慧作基础,而且要与积极情绪,特别是创造欲望密切相关,数学建模的过程就可以营造这种主动学习的氛围.心理学研究表明,要培养学生的创造能力,重要的一点是让学生主动参与学习过程,积极思维,给他们提供自由开放的空间,创设愉悦宽松的学习氛围.

数学建模素养使人对自然界和社会中的数学现象具有好奇心,不断追求新知,独立思考,会从数学的角度发现和指出问题,进行探索和研究.因此,对于学生来说,能够解决他自己尚未解决的问题,使自己的知识水平和能力有所提高,就属于创新.在数学建模过程中,学生能主动参与,敢于质疑,敢于坚持自己的见解,敢于与老师、同学讨论,从而建立起自主学习的激励氛围,这有利于培养学生的创造能力.

数学建模与常规学习的主要不同是解决问题的方法、策略,均彰显着个性的不同,它可以发展我们的主动性、责任感和自信心,培养我们实事求是的科学态度和勇于探索的创新精神.在数学建模过程中,学生有着拓展推广问题的潜力和举一反三的潜力,教师可以采取一定的措施予以激发.创新总是和别出心裁、不循规蹈矩联系在一起的,要培养有创新精神的学生,就要容许、鼓励学生有不同于教师的,甚至是一反常态的想法和做法.数学建模常常为我们提供这样的机会,使得我们的学生有创新的机会和展示个性、才能的舞台.

3 第三节 数学建模核心素养在课堂教学中的落实策略

随着教育事业的不断深化改革,教师更加重视学生的全面发展,并且运用多种教学模式来提高学生的综合素养.在数学教学中,不同核心素养之间的关系既是独立的,同时也是相互依存的,其中数学建模的核心素养对于高中数学的教学具有重要的作用,基于此,教师应该运用合适的教学方法提高学生的数学建模能力,将数学建模的核心素养渗透到课堂教学之中.

一、数学建模素养在各个学习内容板块中的渗透

数学模型是为了某种目的,用字母、数字及其他数学符号建立起来的等式或不等式,以及图表、图像、框图等描述客观事物的特征及其内在联系的数学结构表达式.数学概念、数学理论体系、数学公式、方程式和算法都可称为数学模型.

数学建模是根据具体问题,在一定假设下化简问题,建立起适合该问题的数学模型,求出模型的解,并对它进行检验,然后分析并检验所得到的解,以此确定建立的数学模型是否适用于解决实际问题的多次迭代、不断深化的过程.

二、在数学课程中渗透数学建模思想的必要性

高中数学课程是学生必学的基础课程.传统的课程主要讲解概念、定理、公式以及推论,教学重点放在数学的抽象性、严密性和逻辑性上,往往令学生感到乏味枯燥.正如李大潜院士所说:"过去的数学教学暴露出根本的缺陷,过于追求体系的天衣无缝,过于追求理论的完美和逻辑的严谨,忘记了数学从何处来,又向何处去这个大问题,把数学建构成一个自我封闭的王国."数学建模是联系数学理论知识与实际应用问题的桥梁,将数学建模思想融入数学类主干课程是数学课程教学改革的发展趋势.

(一)调动学生学习积极性,激发学生参与探究的兴趣

兴趣是最好的老师.在中学数学中渗透数学建模思想,让学生在学习概念定理的基础上,运用知识解决实际问题,不仅能达到学以致用的效果,又能让学生加深对理论知识的理解,充分体会到数学本身就是刻画现实世界的数学模型,感受到数学的无处不在.促使学生在实践中产生浓厚的探索兴趣,激发学习的热情.

(二)增强理论联系实际的意识,提升大学生综合能力

部分学生认为数学理论性过强,与实际生活相差甚远.在数学课程教学中渗透数学建模思想,可以提高学生学习数学知识的应用意识,培养学生用数学的思维方式.数学建模往往是由小组合作完成的,有利于培养学生的团队合作精神,提高学生的综合能力.

三、数学建模思想在数学课程中渗透的策略

【案例 5-4】 函数模型结构特征运用

在高中阶段函数部分的学习中,学生已经熟知的函数模型有正比例函数、反比例函数、一次函数、二次函数、指数函数、对数函数、幂函数等,其实除了这些基本模型外,在学生的学习过程中,还有很多函数具有较好的代表性.通过分析这些函数的结构特征,可以构建相应的结构型数学模型来解决具有共同特征的某一类问题.

问题 1: ①已知函数 $f(x)=\ln(\sqrt{1+9x^2}-3x)$,则 $f(\lg 2)+f\left(\lg\dfrac{1}{2}\right)=$?②已知函数 $f(x)=\ln(\sqrt{1+4x^2}-2x)$,则 $f(\lg 3)+f\left(\lg\dfrac{1}{3}\right)=$?

对比这两个题目在结构特征上的共性,可以发现其题目设问结构基本一致;题目中涉及的两个函数也具有相类似的结构,两个待求表达式均满足 $\lg 2+\lg\dfrac{1}{2}=0,\lg 3+\lg\dfrac{1}{3}=0$.

这样我们就得到启发,先研究清楚 $f(x)=\ln(\sqrt{1+a^2x^2}-ax)$ 的性质,如函数的定义域,奇偶性,单调性是怎样的,在研究过程中发现需对函数 $f(x)$ 中的字母 a 的范围加以说明,修正模型,最后将所得模型加以应用.

问题 2: ③函数 $f(x)=\ln(\sqrt{1+9x^2}-3x)+2,x\in[-3,3]$.若 $f(x)$ 最大值为 m,最小值为 n 求 $m+n$.④函数 $f(x)=\ln(\sqrt{1+9x^2}-3x)-x^3+2,x\in[-3,3]$.若 $f(x)$ 最大值为 m,最小值为 n,求 $m+n$.

学生可以很直观地发现题目③和④的共同特征是函数 $f(x)$ 都可以表示为一个奇函数 $g(x)$ 和一个常数的和的形式,从而总结出一般性的结论.

总结 本例中构建函数模型的过程是按如下思路进行的:构建情境→发现问题→提出问题→分析问题→构建模型→求解结论→验证结果并改进模型→解决问题.具体操作如下.

(1) 构建熟悉的情境.从学生认识的函数习题入手,构建学生熟悉的问题情境,从而更加容易发现其结构特征.

(2) 从数学的视角发现问题.发现两个函数具有相类似的结构特征,发现问题并提出质疑,确定后续研究问题的方向.

(3) 提出问题.对函数 $f(x)=\ln(\sqrt{1+9x^2}-3x)$ 及函数 $f(x)=\ln(\sqrt{1+4x^2}-2x)$ 的性质进行探究.

(4) 分析问题.以函数 $f(x)=\ln(\sqrt{1+9x^2}-3x)$ 为例,研究其相关性质:定义域、奇偶性、单调性.

(5) 构建模型.采用由特殊到一般、由具体到抽象的方法,构建函数的一般形式 $f(x)=\ln(\sqrt{1+a^2x^2}-ax)$.

(6) 求解结论.对构建出的函数模型进行分析,研究其性质,如定义域、奇偶性、单调性等.

(7) 验证结果并改进模型.在构建模型 $f(x)=\ln(\sqrt{1+a^2x^2}-ax)$ 及求解结论环节中,学生对于构建的模型中 a 的范围没有加以讨论,教师在此也没有强行干涉,而是在利用模型解决问题的过程中发现疑点,并改进模型,从而对模型中实数 a 的范围加以讨论修正.

(8) 解决问题.通过题组训练,再次归纳总结规律,在获得模型的基础上加以推广应用,得出有价值的结论:若函数 $f(x)=g(x)+a$ 其中函数 $g(x)$ 为奇函数,a 为常数,那么:① $f(-x)+f(x)=2a$;② 若 $x\in[-t,t](t>0)$,那么 $f(x)_{\max}+f(x)_{\min}=2a$.

在案例 5-4 的建模过程中,学生在熟悉的情境中,运用数学思维进行分析,发现情境中的数学关系,提出问题,构建结构型数学模型.高中阶段的数学问题更加注重知识的综合考查,对学生的数学思维的灵活性要求比较高,考查的数学知识、解题方法以及数学思想基本不变,设置的题目形式相对稳定,因此在专题课教学中,应注重提炼和总结解题基本模型,培养学生的转换能力,让学生有意识地运用数学模型解决问题.

二、数学建模素养在各种教学活动过程中的渗透

基于数学核心素养的教学就是要培养学生用数学的眼光看世界,因此,数学教师首先要能够用数学的眼光看世界,用数学的眼光看身边的事物,并在平时教学中能够注重基于教学内容的实际背景向学生渗透数学与实际生活的联系.

(一)数学建模的教学原则

数学建模活动作为《普通高中数学课程标准(2017 年版)》课程内容之一,要求以课题形式,小组合作方式开展教学,最终以研究报告或小论文等多种形式呈现.数学建模活动的主要特征体现在"综合性学习",通过开展数学建模活动,以提高学生发现问题、提出问题、分析问题、解决问题的能力.数学建模活动是数学思维活动的集中体现,是建立模型解决实际问题的综合探究实践活动,是培育数学素养的"主干道".

(二)加强数学建模的教学

数学建模是运用数学化的手段从实际问题中提炼、抽象出一个数学模型,求出模型的解,检验模型的合理性,从而使实际问题得以解决的过程.数学模型是用数学语言来描述客观事物的特征及其内在联系的数学结构表达式.各种函数、方程、不等式、不等式组等都是中学教材中比较常见的数学模型.实际问题往往是用生活语言叙述的,而数学模型是用数学语言表征的,所以建模的切入点是将生活语言切换为数学语言.当获得模型的合理的解后,需要用解来解释实际问题,这又需要将数学语言切换为生活语言.所以,数学建模过程体现了生活语言与数学语言的互译,充分培养了学生用数学的眼光看世界的综合素养.

数学源于生活实践,最终也将应用于生活,数学的知识必将对生活中的事实给出完美的理论解释.缺乏了应用的意识,就失去了学习数学的意义,数学本身也失去了活力,所以,在教学过程中,必须强调应用意识.

比如,通过对一个简单的不等式模型的研究,不仅可以发掘研究的许多方法,而且从中也将不等式模型和与几何、函数结合起来,使我们看到了问题之间的本质联系,也促使学生的思维从量变开始产生向质变方向转化的飞跃;模型的应用,进一步强调了数学知识和结论的应用意识.对模型的推广,虽然得到的是几个简单的结论,但对学生的发散思维乃至于创造思维的培养,亦能起到良好的推动作用,使学生的学习也达到了举一反三的效果.注重知识横向和纵向的联系,把握知识、方法、思想之间的联系,置知识于系统之中,让所学知识牢不可破.

数学建模的讲习必须通过行而有效的教授过程去落实,因此对于其教学过程的核心必须

牢牢把控住.在教学时,对数学建模的定义、建模方法、步骤的推导,对其运用过程的引导、思路的分析等的详细指导,均应注意.综上所述,理想的数学教学过程,应当注意几个环节:①把握数学知识本质,把握学生认知过程;②创设合适教学情境,提出合适数学问题;③启发学生独立思考,鼓励学生相互交流;④掌握知识技能,理解数学本质;⑤感悟数学基本思想,发展数学核心素养.

三、数学建模素养在各个数学学习环节中的渗透

数学作为一门解决问题的有力工具,随着科学技术的进步和发展,正在渗透到各个领域中.许多新兴的自然科学和社会科学都期待着数学的介入.数学建模的思想和方法正被越来越多的人认可和接受.教学建模把我们从只重视知识传授,忽略其应用背景的数学教育带入了一个全新的天地,破除了多年来"数学越抽象,越纯理论就越高明"的观念,使数学重新回归现实,解决现实中的问题,造福于人类社会.

在推行素质教育的今天,在中学渗透数学建模思想和方法,不但可行,而且非常必要.通过数学建模活动,学生不单学到数学建模的思想和方法,科学研究的步骤和方法,人际间的团结协作方法,还能培养学生灵活的思维能力,综合、分析能力,运用知识的能力,解决实际问题的能力,创新能力和科学精神.在情感上让学生感受到数学建模的多姿多彩、神奇奥妙、魅力无穷,从而激发学生自主学习的热情和兴趣,使教和学形成良性互动.

四、数学建模素养在各个年级循序渐进中的渗透

众所周知,数学模型就是构成数学概念的基础,也是对数量关系与形态的概括.同时数量关系与形态又是中学数学的重要组成部分,也是数学学习的基础,中学生的计算能力与逻辑思维能力都是在这个基础之上进行的,因此,在初高中学习过程中逐渐加强数学建模思想渗透,能有效提高学生的学习兴趣,激发学生的思辨能力.

数学建模有建模准备,简单建模,典型建模,综合建模4个阶段.各阶段具有相对的独立性,但是又相互交叉进行.

(一)建模准备

建模准备阶段一般选择在初、高中知识学习的衔接期进行,也就是《普通高中数学课程标准(2017版)》中必修课程主题一的预备知识.在这部分内容教学的同时,加入数学建模的方法、步骤学习以及与数学应用题之间的对比,主要分为课前、课中和课后教学.

课前,可以让学生对于数学建模的定义以及步骤进行资料的收集分析;课中,教师对于数学应用题的解决过渡到数学建模,对比数学建模与数学应用题之间的不同;课后,可以在日常应用题作业的基础上增加改编应用题的思考题.

(二)简单建模

简单建模阶段是在数学建模准备阶段之后的一个阶段,是建立在学生对于数学建模有一定了解的基础上进行,主要是在进行必修课程函数、几何与代数和概率与统计的学习中.

在简单建模阶段,课前导学创设数学建模氛围,教师对于学生进行课前任务安排,对于课中问题进行背景了解;课中对于实际问题应用数学建模思维,对问题进行假设以及验证的实践,课后安排,学生对于应用题进行条件删除后的问题假设.

（三）典型建模

典型建模一般是简单建模的复杂化，在这一阶段，课前教师需要提供一些经典模型供学生进行阅读学习，学习典型模型的建模方法；课中，教师可以在知识教学中加入典型模型，比如经济问题中的初等模型和优化模型等；课后，教师可以通过对学生平常有接触过的典型模型，进行了一定的条件调整，让学生进行解决.

（四）综合建模

综合建模是数学建模教学的最后一个阶段，是建立在前面3个阶段的学习的基础上进行的，是建立在学生对于数学建模有深刻的认识和浅层面的动手探究的基础上去进行的.

综合建模主要有选题、开题、做题和结题4个基本步骤，需要学生对建模方法和模型的掌握有较高的水平.在建模过程中，问题的选择和资料的收集都是依靠学生自身完成，还需要撰写论文，包括对现实问题的反思完善等.

综合建模可以作为一个完整的数学建模活动去进行，成为学校的校级活动，还可以将期间取得的成果作为以后大学自主招生的参考和依据.

第四节 信息技术助力数学建模素养的提升

《普通高中数学课程标准(2017年版)》中明确指出:随着时代的发展,特别是数学的广泛应用、计算机技术和现代信息技术的发展,数学课程设置和实施应重新审视基础知识、基本技能和能力的内涵,倡导实现信息技术与课程内容的深度融合,构建基于多媒体与高中数学课程融合的探究式教学模式,培养学生的创新意识与创新能力,自主学习、探究学习的能力,从而达到数学建模素养的提升.

一些新的数学内容(如数据的收集与处理,线性方程组与矩阵运算,计算方法的优化等)已成为了一个现代公民所应该掌握的知识和进一步学习的基础,这些内容在高中阶段的学习依赖于信息技术的支撑.

原有的教材,受计算工具的制约,为了避免繁杂的计算而只能对来自生活的数字进行裁减,由此产生了许多人为编造的应用建模问题,与真实生活脱节,使学生感到数学乏味.信息技术为来自真实生活的数学,为教学的应用性与真实性创造了条件,随着图形计算、计算机代数系统或电子数据表格的产生,我们有了多样的解决数学问题方法,使课程的内容、解题方式可以具有多样性与选择性.

一、基于图形计算器辅助数学建模素养的提升

(一)图形计算器的数学课堂呈现内容

在图形计算器与数学教材的整合中,许多数学知识内容可充分地体现信息技术的辅助作用,有助于学生的数学建模素养的提升.

1. 研究函数图像

研究函数图像的对称、平移变换,通过函数作图使学生发现问题总结规律,使学生在理解的基础上,运用公式解决问题,帮助学生摆脱机械的套用公式.同时通过对具体的函数从数值、图像上的研究,帮助抽象一般的函数性质,使学生理解这些性质的意义,把握一类函数的特点及变化规律,加深对各类基本初等函数的认识,在数学建模的活动中对抽象函数的分析与使用更加得心应手.

2. 借助函数图像理解方程、不等式、函数间的关系等

借助于函数图像使学生理解方程、不等式、函数间的关系,借助图形计算器用二分法或迭代的方法求相应方程的近似解,掌握数学建模活动中的一些必要的数据处理手段.

3. 帮助周期函数

帮助学生理解周期函数,掌握三角函数图形的变化规律.帮助理解极限、导数的概念及其意义,使学生能很好地通过图形运动的直观来理解这些抽象的概念.差分方程、递推、递归的思想,体会"用有理数逼近无理数".学会建立回归方程,进行简单预测,从而掌握建立相关的数学模型的能力,并且在数学建模的活动中也能够类比着认识和分析一些抽象的概念.

4. 体会统计思想、深入认识向量等

模拟估计简单随机事件发生的概率,用图形计算器来处理数据,更好地体会统计思想.用

几何软件来帮助研究向量问题,让学生通过几何作图,来发现问题然后用向量来计算证明,让学生在图形与向量间建立联系,使学生更深入地认识向量.也可以运用几何软件动态地研究圆锥曲线及轨迹方程,使学生可以有更多的数学建模活动与实际操作.

(二)图形计算器的数学课堂教学效果

1. 改变呈现方式,创设数学建模活动的环境

让学生能借助于图形计算器进行活动,并通过活动让学生发现规律得出结论.学习过程成为在课程引导下的"再创造"过程,学生体验了数学发现和创造的历程,有利于学生的知识迁移,发展学生的创新意识与创造能力.

在教材内容的呈现上加强归纳发现,使教材从以演绎为主,变成演绎与归纳并重.积极创设学生数学建模活动探究的环境,使学习过程富有挑战性,让所有学生都能主动参与探究发现的过程,在亲历建模活动的过程中深化对实际问题的认识,提升学生的数学建模素养.

2. 适应信息技术的发展,变革数学教学内容

类似人口增长模型这样的数学建模内容,可借助于图形计算器的直观和数值的计算,通过大量的数据及图形理解实际问题从而掌握方法.学生接受更多的是数学的思考问题的方法,能更好地体现其实际问题的价值和数学建模的素养.

3. 加强多元化的表述,把握数学概念

图形计算器的运用可促进学生的数学建模思维,学生可从数据表格出发直接发现规律,在学习上建立起"非人为的直接的联系",使学生的建模学习真正成为"意义学习".极大程度地将不同侧面的信息整合起来,加深对实际问题的本质属性的认识,突破数学建模学习中的难点,深入理解数学概念.

充分地照顾到学生在数学建模学习上的差异性,较大程度地满足不同学习层次的学生不同的数学需求,真实而富有弹性的数学建模问题利于广大学生正确地认识数学的价值和学习数学的意义,易于激发学生的学习兴趣.

几何绘图软件不仅能完成常规的作图,还能进行动态演示、变换,进行图形探索;数据处理系统可以探索数据规律,进行回归分析,并具有程序编辑功能.基于图形计算器的数据采集器如 CBL、CBR 等从现实生活中采集数据,为学生建立数学模型、抽象数学规律提供了方便.同学间的计算器可以方便地互相传输数据,所有这些都有利于学生的自主探究学习数学建模和合作学习.

借助于图形计算器,教学内容可具有较强的交互性与实践性.学生通过更多的实际操作,感知和体会知识的发生过程及数学问题的本质,方便学生对实际问题规律的探究和建模结果的验证.这样的学习有助于学生形成一种良好的学习习惯和学习观念,认识到数学的学习需要自己主动地建构.生活中充满了数学,每一个社会的人都有各自对于数学的需求,通过自身的努力,每个人都能找到适合自己发展的数学.

【案例 5-5】探索正多边形边上两个动点之间距离的最大值

问题: 景区四周边界设计了一个正五边形的人行道,如图 5-17 所示以供游客观光行走.为充分迎接一年中各个节假日的旅游人流高峰,景区决定再建造一条贯穿风景区的笔直人行道用于分散客流.问如何在边界上建造人行道,才能使人行道分散客流量最大?

分析

第一步

面对这一景区建造人行道的实际问题,首先需要学生在引导下抽象成数学问题:已知一个正五边形 $A_1A_2A_3A_4A_5$,边长为 10cm,点 P、Q 分别为边 A_1A_2、A_2A_3、A_3A_4、A_4A_5、A_5A_1 上任意两个动点(包含端点 A_1、A_2、A_3、A_4、A_5),则 P、Q 两动点间距离的最大值为多少?试设计构造距离方案以确定 P、Q 两点间距离的最大值.部分学生会想到建立直角坐标系来解决问题.而建立函数模型之前,首先要从该实际情境中寻找两个变量,并且抽象出函数模型所需的函数性质.在此过程中,学生将体会到用数学语言来表述问题是将实际问题转化为数学问题的关键.同时,引导学生充分运用已经学过的函数的图像与性质,利用图形计算器等工具,建立合适的函数模型,如图 5-18 所示.

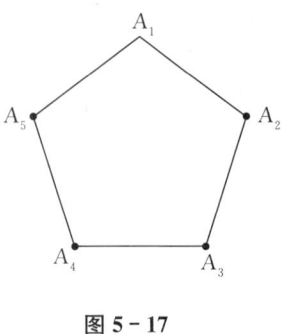

图 5-17

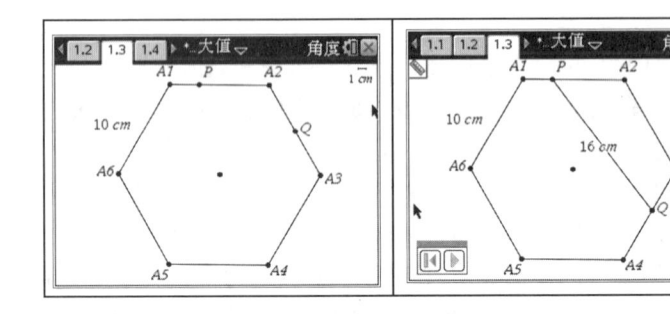

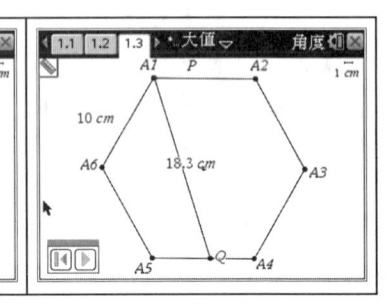

图 5-18 利用图形计算器建立函数模型

第二步

进行小组交流,并通过小组合作,求解正五边形中 PQ 的最大值.学生对自己建立的函数模型进行检验与完善,从而解决实际问题.在小组交流的过程中,鼓励学生能够运用数学语言,表述数学建模过程中的问题以及解决问题的过程与结果.能跟根据问题的实际意义检验模型的结果,针对模型中存在的问题,综合运用所学知识,进一步调整参数,完善模型.学生在这一实际问题解决的过程中,回顾了函数这一单元的基础知识,巩固了数学建模的基本过程,并通过表达交流自己的观点,感受分享学习成果的乐趣,同时也提升数学建模、直观想象、逻辑推理等核心素养.

流程 以正五边形一条边上的中点为原点,此边所在直线为 x 轴,建立如图 5-19 所示的平面直角坐标系.

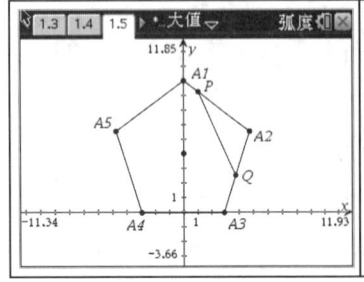

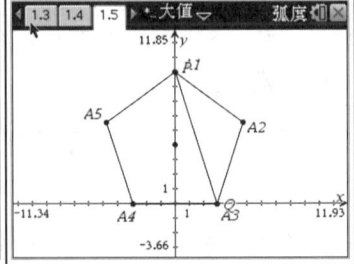

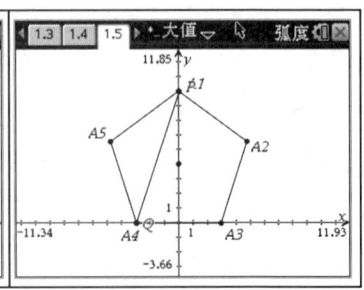

图 5-19

i 当 P、Q 中有一点位于 A_1 时,知另一点位于 A_3 或者 A_4 时有最大值为 $|A_1A_3|$;当有一点位于 O 点时,$|PQ|_{\max}=|OA_1|<|A_1A_3|$.

ii 当 P、Q 均不在 y 轴上时,知 P、Q 必在 y 轴的异侧方可能取到最大值(否则取 P 点关于 y 轴的对称点 P',有 $|PQ|<|P'Q|$).

不妨设 P 位于线段 OA_4 上(由正五边形的中心对称性,知道这样的假设是合理的)如图 5-20 所示,则使 $|PQ|_{\max}$ 的 Q 点必位于线段 A_1A_2 上.

且当 Q 从 A_1 向 A_2 移动时,$|PQ|$ 先减小后增大,于是 $|PQ|_{\max}=|PA_1|$ 或者 $|PA_2|$;对于线段 A_1A_2 上任意一点 Q,都有 $|QA_4|\geqslant|PQ|$. 于是 $|PQ|_{\max}=|A_1A_4|=|A_2A_4|$.

综合 i 和 ii 可知,$|PQ|_{\max}=|A_1A_4|$.

下面研究正五边形对角线的长,不妨设其为 x.

如图 5-21 所示,作 $\angle A_1A_2A_4$ 的角平分线 A_2H 交 A_1A_4 于 H,易知 $\angle A_1A_2H=\angle HA_2A_4=\angle A_4A_2A_3=\angle A_3A_4A_2=\angle A_2A_4H=\dfrac{\pi}{5}$,于是四边形 $HA_4A_3A_2$ 为平行四边形,所以 $|HA_4|=1$,由角平分线定理知 $\dfrac{|A_1A_2|}{|A_2A_4|}=\dfrac{1}{x}=\dfrac{x-1}{1}=\dfrac{|A_1H|}{|HA_4|}$,解得 $x=\dfrac{1+\sqrt{5}}{2}$.

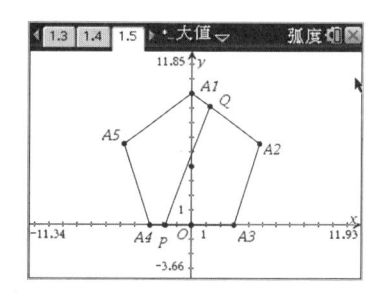

图 5-20

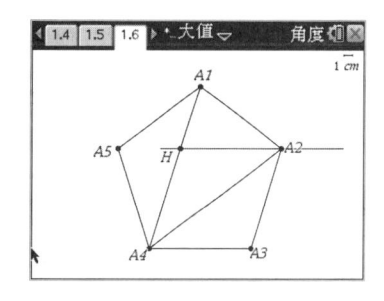

图 5-21

第三步

探究已经建立的两个正多边形的函数模型是否还能根据不同的前提条件进行调整?(变成正六边形、正七边形、甚至是正 $2n(n\geqslant 3,n\in \mathbf{N}^*)$ 边形和正 $2n+1(n\geqslant 3,n\in \mathbf{N}^*)$ 边形)如何根据需要调整模型?学生在这一探究问题解决的过程中,回顾了函数与三角比单元的基础知识,巩固了数学建模的基本过程.

问题拓展:正偶数 $2k(k\in \mathbf{N}^*)$ 边形边上两个动点之间的距离的最大值是多少?正奇数 $2k+1(k\in \mathbf{N}^*)$ 边形边上两个动点之间的距离的最大值是多少?

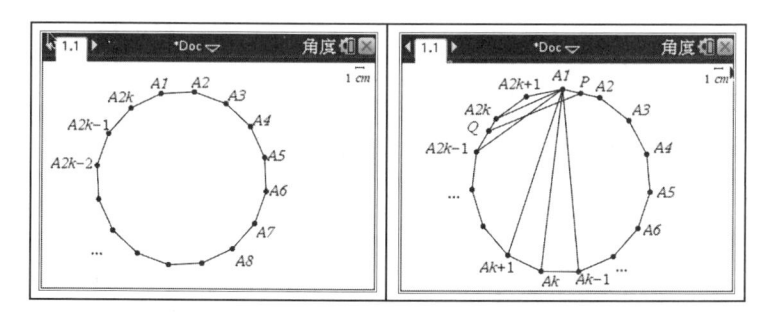

图 5-22

问题探索过程如图 5-22 所示. 参考正五边形 $|PQ|\leqslant \max(PA_{2k},PA_{2k-1})$,调整 $|PQ|\leqslant \max(PA_{2k},PA_{2k-1},\cdots)$,在 $\triangle A_1A_iA_{i+1}$ 中,外接圆半径 $2R=\dfrac{A_iA_{i+1}}{\sin\theta}=\dfrac{A_1A_{2k}}{\sin\angle A_1A_{2k-1}A_{2k}}$.

(任意两个小组学员发言,制作演示动点运动过程,分析与小结,给出小组结论)

第四步

评价任务:①能对同伴的观点进行判断、分析、质疑;②能主动提出问题和想法;③鼓励学生积极参与对各种模型的评价活动,感悟数学与现实之间的联系.

深入思考 如图 5-23 所示,$A-B-C$ 为海岸线,AB 为线段,$\overparen{BC}$ 为四分之一圆弧,$BD=39.2km$,$\angle BDC=22°$,$\angle CBD=68°$,$\angle BDA=58°$.(1)求 $\overparen{BC}$ 的长度(2)若 $AB=40km$,求 D 到海岸线 $A-B-C$ 的最短距离.

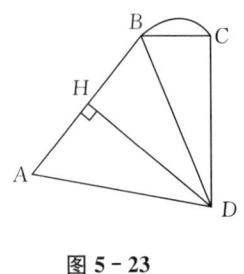

图 5-23

二、基于简单数学游戏辅助数学建模素养的提升

苏联教育家马卡连柯曾说过:"游戏在儿童生活中具有重要的意义,具有与成人活动、工作和劳动同样重要的意义."游戏本身具有愉快、自由及探索的特性,游戏是孩子们的天性,也是认识世界的途径之一,其不但可以满足学生的好奇心理,还能有效培养他们各方面的能力.如今数学建模的教学课堂普遍枯燥乏味,而简单的数学游戏能够通过创设一个游戏化的场景让学生更加放松,从而让学生对于传统教学模式不那么排斥,可以更有效地理解数学概念,辅助提升数学建模素养.

在中学数学教学课程中,学生的学习热情与积极性极大程度上影响着上课的效率.通过教师合理的设置,运用简单的数学游戏来表现数学课本上的教学内容以及生活中的实际问题,从而激发学生主动探究学习的意愿,可以有效提升数学教学的质量.

数学是一门表示事物间数量和数量关系的科学,帮助学生通过问题情境的创建以及简单的数学游戏等进行相关知识的探究式学习,进一步将原本难以理解的数学知识变得生动和具象.基于简单数学游戏辅助数学建模课堂教学是一种具有探索性、教育性以及趣味性等显著优势的探究式教学方式.通过对数学教学内容与游戏的科学化结合,不仅可以帮助学生提高创新意识以及逻辑能力,还可以将学习与生活实际问题有效地结合在一起,针对性地对数学技能与数学常识进行巩固和记忆,进一步促进学生数学建模能力的全面发展和建模素养的提升.与此同时,顺应新课标的改革,从内容上更加注重学生对知识的思考和探究能力.

(一)简单数学游戏的设计原则

基于简单数学游戏探究的学习方式可以将数学学科的特性与游戏进行有效的整合,从传统被动的学习方式转变为以学生为主的体验式学习方式,进而构建以自我学习为主的探究式数学学习模式.

1.保障数学建模教学内容的有效传递

教师在对探究情境进行游戏设计之前,需要在遵循数学学科特点的同时,保障数学建模教学内容的有效传递.因此,需要制订教学任务深化学生间探究过程的探讨.在课程进行过程中,若设置的任务出现完成困难的情况,则需要团结学生的力量,根据情况的发展,决定是由学生独立完成还是集体完成.由于学生个体之间存在着基础不均衡的差异,对于数学的知识结构的掌握程度有所不同,导致学生与学生之间也会有着不同的思考和看法.学生是探究式学习的主体,因此,在对探究情境进行游戏设计的相关环节中,需要教师充分注意与学生进行交流的方式和态度,做到尊重、平等,真诚地引导学生参与到实际问题的探究活动中,这样不仅有利于帮助学生培养同学间的团结合作意识,更可以提升学生的数学建模素养.

2. 将小组合作放在首要位置

在设计过程中需要将小组合作放在首要位置.由于小组合作具有复杂性和多样性,通过对小组组队方式以及小组组成性质的不同进行针对性研究,可以大大提高预期的教学效果.而教师作为探究式课堂教学活动的主导人,需要明确自身的职责,了解学生在基于简单数学游戏的数学建模学习中所存在的复杂性和多样性,通过小组合作所取得的成绩和效果进行总结和分析,及时引导和改正学生在探究过程中所存在的问题.与此同时,在数学建模探究学习的内容上,问题解决能力的培养也是重要的内容之一.基于简单数学游戏的数学建模探究学习的过程中,学生所接收到的知识是具有挑战的和复杂的,在解决问题的过程中可以将数学知识进行有效的吸收和长期的记忆,从而进一步提升数学建模素养.

3. 注重交流和评价

在基于简单数学游戏的数学建模探究交流的过程中,需要围绕具体的某个模型进行小组合作式的讨论交流.语言逻辑是人与人之间十分重要的表达沟通方式,在模型探究交流的过程中,教师应及时帮助学生勇于表达自己思考问题的过程,并在各组之间不同思维方式的碰撞下,共同分享不同的解题方法,融合不同学生的逻辑思维方式,促进学生学习经验的有效交流.

教育的最终目的和价值是促进学生的发展,这也是教育教学活动的根本追求.对学生的学习内容和学习效果进行有效的评价,也是适合学生发展需求的重要组成部分.简单来说,评价是根据一定标准所进行的价值判断,不仅包含学生的整个学习过程,也包含着对学生学业的总结性评价,继而客观反映出教师对教材的适应性和对组织能力的有效协调.对学生基于简单数学游戏的数学建模学习进行多样性的评价,不仅可以激励学生产生对数学学习的兴趣,更可以有效培养学生自主创新的学习能力,为进一步提升数学建模素养打下良好的基础.

【案例 5-6】牟合方盖

问题: 如图 5-24 所示的"牟合方盖"是我国古代数学家刘徽在研究球的体积的过程中构造的一个和谐优美的几何体,它由完全相同的 4 个曲面构成,相对的两个曲面在同一个圆柱的侧面上,好似两个扣合(牟合)在一起的方形伞(方盖)."牟合方盖"的直观图如图 5-25 所示,图中四边形是为体现其直观性所作的辅助线,其实并不存在,当其正(主)视图和侧(左)视图完全相同时,它的正(主)视图和俯视图分别可能是图 5-26 中的( ).

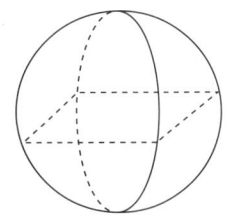

A. ①② B. ①② C. ③② D. ②④

图 5-24   图 5-25

①　　　②　　　③　　　④

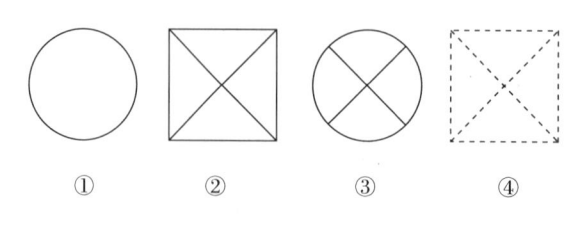

图 5-26

解 当主视图和侧视图完全相同时,"牟合方盖"相对的两个曲面正对前方,正视图为一个圆,俯视图为一个正方形,且两条对角线为实线,所以选 A

扩展 我国很早就开始了球体积的研究,《九章算术》少广章得出的公式球体的体积为 $V = \dfrac{9D^3}{16}$,但这是错误的.它的出发点是认为球体积是外切圆柱体积的 3/4,而圆柱体积又是外切立方体积的 3/4.公元 3 世纪数学家刘徽为该书作注时发现了这个问题,他认为球体积应为外切于它的一个"牟合方盖"的体积的 $\dfrac{\pi}{4}$,所谓"牟合方盖"是两个半径相等的直交圆柱面相贯所围成的立体.下面就来验证这个结论.

第一步:借助信息技术构造一个简单数学游戏——"拼图形",将图 5-27 所示的"牟合方盖"展开图利用信息技术软件进行拼接,变成一个密闭的几何体.

第二步,小组互相讨论交流完成的异同之处,并进行作品的起名.

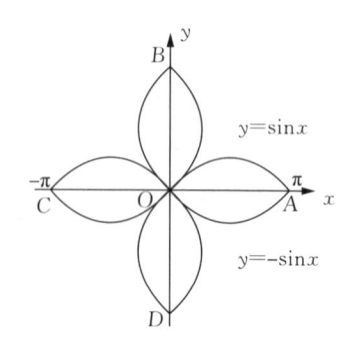

图 5-27

案例 5-6 展示了"牟合方盖"的具体来源与古人的破解智慧.自刘徽至祖暅,前后经历了近 3 个世纪的不懈努力,终于解决了球体体积的计算问题.这在中国数学史乃至世界数学史中也是一项重要的建树,能够很好地激发学生的学习兴趣.

三、基于动态教学软件辅助数学建模素养的提升

通过动态数学软件和建模教学的有机结合,既可以使学生能够灵活运用所学知识来解决一些实际问题,也能够增强他们学习数学的兴趣,进一步提升数学建模素养.

(一)几何画板辅助数学建模素养的提升

基于几何画板软件这一数学软件工具,对中学数学中的平面几何部分进行数学建模教学的理论设计和应用进行了研究.

点线面的基本定理有 4 个公理.
(1)两点在平面内,直线在平面内;两点决定一条直线.
(2)两平面有交点,必有交线,所有交点在交线上.
(3)不共线的三点决定一个平面.
(4)两条直线平行于第三条直线,这两条直线平行.

同时,直线和平面的位置关系有 8 个,其中重要的有 4 个.直线和平面相交、直线和平面平行统称为直线在平面外.

点线面角基本类几何模型可以通过几何画板中点线面角菜单功能来实现,复杂的几何图像均离不开点线面角,因此可以通过探究复杂图形的构成,或者研究一项生活现象中的实际问题.

(二) TI-CAS 教师软件辅助数学建模素养的提升

利用图形计算器上的几何功能以及函数功能的动态演示可以化静为动,化无形为有形,直接揭示数学问题的本质和内在规律,注重数学知识的形成过程,使学生理解深刻,掌握牢固,进一步提升数学建模素养.

第五节　数学建模素养怎么考？

《普通高中数学课程标准(2017年版)》还将数学建模的学业质量划分成递进的3个水平，通过4个方面进行描述，即情境与问题、知识与技能、思维与表达、交流与反思．这4个方面对应必修课程结束、选择性必修课程结束时对学生数学建模素养的达成提出的要求，是学业质量的主要内容．数学建模素养的水平描述如下．

水平一

（1）情境与问题．了解熟悉的数学模型的实际背景及其数学描述，了解数学模型中的参数、结论的实际含义．

（2）知识与技能．知道数学建模的过程包括：提出问题、建立模型、求解模型、检验结果、完善模型．能够在熟悉的实际情境中，模仿学过的数学建模过程解决问题．

（3）思维与表达．对于学过的数学模型，能够举例说明数学建模的意义，体会其蕴含的数学思想；感悟数学表达对数学建模的重要性．

（4）交流与反思．在交流的过程中，能够用建模的思想说明问题．

水平二

（1）情境与问题．能够在熟悉的情境中，发现问题并转化为数学问题，知道数学问题的价值与作用．

（2）知识与技能．能够选择合适的数学模型表达所要解决的数学问题；理解模型中参数的意义，知道如何确定参数，建立模型，求解模型；能够根据问题的实际意义检验结果，完善模型，解决问题．

（3）思维与表达．能够在关联的情境中，经历数学建模的过程，理解数学建模的意义；能够运用数学语言，表述数学建模过程中的问题以及解决问题的过程和结果，形成研究报告，展示研究成果．

（4）交流与反思．在交流的过程中，能够用模型的思想说明问题．

水平三

（1）情境与问题．能够在综合情境中，运用数学思维进行分析，发现情境中的数学关系，提出数学问题．

（2）知识与技能．能够运用数学建模的一般方法和相关知识，创造性地建立数学模型，解决问题．

（3）思维与表达．能够理解数学建模的意义和作用；能够运用数学语言，清晰、准确地表达数学建模的过程和结果．

（4）交流与反思．在交流的过程中，能够通过数学建模的结论和思想阐释科学规律和社会现象．

数学不是空洞的,也不完全是抽象的,数学来源于实践又服务于实践,数学建模正是培养学生运用数学知识和方法解决问题的能力,体现出数学的无处不在与无所不能. 数学建模是高考中的重要组成部分,在每年的高考中所占分值较大,一般处于简答题中间位置,是中等生和优等生得高分的基础. 但就目前学生的现状来看,存在下列问题:①畏惧心理以及阅读能力不高,特别是遇到题目较长、字母较多、数量关系复杂的题目就缺乏信心;②读题草率,审题不仔细,不善于列出有用信息,找出关键句;③不会建模,特别是遇到陌生的数学情境时会不知所措. 因此,深入研究数学建模素养是如何考查的,做到知己知彼方能百战不殆.

一、从思维品质角度考查数学建模素养

对于刚刚接触数学建模的教师,常常把简单的"文字应用题"看成是"数学建模",这类问题情境常常是条件不多不少,解法指向清晰,结果常常是确定的或唯一的. 而数学建模常常需要一般化地解决一类问题,初始条件的变动会给解决问题的模型带来随参数变动的不同结果,是思维品质的常用考查方式之一.

建立数学模型,要求学生发掘问题的内在联系,抽象问题的本质,进而用数学语言正确表达问题实质. 数学建模的过程,是学生全面思考、分析问题的过程,是培养学生思维的深刻性和创造性的必要手段.

【案例 5-7】两山顶 M、N 间的距离多远

问题: 为了测量两山顶 M、N 间的距离,飞机沿水平方向在 A、B 两点进行测量,A、B、M、N 在同一个铅垂平面内,如图 5-28 所示. 飞机能够测量的数据有俯角和 A、B 间的距离,请设计一个方案,包括:①指出需要测量的数据(用字母表示,并在图中标出);②用文字和公式写出计算 M、N 间的距离的步骤.

方案一 ①需要测量的数据有:A 点到 M、N 点的俯角 α_1、β_1;B 点到 M、N 的俯角 α_2、β_2;A、B 的距离 d.

图 5-28

②第一步:计算 AM,由正弦定理得 $AM = \dfrac{d\sin\alpha_2}{\sin(\alpha_1 + \alpha_2)}$.

第二步:计算 AN,由正弦定理得 $AN = \dfrac{d\sin\beta_2}{\sin(\beta_2 - \beta_1)}$.

第三步:计算 MN,由余弦定理得 $MN = \sqrt{AM^2 + AN^2 - 2AM \times AN\cos(\alpha_1 - \beta_1)}$.

方案二 ①需要测量的数据有:A 点到 M、N 点的俯角 α_1、β_1;B 点到 M、N 的俯角 α_2、β_2;A、B 的距离 d.

②第一步:计算 BM,由正弦定理得 $BM = \dfrac{d\sin\alpha_1}{\sin(\alpha_1 + \alpha_2)}$.

第二步:计算 BN,由正弦定理得 $BN = \dfrac{d\sin\beta_1}{\sin(\beta_2 - \beta_1)}$.

第三步:计算 MN,由余弦定理得 $MN = \sqrt{BM^2 + BN^2 + 2BM \times BN\cos(\beta_2 + \alpha_2)}$.

从案例 5-7 中可以看出,数学源于生活实践,最终也将应用于生活,数学的知识必将对生活中的事实给出完美的理论解释.

注重知识横向和纵向的联系,把握知识、方法、思想之间的联系,置知识于系统之中,让所学知识牢不可破.

二、从学科素养角度考查数学建模素养

数学核心素养是具有数学基本特征的、适应个人终身发展和社会发展需要的人的思维品质与关键能力,是数学课程目标的集中体现.它是在数学学习的过程中逐步形成的.数学核心素养包括:数学抽象、逻辑推理、数学建模、数学运算、直观想象、数据分析.这些数学核心素养既有独立性,又相互交融,形成一个有机整体.

核心素养下的数学新高考怎么考?主要体现在以下几方面.

(1) 基础性.通过考查核心概念、基本原理和基本方法,增强考试内容的基础性;要全面系统地考查基础知识,使学生打下扎实的基础,掌握解决问题的工具.

(2) 综合性.考查各分支内容和学科之间的联系,增强考试内容的综合性,促进学生从整体上建构知识框架,形成合理的认知结构.

(3) 应用性.运用数学知识、思想和方法对实际问题进行分析研究,进而解决问题.通过紧密联系生产、生活实际的题目背景设计,考查考生所掌握解决实际问题的方法和能力.

(4) 创新性.创设新闻情境,考查学生阅读理解能力;强化推理论证,考查理性思维能力.通过设计新的情境,同时在设问时提出有一定跨度的问题引导学生进行自主探索,考查学生运用数学及相关学科的核心概念分析和解决问题的能力

数学建模类问题可以说是完美把以上四大性质融合在一起,充分培养学生的学科素养水平.新颁布的高中数学课程标准修订稿将数学建模素养划分为 3 个水平,并且有十分详细的描述.教师的教学活动应基于数学核心素养而进行,特别是针对 3 个水平展开对学生数学建模素养的培养.

三、从关键能力角度考查数学建模素养

以能力立意为背景下的数学高考问题,多是以实际问题为情景,要求学生适当建立数学模型行求解.数学建模的关键能力不外乎"读题能力、建模能力、解题能力、计算能力".

(1) 读题能力.对语言进行简化,使题目简明、清晰,可借助表格、图形来处理数据,弄清概念、名词、进一步熟悉和理解背景.

(2) 建模能力.即根据题意建立合适的数学模型,把实际问题转化为数学问题,涉及数学抽象能力、挖掘内涵和转化能力,还涉及比较、综合、抽象、概况、演绎、推理、联想能力.

(3) 解题能力.针对转化的数学问题,选择和运用相应的数学知识解决数学问题的能力,涉及逻辑思维能力、数学运算能力、找准相应解题方法.

(4) 计算能力.实际问题的结果都是通过数学运算获得的,需要学生有较高的计算能力.在计算过程中需要学生能灵活应变,化解计算中的难点,同时要兼顾应用题的实际性,如自变量的范围、结果的选择等,确保最终答案的正确.

数学建模聚焦学生数学学科素养的几个关键点:基于现实情境,构建数学模型,经历"发现、提出、分析、解决问题"的过程,进而提高能力.重视数学建模已成为数学教育界的共识,在新课程改革的稳步推进中,数学建模将逐步成为数学教育者关注的重点议题,不论是考试评价

还是教师教学,都应当重视学生的数学建模能力,发展学生的应用意识,从而将学生的数学核心素养落实到位.

四、从必备知识角度考查数学建模素养

数学模型是用数学符号、函数关系将评价目标和内容系统规定下来,并把互相间的变化关系通过数学公式表达出来,这一过程就是数学建模的过程.数学建模作为问题解决的一种模式,体现了一个学生对原始问题的分析、假设和抽象的数学加工过程,是学生归纳理解以及创新能力的综合表现.数学模型教学能够能动地让学生用所学的数学必备知识去解决问题,能够培养学生对所学知识的"想用、能用、会用"的数学意识.

试题中数学建模思想的意蕴解析:试题中所蕴含的数学建模与通常所说的数学建模不同.首先要明确数学建模活动与数学建模思想这两个基本概念.通常所说的数学建模是指数学建模活动,即从数学的视角对实际问题进行分析和诊断,利用适当的数学方法建立解决问题的模型,再利用计算机等工具,检验和完善数学模型,进而分析和解决现实问题;而数学建模思想是指通过对现实问题或情境进行数学抽象,建立方程、不等式、函数等模型来刻画问题中的数量关系和 变化规律,从而运用数学思想方法解决这类问题的方法策略与意识.

随着新课程的不断深入,数学建模在数学教学中的渗透与应用也越来越广泛,诸如函数与方程、不等式、统计与概率、数列、三角函数、解析几何、立体几何、排列与组合等众多的数学知识,都要求我们从数学建模的角度加以理解与掌握,从生活问题中加以数学应用.

总而言之,数学建模的命题兼顾了题型多样化和知识点分布均衡性,促进了数学建模素养落实.数学考试评价是促进学生数学核心素养形成和发展的主要渠道之一,数学建模素养作为第三大核心素养,加强其在考试评价中的渗透尤为重要.高考作为高中数学考试评价的主要形式,必须将知识技能要求与核心素养有机结合.在试卷中,知识技能的考查主要是通过不同题型和不同知识点来体现的,这就要求高考命题者能够综合考虑题型与知识点两个维度,以此来促进数学建模素养的落实.

第六章 数据分析与处理

随着信息技术、人工智能的迅猛发展,反映社会各行各业的发展的数据层出不穷,而这些数据绝大多数都是"数字型数据","用数据说话"既是这个时代的特征,也是全社会发展的共识."用数据说话"的核心是通过对数据的分析与处理来探索事物发展的特征和规律,以得到解决相应问题的目的.

《普通高中数学课程标准(2017年版)》将"数据分析"作为高中数学课程目标培养学生所必备的6个数学学科核心素养之一,这既是对高中数学课程中概率与统计的学科与教育价值的深度挖掘的体现,也是对高中数学课程中概率与统计的育人价值的进一步提升,更是对高中数学教学提出的新要求.

结合《普通高中数学课程标准(2017年版)》和教材,我们要进一步认识数据分析素养的内涵,学科和教育价值,课堂教学落实策略,信息技术的辅助作用,如何评价等,以利于在教学过程中更好地实现数据分析素养目标.

1 第一节 数据分析核心素养的内涵与外延解读

一、数据分析素养的内涵

《普通高中数学课程标准(2017年版)》指出:数据分析是指针对研究对象获取数据,运用数学方法对数据进行整理、分析和推断,形成关于研究对象知识的素养.数据分析过程主要包括收集数据,整理数据,提取信息,构建模型,进行推断,获得结论.

这一表述完整地展现了数据分析素养的内涵属性与操作过程.

在以前高中课程中涉及的统计与概率内容,仅仅是统计学中一个最基础内容,反映数据的一些基本属性,而对于统计学的核心——数据分析还没有进一步深入.如何与现代的信息技术的结合,利用大数据分析原理,利用统计的思想与方法等揭示客观世界的变化、相互联系和发展的特征和规律,还有待进一步提升.

(一) 理解"数据"是进行数据分析的前提

数据是数据分析的前提.数据用以对客观事物进行记录并可以鉴别,是对客观事物的性质、状态以及相互关系等进行记载的物理符号或这些物理符号的组合,它是可识别的、抽象的符号.根据"数据"这一定义,如175.2,162.4,183.5,187.3,170.4,159.1等,它们本身不是我们进行"数据分析"的数据,因为它们没有属性特征.但当这6个数据表述随机抽取的6个同学的身高时,这时这个具有身高属性的"数字型数据",才有数据分析的必要.

(二) "分析"是数据准备的最终目的

在现实生活中,某一事物的数据表现可能很多,我们要有效收集反映事物某一属性的相关数据进行整理.提取信息,构建模型,进行推断,获得结论的过程叫做"分析".

根据这一定义,可以看出分析是透过数据探索客观事物本质和规律的过程.进行分析的前提是获取可靠的数据,在这些数据的基础上,利用数学建模手段,构建数据相关联系,进行推断,获取相关结论.但对于同一数据建立数学模型的不同,可能得出的结果也会有一定的差异,所以有效的建模是数据分析的关键.

二、数据分析素养的外延

数据分析随着行业的不同有一定差异性,总的来说分为列表法和作图法.列表法是将实验数据按一定规律用列表方式表达出来,是记录和处理实验数据最常用的方法.表格的设计要求对应关系清楚、简单明了、有利于发现相关量之间的物理关系;此外还要求在标题栏中注明物理量名称、符号、数量级和单位等;根据需要还可以列出除原始数据以外的计算栏目和统计栏目等.最后还要求写明表格名称、主要测量仪器的型号、量程和准确度等级、有关环境条件参数如温度、湿度等.而作图法可以最醒目地表达物理量间的变化关系.从图像上还可以简便求出实验需要的某些结果(如直线的斜率和截距值等),读出没有进行观测的对应点(内插法),或在一定条件下从图像的延伸部分读到测量范围以外的对应点(外推法).此外,还可以把某些复杂的函数关系通过一定的变换用直线图表示出来.结合具体数学建模去分析,数据分析可以分为以下几种.

(一)描述性数据分析

描述性数据分析是一类统计方法的汇总,揭示了数据分布特征.它主要包括数据的频数分析、数据的集中趋势分析、数据离散程度分析、数据的分布以及一些基本的统计图形.

(二)回归分析

回归分析是应用极其广泛的数据分析方法之一.它基于观测数据建立变量间适当的依赖关系,以及分析数据的内在规律.

1. 一元线性分析

一元线性分析只有一个自变量 x 与因变量 y 有关,x 与 y 都必须是连续型变量,因变量 y 或其残差必须服从正态分布.

2. 多元线性回归分析

多元线性回归的基本原理和基本计算过程与一元线性回归相同,但由于自变量个数多,计算相当麻烦,一般在实际中应用时都要借助统计软件.

但由于各个自变量的单位可能不一样,比如说一个消费水平的关系式中,工资水平、受教育程度、职业、地区、家庭负担等因素都会影响到消费水平,而这些影响因素(自变量)的单位显然是不同的,因此自变量前系数的大小并不能说明该因素的重要程度,更简单地来说,同样工资收入,如果用元为单位就比用百元为单位所得的回归系数要小,但是工资水平对消费的影响程度并没有变,所以得想办法将各个自变量化到统一的单位上来.标准分就有这个功能,具体来说,就是将所有变量包括因变量都先转化为标准分,再进行线性回归,此时得到的回归系数就能反映对应自变量的重要程度.这时的回归方程称为标准回归方程,回归系数称为标准回归系数.数据拟合用到最多的是极大似然估计或最小二乘法估计.

3. 非线性回归分析

依据描述自变量与因变量之间因果关系的函数表达式是线性的还是非线性的,可分为线性回归分析和非线性回归分析.通常线性回归分析法是最基本的分析方法,遇到非线性回归问题可以借助数学手段化为线性回归问题处理.非线性回归的数据拟合时,常用到 Lagrange 多项式法和三阶样条插值法估计.

三、数据分析素养的主要表现形式

《普通高中数学课程标准(2017年版)》指出:数据分析是研究随机现象的重要数学技术,是大数据时代数学应用的主要方法,也是"互联网+"相关领域的主要数学方法.数据分析已经深入到科学、技术、工程和现代社会生活的各个方面.通过高中数学课程的学习,学生能提升获取有价值信息并进行定量分析的意识和能力;适应数字化学习的需要,增强基于数据表达现实问题的意识,形成通过数据认识事物的思维品质,积累依托数据探索事物本质、关联和规律的活动经验.

根据课程标准的叙述,数据分析素养主要表现形式如下.

（一）有效收集和整理数据的能力

数据收集主要包括主动收集数据和被动收集数据两种形式.被动收集数据是指由互联网,物联网,遥感和卫星所产生的数据,它的特点是自动产生,不论人们是否需要,数量庞大且产生数据的速度很快;主动收集数据主要是指通过科学实验与测试、问卷和抽样调查、报表与年鉴等形式来获得数据.有效的、科学的和较为精确的,能够反映客观事物随机特征和内在规律的数据是数据分析的前提,没有数据,数据分析就成为无米之炊.在进行数据收集工作时,要依据研究的目的、研究对象的随机特征和拟探讨事物的内在规律来确定收集什么数据,要规定收集数据的方式,以确保收集到的数据的精确度和可信度.这些可以反映出数据收集员的判断能力和数据采集水平.

整理数据是有效地进行数据分析的基础.数据整理一方面是数据的可视化,主要表现在数据的图示,即利用各类数据图展示数据;另一方面是数据的预处理,为了避免其他数据不必要的干扰,常对数据进行标准化处理.这些往往需要具备一定的数学统计原理和方法,和对事物本质属性的揭示,能力水平不同,数据收集与整理的速度和准确性也不同,数据分析的结果可能也不同.随着科学技术及经济的快速发展,滋生了数据采集员这个职业.

（二）有效建模和推断数据的能力

在经历了数据可视化和预处理形成对"可分析"数据的感性认识过程后,从解决问题的目的出发,利用统计知识和方法,构建统计模型.这个统计模型主要研究两个方面.一方面,研究随机现象的概率分布,研究随机现象是否符合正态分布;另一方面,研究两个变量的相关性,利用统计方法(如极大似然估计法或最小二乘估计法)对统计模型中未知的参数进行估计,或对依据现实情境提出的假设进行检验,或基于一设定的概率或统计模型对未来进行预测.这些问题的处理,都基于对概率统计的相关知识的掌握,以及处理实际问题的能力,这些相关问题的建模还要结合信息化进行有效处理.随着科学技术及经济的快速发展,滋生了精算师这个职业.

（三）得出结论形成知识的能力

获得结论和形成知识是数据分析的终极目标,服务于科学发现、技术创新和管理决策.获得的结论形成的知识,经过不断的验证和优化后,最终可以形成对所研究对象的特性和内在规律性的精确掌握程度的判断.随着科学技术及经济的快速发展,滋生了分析师这个职业.

总之,数据分析素养的形成与数学教育提出的"四能"(发现、提出、分析、解决问题能力),"三会"(会用数学的眼光观察世界、会用数学的思维思考世界、会用数学的语言表达世界)是相辅相成的,有利于学生思维能力、实践能力和创新意识的发展,有利于学生科学精神的培育.

第二节 数据分析核心素养的育人价值

一、数据分析素养的数学学科价值

数据分析是研究随机现象的重要数学技术,在当今大数据时代以至于未来,数据分析在科学技术工程和现代社会经济等方面均有重要作用,具有极高的学科价值.

由于随机现象是许多学科研究对象的基本特性,而传统数学又无法提供必要研究支持(研究基础是从定义出发而非数据出发;推理方法是演绎推理而非归纳推理;判断准则是"对与错"而非"好与坏"),所以数据分析作为刻画随机现象统计规律性的语言,为许多学科探究其变化和发展的规律性提供了观念、方法和工具,从而也产生了许多新的统计分支,如生物统计、教育统计、社会统计、心理统计、金融统计、经济统计等,再加上计算机技术的快速发展和人工智能的不断推进,使数据分析成为"互联网+"相关领域的主要数学方法.

2020年2月26日,国家科学技术部公布了全国首批13个国家应用数学中心建设,加强应用数学和数学应用的研究.推进数学与工程应用、产业化的对接融通,提升数学支撑创新发展能力和水平.科技部对应用数学中心提出的面向国家战略需求,具有重大的社会、经济意义的重要数学问题给与支持.

二、数据分析素养在培养人的思维方面的价值

《普通高中数学课程标准(2017年版)》指出:通过高中数学课程的学习,学生能提升获取有价值信息并进行定量分析的意识和能力;适应数字化学习的需要,增强基于数据表达现实问题的意识,形成通过数据认识事物的思维品质,积累依托数据探索事物本质、关联和规律的活动经验.

上述表述揭示了数据分析的思维品质.通过数据分析所特有的逻辑推论系统,能够使学生感受数据分析是认识客观世界的基本思想和数学方法,学会用统计的思维去分析客观世界的变化和发展,学会"用数据说话"的思维品质进行定量分析,从而由经验型管理研究走向数据型管理研究的理性思维,用数学的思维分析世界.

三、数据分析素养在认知事物之间关联方面的价值

从哲学的角度看,事物不是孤立的,是相互关联的,具有普遍的联系性.而数据分析就是把有效数据与研究事物的属性有机地结合起来,利用数据分析洞察事物的本质属性,用数据说话.透过数据揭示事物发生、发展变化的规律,用数据分析指导我们学习、工作、思维、预判等.

事物之间的联系具有多样性,有其主要方面和次要方面.这就要求数据分析者对数据有兴趣,能主动获取有效数据,能让数据说话,能通过数据思维去洞察事物的本质,寻求问题解决的途径和方法,提升数据分析与事物属性的关联度.

四、数据分析素养在形成理性精神方面的价值

在哲学中,理性是指人类能够运用理智的能力.相对于感性的概念,它通常指人类在审慎

思考后,以推理方式,推导出结论的这种思考方式.感性和理性,都属于意识的范畴,且为意识的性质.理性,基于意识,是具有参照性的意识.从社会学角度来讲,理性指能够识别、判断、评估实际理由以及使人的行为符合特定目的等方面的智能.理性通过论点与具有说服力的论据发现真理,通过符合逻辑的推理而非依靠表象而获得结论、意见和行动的理由.

张维忠教授认为:"数学是理性精神的典范,所以数学教育应该是培养理性精神,理性精神的培养需要关注以下两大方面:理性的思维意识与习惯、理性的思维方式与能力."如果能做到这两点,就是坚持了理性精神.

作为数学核心素养之一的数据分析也不例外.数据分析在形成理性精神方面的目标如下:①培养主动获取信息、定量分析的意识和能力;②通过数据建立模型,进行理性推理;③积累基于数据的活动经验.

五、数据分析素养在培养学生创造能力方面的价值

创造能力就是运用一切已有信息,创造出某种新颖、独特、有社会或个人价值的产品的能力.《普通高中数学课程标准(2017年版)》指出:增强基于数据表达现实问题的意识,形成通过数据认识事物的思维品质,积累依托数据探索事物本质、关联和规律的活动经验.

创造能力主要表现在:创造性意识、创造性品质、创造性思维、创造性体验4个方面.而数据分析的6个过程(收集数据,整理数据,提取信息,构建模型,进行推断,获得结论)都体现创造能力.反映事物发展的固有数据很多,有重要的关联数据,也有非主要的关联数据,如何收集相关联数据,这就是一个创新,就是一个创造.数据选择角度的侧重点不同,可能得出正相关或负相关的结论.接下来是数据整理、提取信息.如何根据收集的数据进行整理,利用什么方案去整理,提取什么样的信息,才能刻画研究事物现象的本质?这些都会因使用介质的不同、对现象的分析、理解的不同,而产生反映事物本质的信息也不同.再接下来是建立模型、进行推断.根据这些数据信息,建立什么样的数学模型,哪些模型最优?甚至有的模型还在不断的研究与开发,即使同一个模型,评价的参数要求不同,也会得出不同的推断.最后是获得结论.数据分析的结论没有"对与错",只有"好与坏",既要从整体上分析,又个体上分析;既要定量分析,又要定性分析.

另一方面"互联网+"和"+人工智能"的发展,为我们提供了更优的数据分析理论、方法和算法系统的产生,为数据分析提供了重要的引擎,促进了数据分析的不断创新.

3 第三节 数据分析核心素养在课堂教学中的落实策略

一、数据分析素养在各个学习内容板块中的渗透

利用计算器收集和整理离散性数据,把这些数据进行直角坐标系描点处理,根据这些点列分析其几何特征,再根据这些离散的点列几何特征,概括猜想连续函数的性质,并利用所学知识进行论证,形成关于此类函数的完整性质.

【案例 6-1】利用数学分析解不等式

问题 1: 设函数 $f(x)=\ln(1+|x|)-\dfrac{1}{1+x^2}$,则使得 $f(x)>f(3-2x)$ 成立的 x 的取值范围是_____.

分析 已知函数 $f(x)$ 的表达式,求不等式 $f(x)>f(3-2x)$ 的解集. 如果直接把 $3-2x$ 代入 $f(x)$ 解不等式,计算量较大,甚至不易求解.

知识与技能 考查函数 $f(x)$ 一定要考查函数的性质. 一种方法是根据题目要考查的内容选择适当函数的性质,如定义域、值域、奇偶性、单调性、对称性、周期性、最值、零点等进行研究,再根据这些性质,求解不等式 $f(x)>f(3-2x)$;另一种方法是利用 CASIO fx-991CN 中文版计算器(见图 6-1),按菜单,选 7,进入表格功能,输入函数 $f(x)=\ln(1+|x|)-\dfrac{1}{1+x^2}$,按右下角"=",显示 $g(x)=$. 若输入函数 $g(x)$,则会列出两个函数 $f(x)$、$g(x)$ 的函数值,此题只有一个函数,就不需要. 若再次按右下角"=",显示表格范围,开始值为 -2,终止值为 10,步长为 1. 按右下角"=",计算器就显示出函数 $f(x)$ 的函数值,见表 6-1.

图 6-1

表 6-1

	x	$f(x)$
1	-2	0.8986
2	-1	0.1931
3	0	-1
4	1	0.1931
5	2	0.8986
6	3	1.2862
7	4	1.5506
8	5	1.7532
9	6	1.9188
10	7	2.0594
11	8	2.1818
12	9	2.2903
13	10	2.3879

思维与表达 根据表 6-1 中的数据绘制点列图,并用光滑的曲线连接起来,如图 6-2

所示.图 6-2 反映了当 x 是正数时函数 $f(x)$ 的函数值随着 x 的取值增大而增大,且 x 取互为相反数时,其函数值相等.

交流与反思 通过部分点列,我们是否可猜想函数 $f(x)$ 是定义域为 **R** 的偶函数,且在 $x\in[0,+\infty)$ 上是增函数?

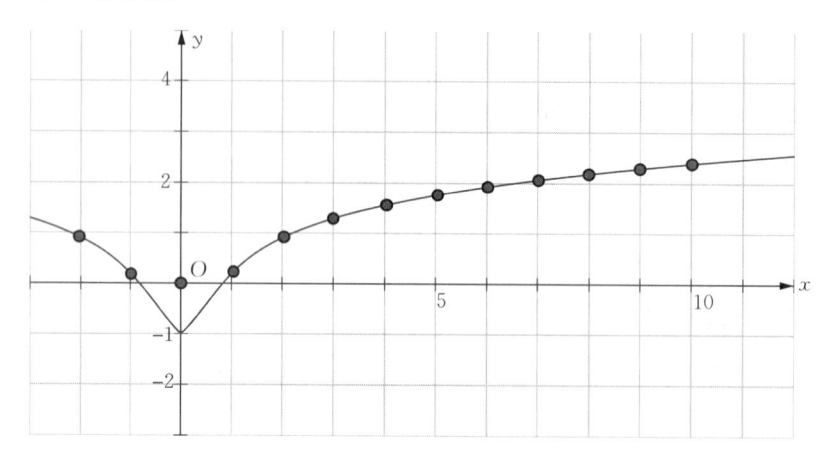

图 6-2

通过前期的点列计算的猜想,再探究严谨的推理论证.因为 $f(-x)=f(x)$,所以 $f(x)$ 为偶函数;当 $x\in[0,+\infty)$ 时,$y=|x|$,$y=x^2$ 为增函数,所以 $y=\ln(1+|x|)$ 为增函数,$y=\dfrac{1}{1+x^2}$ 为减函数,且函数值为正,所以 $y=-\dfrac{1}{1+x^2}$ 为增函数,故 $f(x)=\ln(1+|x|)-\dfrac{1}{1+x^2}$ 在 $[0,+\infty)$ 上为增函数.

从而不等式 $f(x)>f(3-2x)$ 即为 $|x|>|3-2x|$,解得 $1<x<3$.

二、数据分析素养在各种教学活动过程中的渗透

利用计算器收集和整理方程部分解的数据,根据这些数据进行分析,看哪些数据符合方程解的情况,哪些数据不符合要求,解释得出的结论,从而概括和形成方程解的相关知识.

【案例 6-2】利用特殊值

问题 1: 已知 $\tan\alpha\tan\beta=\tan(\alpha+\beta)$,有下列两个结论:① 存在 α 在第一象限,β 在第三象限;② 存在 α 在第二象限,β 在第四象限;则( ).

A. ①②均正确　　B. ①②均错误　　C. ①对②错　　D. ①错②对

分析 这是方程在某个范围是否有解的问题.由于一个方程只能解一个未知数,而这个方程有两个未知数,故是否在给定范围内有解就不易判断.

知识与技能 对于两个变量的方程,可以根据范围要求,控制一个变量求解另一个变量.在第一象限为 α 取一些不同的值,利用计算器在对应范围内求解 β 的值.

进入菜单,选 1,输入求解的方程后("="用左上角的"="),按 SHIFT,CALC,显示 $x=5$ 等,按右下角"=",可以解出在这个数值附近的根.不同的计算器可能显示不同的数值.这不是说方程解错了,而是说明最接近某个数的解.这里的某个数是前面计算的值保存的默认值.如输入 -4,按右下角"=",则显示离 -4 最近的一个解.

思维与表达 此题 α 分别取 $\dfrac{\pi}{6}$、$\dfrac{\pi}{4}$、$\dfrac{\pi}{3}$，β 在第三象限求解；α 分别取 $\dfrac{2\pi}{3}$、$\dfrac{3\pi}{4}$、$\dfrac{5\pi}{6}$，β 在第四象限求解. 计算器显示如图 6-3 所示，具体见表 6-2.

图 6-3

表 6-2

	α 为第一象限			α 为第二象限		
	$\dfrac{\pi}{6}$	$\dfrac{\pi}{4}$	$\dfrac{\pi}{3}$	$\dfrac{2\pi}{3}$	$\dfrac{3\pi}{4}$	$\dfrac{5\pi}{6}$
β 为第三象限	无解	无解	无解			
β 为第四象限				5.353080	6.67588	6.61217

交流与反思 利用计算器解方程 $\tan\alpha\tan\beta=\tan(\alpha+\beta)$ 时，由于 α 在第一、第二象限取的是一些特殊值，且 β 在第三象限、第四象限也只取了在角 4 和 5.5 附近求其方程的根，随然有很多局限性，但通过这些解的情况，也能初步反映此方程解的特征. 我们可以利用特殊解来猜想方程 $\tan\alpha\tan\beta=\tan(\alpha+\beta)$ 的情况，要准确把握，还必须严谨证明.

对于两个变量 α、β 的方程，无论从数学建模的角度，还是从数据分析的角度，可以先假设一个变量是常数，先对一个变量进行分析研究. 先假设 β 为常数，对原等式进行变形得，$\tan^2\beta\tan^2\alpha+(1-\tan\beta)\tan\alpha+\tan\beta=0$，$\Delta=(1-\tan\beta)^2-4\tan^3\beta$.

当 β 在第四象限时，$\Delta>0$，且两根之和为负，两根之积为负，故存在 α 在第二象限.

又当 $\tan\beta>0$ 且 $\Delta\geqslant0$ 时，必须有 $0<\tan\beta<1$，则关于 $\tan\alpha$ 的一元二次方程有解，且其解一定为负值，故此时 α 不可能在第一象限，故选 D.

三、数据分析素养在各个数学学习环节中的渗透

随着"大数据＋教育"的推进与发展,对教育教学的评价功能由定性走向定量与定性相结合,且越来越成熟.学校对学生、教师的评价也由感性评价转变为定量、定性评价.学期结束时,学校往往要对学科教师的教学质量进行评价,除了过程性评价外,还有一个终结性评价.相同学科之间、不同学科之间,同一班级,同一学科的不同阶段之间的发展性评价,如何对教师的教学情况进行合理的评价?既可以促进教师的专业发展,又可以调动教师的教学积极性,这是教学管理者必须面对的问题.随着数据分析的成熟,评价越来越合理,越来越科学,成为指导教学的一个重要手段.

【案例 6-3】

问题： 某校 10 个班级,某次考试的语文、数学、英语三门课的考试成绩以及初态成绩见表 6-3 和表 6-4,如何评价各班的科任教师的教学质量以及每个班级语文、数学、英语的三门课整体教学质量?

表 6-3

班级	人数	语文均分	数学均分	英语均分	三门总分
高三(1)班	40	110.8	121.7	118.0	350.4
高三(2)班	42	107.8	123.2	119.3	350.4
高三(3)班	30	108.1	111.5	113.8	333.4
高三(4)班	20	99.6	107.1	107.3	313.9
高三(5)班	20	102.0	111.8	104.8	318.6
高三(6)班	17	103.0	106.6	106.2	315.8
高三(7)班	44	108.5	121.2	117.5	347.2
高三(8)班	32	101.0	108.4	104.7	314.1
高三(9)班	30	104.6	109.0	109.8	323.4
高三(10)班	28	106.3	107.5	104.0	317.8
年级均分	303	106.0	114.4	111.9	332.3

表 6-4

班级	人数	语文均分	数学均分	英语均分	三门总分
高三(1)班	40	101.5	107.6	101.9	311.0
高三(2)班	42	99.0	110.8	99.6	309.4
高三(3)班	30	97.3	90.1	90.8	278.2
高三(4)班	20	93.4	87.2	83.0	263.6
高三(5)班	20	93.8	93.2	84.7	271.7
高三(6)班	17	92.5	79.6	82.1	254.2
高三(7)班	44	99.3	101.9	97.6	298.8
高三(8)班	32	93.7	86.1	81.6	261.4
高三(9)班	30	97.6	85.4	83.5	266.5
高三(10)班	28	97.6	88.0	79.8	265.4
年级均分	303	97.3	95.3	90.3	282.9

分析 对于上述数据,某次考试数学成绩中,高三(2)数学成绩平均分是123.2分,排在年级第一,而高三(1)班数学成绩平均分是121.7分,排在年级第二,是否可以就说明(2)班数学教师的教学成绩就一定比(1)班好呢?从初态数学成绩看,(2)班的数学平均分比(1)班高3.2分,而经过一段时间的有效教学,(1)班的数学平均分与(2)班的数学平均分差距缩小为1.5分了,尽管(1)班仍处于排名第二的位置,但进步还是不小.但对于(2)班的数学教师来说,他的数学成绩上升的空间是有限的,越向上成绩上升的幅度就越小.而对于(6)班,初态成绩与最高分相差31.2分,成绩从79.6分经过师生的共同努力变成90分,增加10.4分,但对于高三(2)班若增加10.4分,就变成133.6分,这个几乎是不可能的.如何合理评价教师的教学质量,既能反映其教学绩效,又能调动其积极性?

对于上述提供的班级学科平均分数据,我们可以对这些平均分数据给出不同水平的评价.

1. 知识与技能1(相当于数据分析素养水平一)

如何可视化数据所呈现的特征和规律性?我们利用多数据折线图反映各班的语文、数学、英语三门学科及总分的初态成绩和某次考试成绩的对比,如图6-4~图6-7所示.

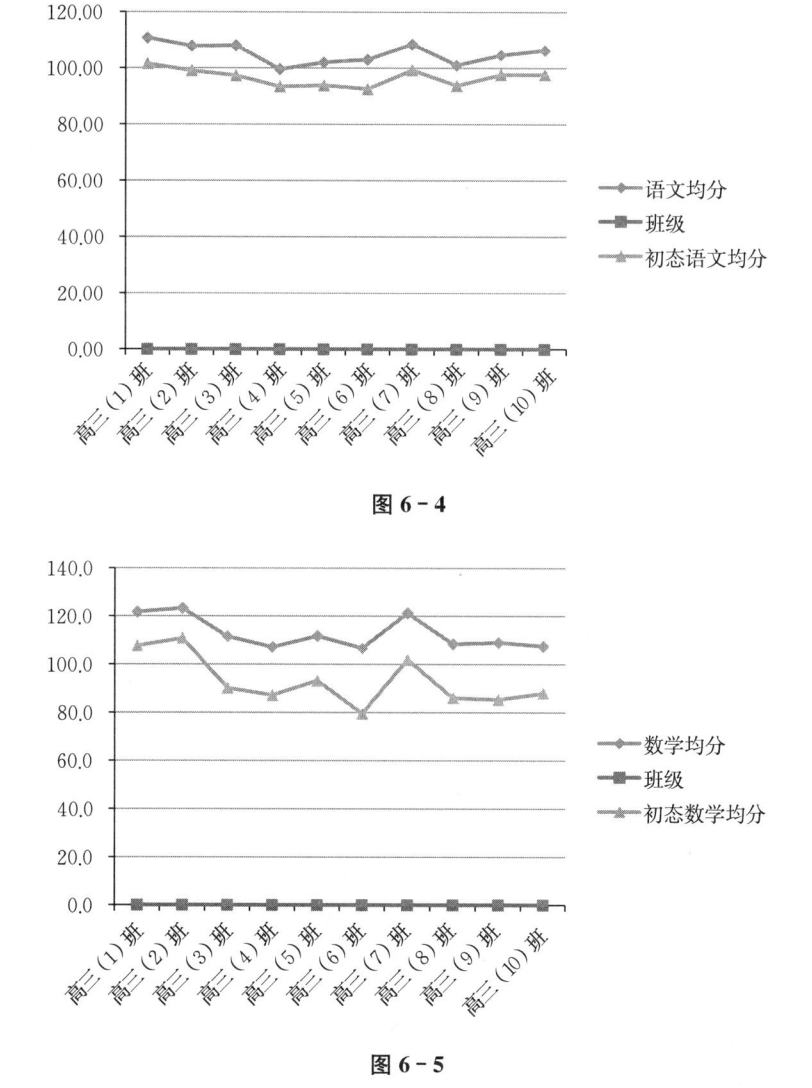

图 6-4

图 6-5

图 6-6

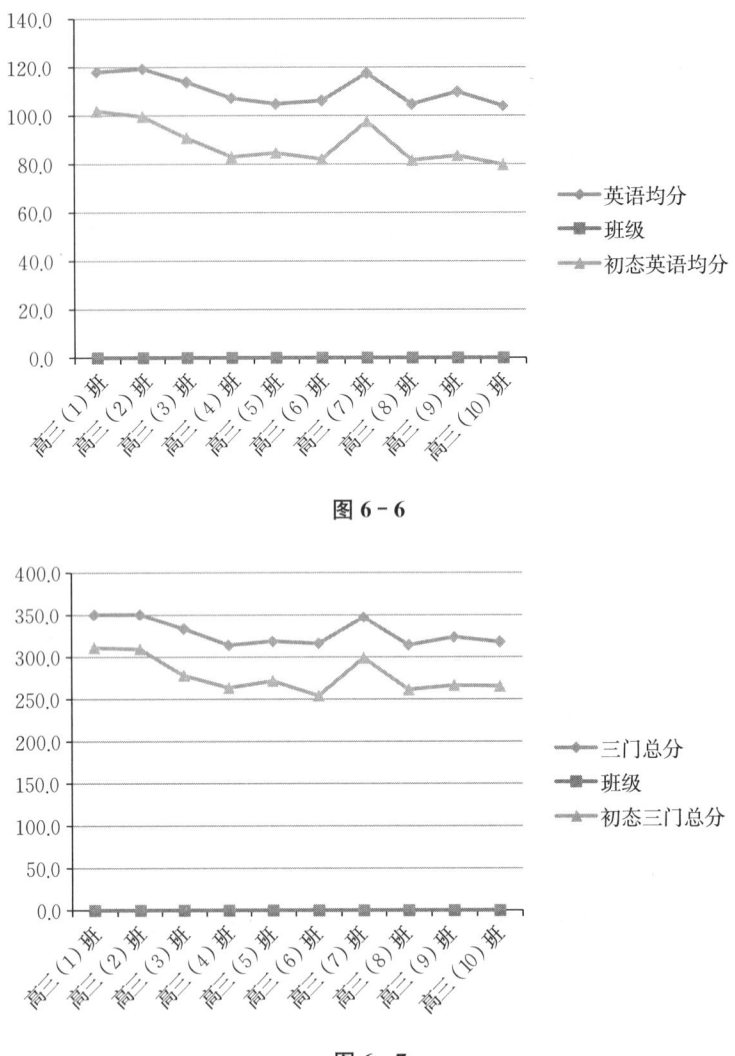

图 6-7

2. 思维与表达1(相当于数据分析素养水平一)

(1) 图 6-4～图 6-7 中,语文、数学、英语及三门总分,某次考试各班的均分与初态均分具有很强的相关性,折线图的形态几乎一样,班级的成绩与班级的初态有很大的关联.(2) 图 6-8 中,语文学科某次考试的均分与初态均分中,(3)班和(6)班差异分最大,(4)班差异分最小;数学学科某次考试的均分与初态均分中,(6)班差异分最大,(2)班差异分最小;英语学科某次考试的均分与初态均分中,(9)班差异分最大,(1)班差异分最小;三门总分均分某次考试的均分与初态均分中,(6)班差异分最大,(1)班差异分最小.

3. 交流与反思1(相当于数据分析素养水平一)

(1) 图 6-4～图 6-7 中,语文、数学、英语及三门总分,反映出各班层次区分明显,各班级应根据班级学生的学习状态,制订和实施适合本班级的教学策略,做到因材施教,分层教学.年级备课组在统一备课的前提下,各班要有自己的个性特色,既要吃得饱,又要吃得好.

(2) 图 6-8 反映出(6)班语文、数学两门学科进步明显,英语不弱,所以三门总分进步也很突出.(9)班英语进步突出,但(4)班语文、(2)班数学、(1)班的三门总分进步较小.教师要分

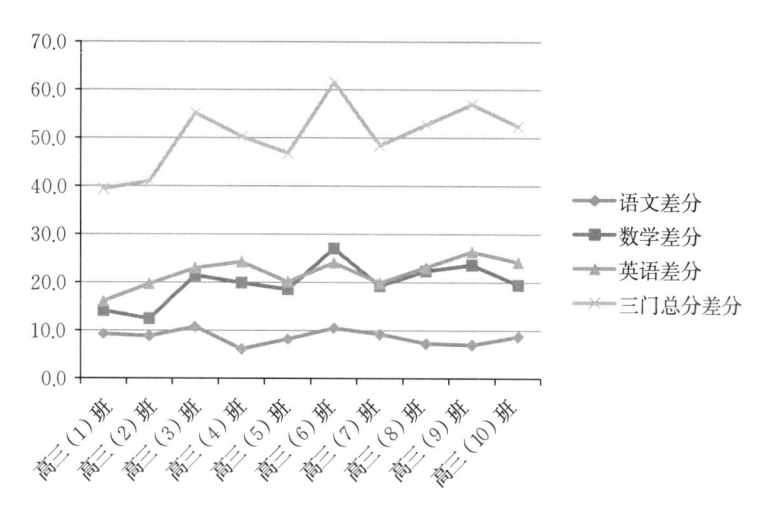

图 6-8

析自己的教学,要把教学的重难点落实到位,要调整自己的教学有效性,要及时反思.

4. 知识与技能2(相当于数据分析素养水平二)

由表6-3,表6-4可以看出各班的学科均分与年级均分的差距大小,但由于各班初始学习水平的不同,对某一学科的均分会产生一定的影响,可以考虑初态成绩的权重,于是可以算出10个班语文的权重分别为 $\frac{40\times101.5}{303\times97.3},\frac{42\times99.0}{303\times97.3},\frac{30\times97.3}{303\times97.3},\frac{20\times93.4}{303\times97.3},\frac{20\times93.8}{303\times97.3},$
$\frac{17\times92.5}{303\times97.3},\frac{44\times99.3}{303\times97.3},\frac{32\times93.7}{303\times97.3},\frac{30\times97.6}{303\times97.3},\frac{28\times97.6}{303\times97.3}.$

从而语文加权的均值为

$$\mu_{语文年级均分}=110.8\times\frac{40\times101.5}{303\times97.3}+107.8\times\frac{42\times99.0}{303\times97.3}+\cdots+106.0\times\frac{28\times97.6}{303\times97.3}=106.1$$

同样可求得数学,英语和三门加权均分为

$$\mu_{数学年级均分}=121.7\times\frac{40\times107.6}{303\times95.3}+123.2\times\frac{42\times110.8}{303\times95.3}+\cdots+106.0\times\frac{28\times88.0}{303\times95.3}=115.1$$

$$\mu_{英语年级均分}=118.0\times\frac{40\times101.9}{303\times90.3}+119.3\times\frac{42\times110.8}{303\times90.3}+\cdots+104.0\times\frac{28\times79.8}{303\times90.3}=112.5$$

$$\mu_{三门年级均分}=350.4\times\frac{40\times311.0}{303\times282.9}+350.4\times\frac{42\times309.4}{303\times282.9}+\cdots+317.8\times\frac{28\times265.4}{303\times282.9}=333.5$$

由此可见,是否考虑加权均值计算的均分还是有一定的差别,尤其是语文的均分.同一等级的学校均分之差就是在零点几分.

同样,也可以某次考试的各学科的方差和兼顾初态加权后的方差进行对比,即

$$\sigma^2_{语文}=\frac{40}{303}(110.8-106.0)^2+\frac{42}{303}(107.8-106.0)^2+\cdots+\frac{28}{303}(106.3-106.0)^2=12.0$$

$$\sigma^2_{兼顾初态语文}=\frac{40\times101.5}{303\times97.3}(110.8-106.0)^2+\cdots+\frac{28\times97.6}{303\times97.3}(106.3-106.0)^2=11.8$$

兼顾了语文初态,语文平均分变大,但方差却减小了.

5.思维与表达2(相当于数据分析素养水平二)

(1) 对于各学科的平均分和方差不用加权和使用加权哪种计算更合理?

(2) 使用加权计算的语文、数学、英语、三门总分的平均值比不使用加权计算数值大,但方差却比原来的小,如何解释?

6.交流与反思2(相当于数据分析素养水平二)

利用加权计算各学科和三门总分的均值时,由于兼顾了初态各班学科的总分占年级总分的权重,所以计算的均值就比原均值稍微大些,但却能兼顾原始初态各班成绩,故各学科的均分更加合理.由于使用了加权,计算的均值趋于集中,所以加权后方差就比原来小.

7.知识与技能3(相当于数据分析素养水平三)

由于班级不同,学生的成绩有差异,带好班的成绩自然会高,差班再怎么努力也赶不上好班.另外学科不同,横向也不能比较,更何况各学科命题难易程度要求也不一样,即使同一学科两次考试的试卷难易程度也不可能绝对平衡,用某次考试的绝对成绩来衡量教师的教学情况,衡量班级的学习情况科学性有所欠缺,所以从使用标准分及进步比例来评价.标准分数计算公式为

$$标准分 = \frac{个人原始分 - 平均分}{标准差}$$

其中,标准方差 $= \sqrt{\dfrac{(x_1-\bar{x})^2+(x_2-\bar{x})^2+\cdots+(x_n-\bar{x})^2}{n}}$,$\bar{x}=\dfrac{x_1+x_2+\cdots+x_n}{n}$,进步比例 =(某次学科考核成绩-初态成绩)/(该学科期望分-初态成绩).

期望标准分:语文为1.41,数学为1.47,英语为1.31.三门总分为1.27.具体见表6-5.

表6-5

班级	人数	语文均分	语文初态	进步比例	数学均分	数学初态	进步比例	英语均分	英语初态	进步比例	三门总分	三门初态	进步比例
高三1班	40	1.33	1.40	−4.96	1.1	1.2	−0.37	1.02	1.43	1.16	1.19	1.38	1.67
高三2班	42	0.52	0.57	−0.05	1.4	1.5	2.50	1.25	1.15	−1.60	1.19	1.30	3.25
高三3班	30	0.59	0.00	0.42	−0.4	−0.5	0.04	0.32	0.06	0.25	0.07	−0.23	0.20
高三4班	20	−1.78	−1.30	−0.18	−1.1	−0.8	−0.14	−0.79	−0.90	0.06	−1.21	−0.95	−0.12
高三5班	20	−1.10	−1.17	0.03	−0.4	−0.2	−0.12	−0.12	−0.69	−0.29	−0.91	−0.55	−0.20
高三6班	17	−0.82	−1.60	0.26	−1.2	−1.6	0.12	−0.97	−1.01	0.02	−1.09	−1.41	0.12
高三7班	44	0.72	0.67	0.07	1.0	0.7	0.48	0.94	0.90	0.25	0.98	0.78	0.41
高三8班	32	−1.38	−1.20	−0.07	−0.9	−0.9	0.00	−1.22	−1.07	−0.07	−1.20	−1.06	−0.06
高三9班	30	−0.38	0.10	−0.36	−0.8	−1.0	0.06	−0.35	−0.84	0.11	−0.59	−0.81	0.11
高三10班	28	0.10	0.10	0.00	−1.1	−0.7	−0.16	−1.34	−1.29	−0.02	−0.96	−0.86	−0.05

8.思维与表达3(相当于数据分析素养水平三)

(1) 引导学生为什么用标准分表示成绩在评价中更加科学?

(2) 为什么不是直接计算学科某次成绩与初态成绩的差值来评价教师的教师绩效,而是

采用进步比例来对教师的教学进行考核?

9. 交流与反思3(相当于数据分析素养水平三)

(1) 根据表6-5中的各学科、各班的进步比例排序,可以评价教师的教学情况和班级的总体管理情况.

(2) 利用标准分计算学科成绩时,与原始分有了一些变化,如语文学科高三3与高三7某次成绩分别是108.1,108.5,用标准分计算后成绩分别是0.59,0.72,标准分相差变大了.

(3) 高三1班数学成绩排在年级第二,但是进步比例却是-0.37,比高三4、5、10班都低,改变了教师们"成绩好的班级也一定能出成绩,成绩差的班级怎么教也是差"的观念.

(4) 为了刻画各班每门学科的教师的教学水平,可以选择班级的平均分、优秀率、及格率;也可以对班级学科的众数、中位数、方差(或标准差)等数据进行分析,还可以分析班级学科的正态分布图,箱体图等,一是分析数据的平均水平,二是分析数据的离散程度,通过这两个方面的班级成绩数据分析,既可以对教师的教学水平进行评价,又可以指导教师的教学,便于教师及时调整自己的教学.但是对于不同学科,不同试卷,不同班级的评价,标准分可以把这种差别的影响减少到最小.

(5) 如果选择原始成绩计算其进步比例,如表6-6.

表6-6

班级	人数	语文均分	语文原始	进步比例	数学均分	数学原始	进步比例	英语均分	英语原始	进步比例	三门总分	三门原始	进步比例
高三1班	40	110.75	101.49	0.58	121.7	107.6	0.57	118.0	101.9	0.694	350.4	311.0	0.667853
高三2班	42	107.83	99.0	0.48	123.2	110.8	0.58	119.3	99.6	0.774	350.4	309.4	0.67586
高三3班	30	108.07	97.30	0.54	111.5	90.1	0.51	113.8	90.8	0.671	333.4	278.2	0.600944
高三4班	20	99.55	93.40	0.26	107.1	87.2	0.44	107.3	83.0	0.577	313.9	263.6	0.472744
高三5班	20	102.00	93.80	0.35	111.8	93.2	0.47	104.8	84.7	0.499	318.6	271.7	0.476602
高三6班	17	103.00	92.50	0.42	106.6	79.6	0.51	106.2	82.1	0.561	315.8	254.2	0.532155
高三7班	44	108.55	99.30	0.51	121.6	101.9	0.63	117.5	97.6	0.725	347.2	298.8	0.679839
高三8班	32	101.00	93.70	0.31	108.4	86.1	0.48	104.7	81.6	0.532	314.1	261.4	0.485497
高三9班	30	104.60	97.60	0.35	109.0	85.4	0.50	109.8	83.5	0.634	323.4	266.5	0.550081
高三10班	28	106.32	97.60	0.44	107.5	88.0	0.44	104.0	79.8	0.534	317.8	265.4	0.500819

把表6-5和表6-6对比,可以看出进步比例的排序还是有一定的变化的,后者显然无法反映真实情况.

四、数据分析素养在各个年级循序渐进中的渗透

《普通高中数学课程标准(2017年版)》对数据分析素养的水平划分,按照概率与统计在3类课程中的要求,从情境与问题、知识与技能、思维和表达、交流与反思4个方面,分为3个层次,形成对数据分析素养达成的基本要求.数据分析素养的水平描述见表6-7.

表 6-7

水平	素养
	数据分析
水平一	能够在熟悉的情境中了解随机现象及简单的统计或概率问题; 能够对熟悉的概率问题,选择合适的概率模型,解决问题;能够对熟悉的统计问题,选择合适的抽样方法收集数据,掌握描述、刻画、分析数据的基本统计方法,解决问题; 能够结合熟悉的实例,体会概率是对随机现象发生可能性大小的度量,可以通过定义的方法得到,也可以通过统计的方法进行估计;能够用统计和概率的语言表达简单的随机现象; 在交流的过程中,能够用统计图表和简单概率模型解释熟悉的随机现象
水平二	能够在关联情境中,识别随机现象,知道随机现象与随机变量之间的关联,发现并提出统计或概率问题; 能够针对具体问题,选择离散型随机变量或连续型随机变量刻画随机现象,理解抽样方法的统计意义,能够运用适当的统计或概率模型解决问题; 能够在运用统计方法解决问题的过程中,感悟归纳推理的思想,理解统计结论的意义;能够用统计或概率的思维来分析随机现象,用统计或概率模型表达随机现象的统计规律; 在交流的过程中,能够用数据呈现的规律解释随机现象
水平三	能够在综合情境中,发现并提出随机问题; 能够针对不同的问题,综合或创造性地运用统计概率知识,构造相应的统计或概率模型,解决问题;能够分析随机现象的本质,发现随机现象的统计规律,形成新的知识; 能够理解数据分析在大数据时代的重要性.能够理解数据蕴含着信息,可以通过对信息的加工,得到数据所提供的知识和规律,并用统计或概率的语言予以表达; 在交流的过程中,能够辨明随机现象,并运用恰当的语言进行表述

根据数据分析的 3 个水平的划分,高中三年可以分步骤进行实施. 由于高一学生在学习完正比例函数、反比例函数、一次函数、二次函数的基础上,又进一步学习幂函数、指数函数、对数函数、三角函数及抽象函数的定义和性质,这些函数都是连续性函数,而随机变量是离散性的,这两种内容的学习相互之间有一定的干扰,所以高一年级数据分析的教学要求主要落实在水平一的基础上. 到了高二学生开始学习数列,这开始学习了离散型函数的特征,我们可以结合不同的教学内容对学生进行水平二的教学要求. 高三通过统计与概率的学习,接触到现实生活中普遍存在随机性变量、在掌握了统计与概率后,我们可以对学生进行水平三的教学要求,从而使学生达到数据分析素养的基本要求.

第四节 信息技术助力数据分析素养的提升

一、基于图形计算器辅助数据分析素养的提升

统计知识的教学中存在大量繁难、重复性的运算,这占用了学生大量宝贵的时间,使学生对于统计知识望而生畏.利用 TI 图形计算器强大的计算功能,研究一些较为复杂的问题,更好地探求问题的本质,使学生以更多的精力体验有价值的观察、探究、实验、猜想等探索活动,使学生遇到生活中的数学问题不再避而远之,从而培养了学生的应用意识.

(一)利用 TI 图形计算器计算方差平均数

按 STAT 进入编辑状态,将样本数据输入,按 STAT ▶ 选择 1 按 2nd [L1]将 L 复制到屏幕上,然后按 ENTER,即可得到样本的平均数与标准差.

(二)借助 TI 图形计算器做频率分布直方图

输入数据,按 2nd [STATPLOT] 选择 1,进行如下的设置.将 On 选中,Type 设置为直方图(上排第 3 个),Xlist 设置为 L1,Freq 设置为 L2,再按 ZOOM,选择 9:ZoomStat,按 ENTER,按下 TRACE,自动作出频率分布直方图.

(三)利用 TI 图形计算器做数据的回归处理

(1)设置显示可靠系数 r.按 2nd[CATALOG],选择 DiagnosticON,复制到屏幕上,然后按 ENTER.

(2)输入数据.

按 STAT 选择 1:Edit 进入编辑状态,将身高的数据输入到 L3,体重的数据输入到 L4.

(3)作出散点图.按 2nd[STATPLOT]选择 1,进行如下的设置.将 On 选中,Type 设置为散点图(上排第一个),Xlist 设置为 L3,Ylist 设置为 L4.然后按 ZOOM,选择[9:ZoomStat],按 ENTER 即自动作出散点图.

(4)选择函数拟合.

按 STAT ▶进入 CALC 菜单,选择 8:LinReg(a bx+),然后按 ENTER 将 LinReg(abx+)复制到屏幕上,按 2nd[L3],2nd[L4],2nd[L3],按 VARS▶,选择[1:Function],选择[1:Y1].按 ENTER,显示出直线回归所得的各个参数.同理进入 CALC 菜单后,选择[0:ExpReg],进行类似操作可以得到指数函数模型的各个参数.

(5)通过 r^2 的大小判断拟合的结果.由上面的数据可以得出,用函数模型拟合的效果好.另外还可以从图像上得出结论,按 GRAPH,ENTER 即可.

借助 TI 计算器的数据拟合功能,学生可以做出散点图,观察数据的相关关系,再利用回归

系统进行数据拟合,学生可以看到数据之间的相关关系,体验到数学的应用价值.这就培养了学生数据处理的能力.

二、基于动态教学软件辅助数据分析素养的提升

Excel,Spss,Open Office,Minitab等统计软件,对于数据分析有一定的辅助作用.Excel具有数据记录和整理、数据加工和计算、数据统计与分析、图形报表制作、信息传递与共享等功能;而Minitab除了基础统计外,还可以进行分布分析、数据回归分析、拟合等.

利用一些数据处理软件,可以简化一些烦琐的计算、制图、制表等操作,还可以辅助拟合,提高我们数据分析的效率、提升数据分析素养.

第五节 数据分析素养怎么考?

一、从思维品质角度考查数据分析素养

"数学是一门理性思维的科学——怀特·威廉". 可以说,数学的核心是思维. 人们在数学学习过程中,数学思维在不断地发生与发展. 由于学习者个体的差异,表现出数学思维水平(包括数学思维的质与量)的差异性. 这种思维水平的差异性是以数学思维品质为其标志的.

数学思维品质其主要的表现有敏捷性、灵活性、深刻性、创造性、批判性5个方面. 思维品质的这5个方面是相互联系、相互依存的,它们是作为数学思维的统一体的几个方面.

《普通高中数学课程标准(2017年版)》指出:通过高中数学课程的学习,学生能提升获取有价值的信息并进行定量分析的意识和能力;适应数字化学习的需要,增强基于数据表达现实问题的意识,形成通过数据认识事物的思维品质.

【案例 6-4】利用有效数据进行定量分析

问题: 为了治疗某种疾病,研制了甲、乙两种新药,希望知道哪种新药更有效,为此进行动物试验. 试验方案如下:每一轮选取两只白鼠对药效进行对比试验. 对于两只白鼠,随机选一只施以甲药,另一只施以乙药. 一轮的治疗结果得出后,再安排下一轮试验. 当其中一种药治愈的白鼠比另一种药治愈的白鼠多4只时,就停止试验,并认为治愈只数多的药更有效. 为了方便描述问题,约定:对于每轮试验,若施以甲药的白鼠治愈且施以乙药的白鼠未治愈,则甲药得1分,乙药得-1分;若施以乙药的白鼠治愈且施以甲药的白鼠未治愈,则乙药得1分,甲药得-1分;若都治愈或都未治愈,则两种药均得0分. 甲、乙两种药的治愈率分别记为 α 和 β,一轮试验中甲药的得分记为 X.

(1) 求 X 的分布列;

(2) 若甲药、乙药在试验开始时都赋予4分,$p_i(i=0,1,\cdots,8)$ 表示"甲药的累计得分为 i 时,最终认为甲药比乙药更有效"的概率,则 $p_0=0$,$p_8=1$,$p_i=ap_{i-1}+bp_i+cp_{i+1}(i=1,2,\cdots,7)$,其中 $a=P(X=-1)$,$b=P(X=0)$,$c=P(X=1)$. 假设 $\alpha=0.5$,$\beta=0.8$. ①证明:$\{p_{i+1}-p_i\}(i=0,1,2,\cdots,7)$ 为等比数列;②求 p_4,并根据 p_4 的值解释这种试验方案的合理性.

分析 此题考查了学生为了研究哪种新药更有效的现实问题,开展数学实验,利用有效数据进行定量分析问题的能力,增强基于数据表达现实问题的意识,形成通过数据认识事物的思维品质.

解 (1) 由题意可知 X 所有可能的取值为:-1、0、1.

$\therefore P(X=-1)=(1-\alpha)\beta$;$P(X=0)=\alpha\beta+(1-\alpha)(1-\beta)$;$P(X=1)=\alpha(1-\beta)$.

则 X 的分布列见表 6-8.

表 6-8

X	−1	0	1
P	$(1-\alpha)\beta$	$\alpha\beta+(1-\alpha)(1-\beta)$	$\alpha(1-\beta)$

(2) ∵ $\alpha=0.5, \beta=0.8$

∴ $a=0.5\times 0.8=0.4, b=0.5\times 0.8+0.5\times 0.2=0.5, c=0.5\times 0.2=0.1$

① ∵ $p_i=ap_{i-1}+bp_i+cp_{i+1}(i=1,2,\cdots,7)$

即 $p_i=0.4p_{i-1}+0.5p_i+0.1p_{i+1}(i=1,2,\cdots,7)$

整理可得：$5p_i=4p_{i-1}+p_{i+1}(i=1,2,\cdots,7)$ ∴ $p_{i+1}-p_i=4(p_i-p_{i-1})(i=1,2,\cdots,7)$

又 $p_1-p_0\neq 0$

∴ $\{p_{i+1}-p_i\}(i=0,1,2,\cdots,7)$ 是以 p_1-p_0 为首项，4 为公比的等比数列

② 由①知：$p_{i+1}-p_i=(p_1-p_0)\cdot 4^i=p_1\cdot 4^i$

∴ $p_8-p_7=p_1\cdot 4^7, p_7-p_6=p_1\cdot 4^6, \cdots\cdots, p_1-p_0=p_1\cdot 4^0$

作和可得：$p_8-p_0=p_1\cdot(4^0+4^1+\cdots+4^7)=\frac{1-4^8}{1-4}p_1=\frac{4^8-1}{3}p_1=1$

∴ $p_1=\frac{3}{4^8-1}$

∴ $p_4=p_4-p_0=p_1\cdot(4^0+4^1+4^2+4^3)=\frac{1-4^4}{1-4}p_1=\frac{4^4-1}{3}\times\frac{3}{4^8-1}=\frac{1}{4^4+1}=\frac{1}{257}$

p_4 表示最终认为甲药更有效的．由计算结果可以看出，在甲药治愈率为 0.5，乙药治愈率为 0.8 时，认为甲药更有效的概率为 $p_4=\frac{1}{257}\approx 0.0039$，此时得出错误结论的概率非常小，说明这种实验方案合理．

二、从学科素养角度考查数据分析素养

《普通高中数学课程标准(2017 年版)》指出：数据分析是指针对研究对象获取数据，运用数学方法对数据进行整理、分析和推断，形成关于研究对象知识的素养．

【案例 6-5】获取研究的基本数据并据此进行一定的预测

问题：改革开放 40 年，我国卫生事业取得巨大成就，卫生总费用增长了数十倍．卫生总费用包括个人现金支出、社会支出、政府支出，表 6-9 为 2012—2015 年我国卫生费用中个人现金支出、社会支出、政府支出的费用(单位:亿元)和在卫生总费用中的占比．

表 6-9

年份	卫生总费用/亿元	个人现金卫生支出 绝对数/亿元	占卫生总费用比重 A (%)	社会卫生支出 绝对数/亿元	占卫生总费用比重 B (%)	政府卫生支出 绝对数/亿元	占卫生总费用比重 (%)
2012	28119.00	9656.32		10030.70		8431.98	29.99
2013	31668.95	10729.34		11393.79		9545.81	30.14
2014	35312.40	11295.41		13437.75		10579.23	29.96
2015	40974.64	11992.65		16506.71		12475.28	30.45

(数据来源于国家统计年鉴)

(1) 计算列 A、B 的数据,并指出 2012—2015 年之间我国卫生总费用中个人现金支出占比和社会支出占比的变化趋势;

(2) 设 $t=1$ 表示 1978 年,第 n 年卫生总费用与年份 t 之间的拟合函数 $f(t)=\dfrac{357876.6053}{1+e^{6.4420-0.1136t}}$,研究函数 $f(t)$ 的单调性,并预测我国卫生总费用首次超过 12 万亿的年份.

(解答过程略.)

案例 6-5 中例题考查了学生对个人现金卫生支出、社会卫生支出占卫生总费用的比值的概念与计算,获取研究的基本数据,根据这些数据进行数的比较大小及判断递增、递减等,而且对拟合函数方法的理解与应用,并据此进行一定的预测,考察了学生数学建模意识,数学思想,考查了学生数学学习的素养.

三、从关键能力角度考查数据分析素养

《普通高中数学课程标准(2017 年版)》指出:提高从数学角度发现和提出问题的能力、分析和解决问题的能力(简称"四能").

【案例 6-6】饼图

问题 某地区经过一年的新农村建设,农村的经济收入增加了一倍,实现翻番,为更好地了解该地区农村的经济收入变化情况,统计了该地区新农村建设前后农村的经济收入构成比例,得到如图饼图.

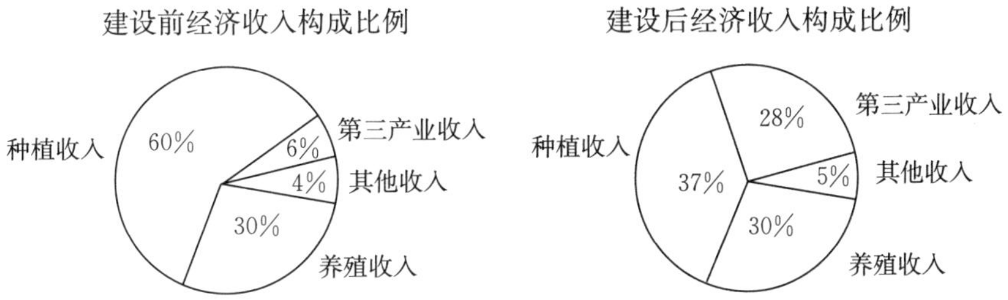

图 6-9

则下面结论中不正确的是( ).

A. 新农村建设后,种植收入减少

B. 新农村建设后,其他收入增加了一倍以上

C. 新农村建设后,养殖收入增加了一倍

D. 新农村建设后,养殖收入与第三产业收入的总和超过了经济收入的一半

分析 此题命制时,提出 A、B、C、D 4 个问题,考查学生饼图的识图能力,是否能根据饼图的数据进行计算分析,从而解决问题.这就要求学生具有发现问题、提出问题,分析和解决问题的能力.

解法 1 (通解):设建设前经济收入为 a,则建设后经济收入为 $2a$,则由饼图可得建设前种植为 $0.6a$,其他收入为 $0.04a$,养殖收入为 $0.3a$.建设后种植收入为 $0.74a$,其他收入为 $0.1a$,养殖收入为 $0.6a$,养殖收入与第三产业收入的总和为 $1.16a$,所以新农村建设后,种

植收入减少是错误的. 故选 A.

[解法 2] (优解):因为 $0.6 < 0.37 \times 2$,所以新农村建设后,种植收入增加,而不是减少,所以 A 是错误的. 故选 A.

四、从必备知识角度考查数据分析素养

《普通高中数学课程标准(2017 年版)》指出:通过高中数学课程的学习,学生能获得进一步学习以及未来发展所必需的数学基础知识、基本技能、基本思想、基本活动经验(简称"四基").

【案例 6-7】

问题: 为了解甲、乙两种离子在小鼠体内的残留程度,进行如下试验:将 200 只小鼠随机分成 A、B 两组,每组 100 只,其中 A 组小鼠给服甲离子溶液,B 组小鼠给服乙离子溶液,每组小鼠给服的溶液体积相同、摩尔浓度相同. 经过一段时间后用某种科学方法测算出残留在小鼠体内离子的百分比. 根据试验数据分别得到图 6-10 所示直方图.

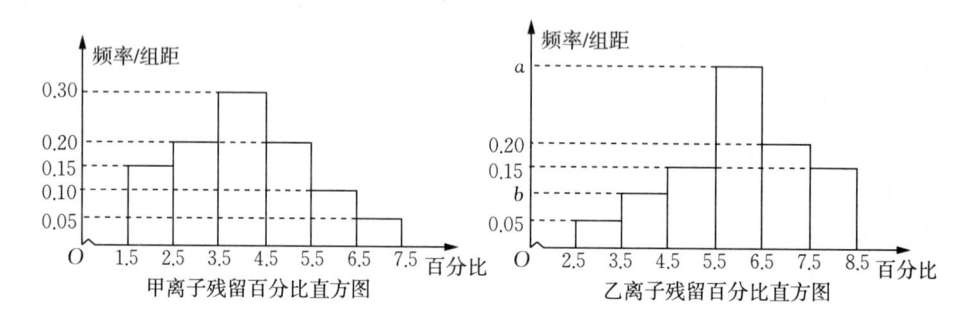

图 6-10

记 C 为事件:"乙离子残留在体内的百分比不低于 5.5",根据直方图得到 $P(C)$ 的估计值为 0.70.

(1) 求乙离子残留百分比直方图中 a,b 的值;

(2) 分别估计甲、乙离子残留百分比的平均值(同一组中的数据用该组区间的中点值为代表).

分析 此题考查了统计中频率直方图中频数、频率的基本概念、以及频率直方图计算平均值的方法及基本计算,感悟基本活动经验的体验过程,为今后的数学学习搭建了必备的知识储备.

解 (1) 由已知得 $0.70 = a + 0.20 + 0.15$,故 $a = 0.35$. $b = 1 - 0.05 - 0.15 - 0.70 = 0.10$.

(2) 甲离子残留百分比的平均值的估计值为 $2 \times 0.15 + 3 \times 0.20 + 4 \times 0.30 + 5 \times 0.20 + 6 \times 0.10 + 7 \times 0.05 = 4.05$.

乙离子残留百分比的平均值的估计值为 $3 \times 0.05 + 4 \times 0.10 + 5 \times 0.15 + 6 \times 0.35 + 7 \times 0.20 + 8 \times 0.15 = 6.00$.

参考文献

[1] 郑毓信. 数学抽象的基本准则:模式建构形式化原则[J]. 数学通报. 1990(11):9-11.

[2] 李昌官. 数学抽象及其教学. 数学教育学报[J]. 2017(04):61.

[3] [美]H.S.塞耶. 牛顿自然哲学著作选[M]. 上海:上海人民出版社,1974.

[4] 曹培英. 从学科核心素养与学科育人价值看数学基本思想[J]. 课程·教材·教法,2015(9).

[5] 张维忠,陈碧芬. 民族数学与学生理性精神培养[J]. 中学数学教学参考,2016(5):1.

[6] 乔爱萍. 将理性精神的培养融入数学教学[J]. 教育研究与评论:中学教育教学,2016(5):45-49.

[7] 史宁中. 数学思想概论:数量与数量关系的抽象[M]. 吉林:东北师范大学出版社,2008.

[8] 梁俊奇. 数学美学引论[M]. 北京:当代中国出版社,2005.

[9] 汪晓勤. 数学文化透视[M]. 上海:上海科学技术出版社,2013.

[10] 泰德生,孙凡哲. 关于几何直观的思考[J]. 中学数学教学参考:教师版. 2005(10).

[11] 张顺燕. 数学的源与流[M]. 北京:高等教育出版社,2003.

[12] 邵光华. 作为教育任务的数学思想与方法[M]. 上海:上海教育出版社,2009.

[13] 吴立宝,刘哲雨,康玥. 直观想象素养的内涵与结构探究. 现代基础教育研究. 2018,31(3):109-113.

[14] 韦中燊. 光的折射定律教学研究:物理学史与"科学探究"之四[J]. 物理通报. 2004(8).

[15] 韦中燊. 光的折射定律教学研究:物理学史与"科学探究"之四[J]. 物理通报. 2004(8).

[16] (美)史蒂夫·斯托加茨. x的奇幻之旅[M]. 北京:中信出版社,2014.

[17] 韦中燊. 光的折射定律教学研究:物理学史与"科学探究"之四[J]. 物理通报,2004(8).

[18] 张军清,周宁. TI图形计算器在统计中的应用[J]. 福建中学数学,2009(9).

[19] 史宁中、王尚志. 普通高中数学课程标准(2017年版)解读[M]. 北京:高等教育出版社,2018.

[20] 中华人民共和国教育部. 普通高中数学课程标准[M]. 2017年版. 北京:人民教育出版社,2018.

[21] (美)G.伽莫夫. 从一到无穷大:科学中的事实和臆测[M]. 暴永宁,译. 北京:科学出版社,2002.